Studienreihe Biologie Band 4

Herausgeber Professor Dr. Hans Knodel

Professor Dr. Hans Knodel
Professor Dr. Ulrich Kull

Ökologie und Umweltschutz

2., neu bearbeitete und erweiterte Auflage

J. B. Metzlersche Verlagsbuchhandlung
Stuttgart

CIP-Kurztitelaufnahme der Deutschen Bibliothek

Knodel, Hans:
Ökologie und Umweltschutz / Hans Knodel ; Ulrich
Kull. – 2., neu bearb. u. erw. Aufl. – Stuttgart :
Metzler, 1981.
(Studienreihe Biologie ; Bd. 4)
ISBN 3-476-20207-0
NE: Kull, Ulrich:; GT

ISBN 3 476 20207 0

Druck 1990, 1989, 1988, 1987, 1986
Die letzte Zahl nennt das Jahr des Drucks.
Alle Drucke einer Auflage können im Unterricht nebeneinander verwendet werden.
Satz: Bauer & Bökeler Filmsatz KG, Denkendorf
Druck: aprinta, Wemding
Printed in Germany

Inhaltsverzeichnis

Allgemeine Ökologie

1. Einleitung

Unter **Ökologie** (gr. oikos, Haushalt) versteht man denjenigen Teil der Biologie, der die Beziehungen der Lebewesen untereinander und zu ihrer Umwelt untersucht. Der Begriff Umwelt umfaßt alle anorganischen (*abiotischen*) und organischen (*biotischen*) Faktoren, von denen das Dasein eines Lebewesens abhängt. Abiotische Faktoren können materieller Art (z. B. Bodenverhältnisse, Wasser) oder energetischer Art (z. B. Sonnenstrahlung) sein. Biotische Faktoren sind andere Organismen. Die Ökologie wurde von ERNST HAECKEL im Jahr 1869 begründet, er bezeichnete sie als *»die Lehre vom Haushalt der Natur«*.

In mitteleuropäischen Landschaften finden wir in bunter Vielfalt Waldgebiete, Ackerland, Wiesen, Seen, Fließgewässer usw. Diese Gebiete sind jeweils Lebensräume verschiedener Organismen. Ebenso ist jedes andere Gebiet der Erde aus unterschiedlichen Lebensräumen (Biotopen) aufgebaut, die sehr verschiedene Größe besitzen können. Jeder **Biotop** (gr. topos, Ort) weist besondere Umweltverhältnisse auf und ermöglicht einer bestimmten Gruppe von Pflanzen und Tieren das Gedeihen. Den Lebens- und Wohnraum eines Tieres nennt man oft auch sein *Habitat* (*habitare* bewohnen). Die für einen Biotop charakteristischen Lebewesen bilden zusammen eine Lebensgemeinschaft oder **Biozönose**. Betrachtet man die Biozönose gemeinsam mit ihrem Lebensraum als Einheit, so spricht man von einem **Ökosystem** (vgl. Abschnitt 4). Die Gesamtheit aller Ökosysteme der Erde bildet die *Biosphäre*.

Da uns die Lebewesen als einzelne Pflanzen und Tiere begegnen, wird man die Untersuchung der Beziehungen zwischen ihnen und der Umwelt damit beginnen, daß man sie zunächst für jeden einzelnen Organismus aufklärt. Man geht hierbei von der Pflanze, dem Tier oder dem Mikroorganismus aus und unterscheidet entsprechend Pflanzenökologie, Tierökologie und Ökologie der Mikroorganismen. Im Bild 1 (Seite 2) sind als Beispiel die wichtigsten Umweltfaktoren eines Hasen wiedergegeben.

Die im Bild 1 nur mit Klima und Wasser beschriebenen abiotischen Faktoren lassen sich in eine Vielzahl von einzelnen Teilfaktoren aufgliedern, die wieder untereinander in Wechselwirkung stehen. Dies zeigt Bild 2. Im Mittelpunkt einer solchen Betrachtung steht der einzelne Organismus. Man bezeichnet sie als **Autökologie.**

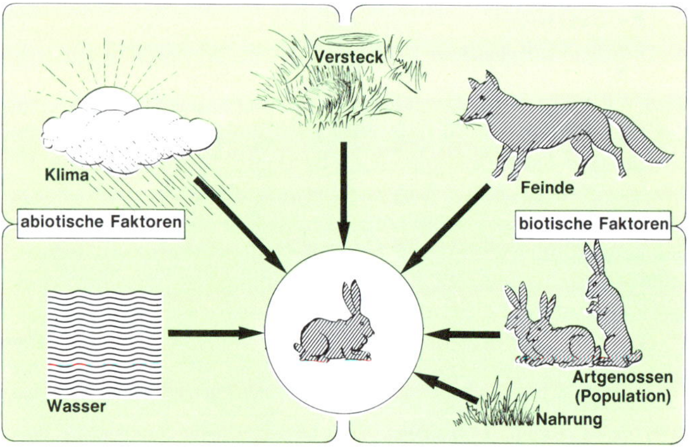

Bild 1: Beziehungen eines Organismus (Hase) zur Umwelt.

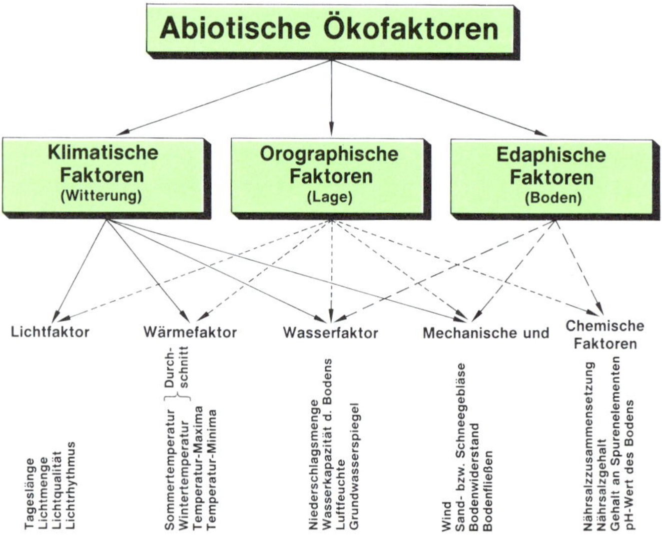

Bild 2: Abiotische Ökofaktoren und ihre Beziehungen untereinander.

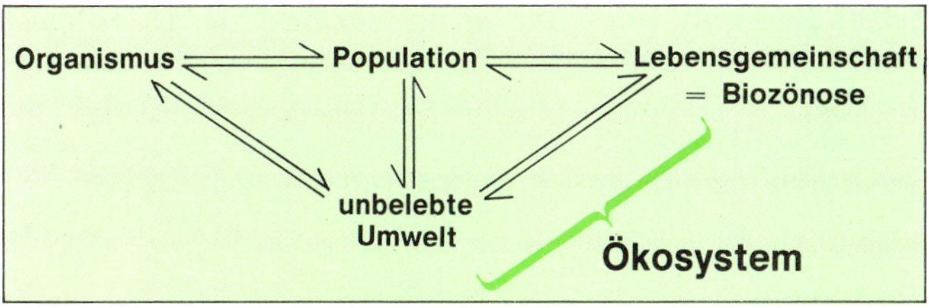

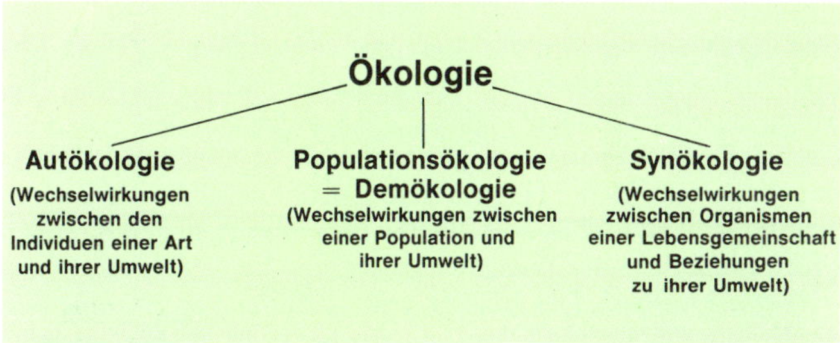

In einem Biotop ist von einer Art in der Regel aber eine größere Anzahl von Individuen zu finden. Sie bilden eine Population. Werden deren Beziehungen zur Umwelt untersucht, so spricht man von **Populationsökologie** (oder *Demökologie*).

Darüber hinaus sind alle Pflanzen und Tiere einer Lebensgemeinschaft untereinander durch vielfache Wechselbeziehungen eng miteinander verknüpft (z. B. Wettbewerb um Nahrung, um Nistplätze). Daher ist für die Ökologie die Untersuchung der Beziehungen zwischen der Gesamtheit aller Organismen und ihrer Umwelt außerordentlich wichtig (**Synökologie**, vgl. Abschnitt 6). Die Ergebnisse der Ökologie haben für Land- und Forstwirtschaft, Landschaftsgestaltung und Umweltschutz große Bedeutung.

2. Die Beziehungen der Pflanzen zur Umwelt und untereinander

2.1 Der Einfluß abiotischer Faktoren

Wir betrachten zunächst die Wechselwirkungen zwischen den abiotischen Faktoren (Klima und Boden) und der einzelnen Pflanze. Unter *Klima* versteht man den durchschnittlichen Witterungsverlauf (Temperatur, Wasser, Luftbewegung, Lichtverhältnisse) in einer Landschaft. Der Wuchsort der einzelnen Pflanze, ihr *Standort*, hat außerdem sein eigenes Kleinklima, das bezüglich einzelner Faktoren vom Großklima abweichen kann. So haben z. B. Waldbodenpflanzen weniger Licht, aber – in der Regel – mehr Feuchtigkeit zur Verfügung als Pflanzen eines benachbarten Ackers.

2.1.1 Wasser

Erst durch Wasser wird die Kontaktzone zwischen der Erdkruste und der Lufthülle zur Biosphäre, d. h. einem Raum, in dem Lebewesen gedeihen können. Nahezu alle Vorgänge in den Zellen der Organismen laufen in wässrigem Milieu ab. In allen Lebewesen ist das Wasser stofflicher Hauptbestandteil (zumeist über 70 %), und viele Organismen leben ausschließlich im Wasser, in den Biotopen Meer, Fluß, See oder Teich.

Wasserkreislauf. Das Wasser gelangt durch Verdunstung von der Erdoberfläche in die Atmosphäre und kehrt als Niederschlag zur Erde zurück. Die Pflanze verwertet nicht nur den meßbaren Niederschlag in Form von Regen und Schnee, sondern auch Tau und Nebel. Die Niederschlagsmenge weist in verschiedenen Gebieten der Erde große Unterschiede auf. Dies führt zu ebenso deutlichen Unterschieden in der Art der Pflanzenbedeckung. Jedoch ist nicht nur die Menge des jährlichen Niederschlags wichtig, sondern auch die Verteilung über das Jahr. So erlauben periodische mehrmonatige Trockenzeiten, wie z. B. im Mittelmeergebiet während der Sommermonate, nur bestimmten Pflanzenarten ein Fortkommen (*Hartlaubgewächse* wie Korkeiche, Erdbeerbaum, Pistazie; oder Pflanzen, deren oberirdische Teile während der Dürre absterben). Anders verhält es sich beim mitteleuropäischen Laubwald: er benötigt einen Mindestniederschlag von über 400 mm pro Jahr und würde eine mehrmonatige Dürre im Sommer nicht überstehen. Gehen wir auf der Erde von einem Gebiet hoher Niederschläge bis zu einem Gebiet mit sehr geringem Niederschlag über, so entspricht dem die Vegetationsfolge Wald – Buschwald – Grasland (Steppe) – Halbwüste - Wüste. In dieser Reihenfolge nimmt auch die Menge des in der Vegetation festgelegten organischen Materials (der Biomasse) ab (vgl. hierzu Abschn. 6).

Wasser im Boden. Das Niederschlagswasser dringt in den Boden ein und bewegt sich in dessen Poren als Sickerwasser bis zum Grundwasservorrat. In feinen Poren und an der Oberfläche der Bodenteilchen wird Haftwasser zurückgehalten (Bild 3)

Die Wasserspeicherung im Boden ist daher vom Porenraum

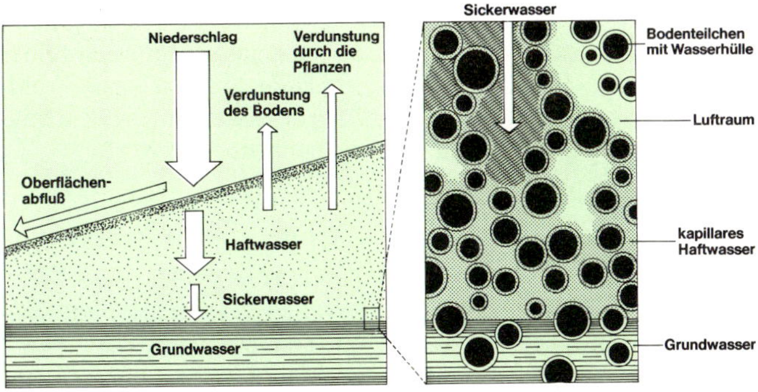

Bild 3: Niederschlagswasser und Bodenwasser. Links: Verteilung der Niederschläge; rechts: das Wasser im Boden
Sickerwasser ist der Anteil des Niederschlags, der nicht verdunstet und nicht als Haftwasser in den Kapillaren zwischen den Bodenteilchen festgehalten wird. Das Sickerwasser fließt dem Grundwasser zu.

und von der Menge an Ton- und Humusteilchen abhängig. In Mitteleuropa und anderen Gebieten, wo der jährliche Niederschlag die Verdunstung übersteigt (humide Gebiete) sind Tonböden sehr wasserreich, Sand- und Felsböden dagegen wasserarm. Bei uns tragen daher Sandböden trockene Kiefernwälder, und Felsböden sind von Trockenrasen bedeckt; auf tonreichen Böden dagegen stocken immergrüne, oft feuchte Laubwälder. Die Wasserversorgung einer Pflanze wird nicht nur von der Menge verfügbaren Bodenwassers bestimmt, sondern auch von der Leistungsfähigkeit ihres Wurzelsystems (vgl. Bild 4). Das hat in trockenen oder jahreszeitlich trockenen Gebieten besondere Bedeutung. Viele Wüsten- und Steppenpflanzen bilden ein ausgedehntes oberflächennahes Wurzelsystem aus. Dies ist vorteilhaft, wenn geringe Niederschlagsmengen nur wenig in den Boden eindringen und rasch von der Pflanze ausgenutzt werden müssen. Bei solchen Pflanzen ist der Durchmesser des Wurzelsystems um ein Vielfaches größer als der Durchmesser der oberirdischen Teile. Daher stehen die Pflanzen isoliert, zwischen ihnen befindet sich nackter Boden (Beispiel: offene Pflanzengesellschaften der Steppen und Halbwüsten).

Der Wasserhaushalt der Pflanzen. Normalerweise ist die Atmosphäre nicht wasserdampfgesättigt. Daher gibt jeder wasserhaltige Körper an die Atmosphäre durch Verdunstung Wasser ab (*Evaporation,* von vapor Dampf). Bei Pflanzen lassen sich bezüglich ihrer Wasserabgabe zwei Typen unterscheiden:

1. Pflanzen, die sich in Trockenzeiten gegen starken Wasserver-

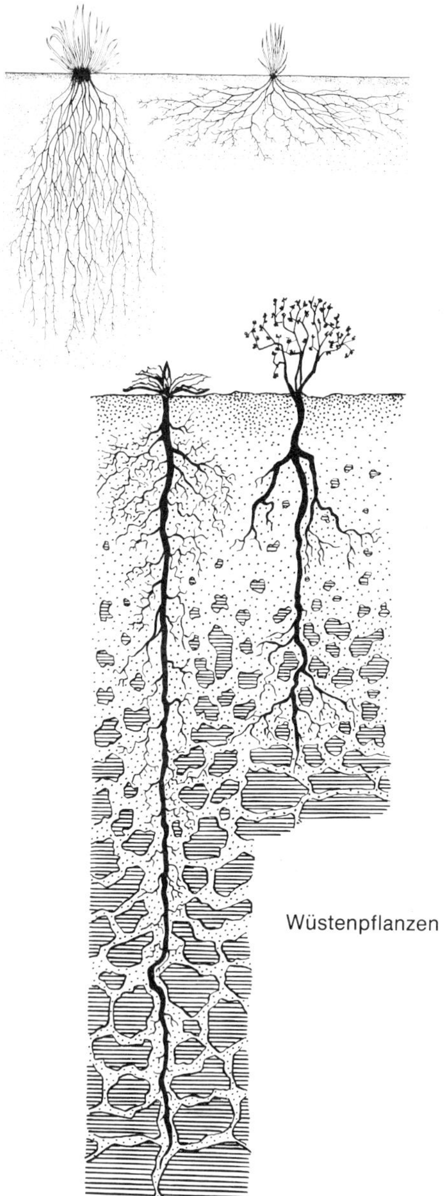

Bild 4: Wurzelsysteme verschiedener Pflanzen.

lust nicht schützen können (Algen, Pilze, Flechten, Moose). Sie sterben dann ab oder gehen in Trockenstarre über.

2. Pflanzen, die ihren Wasserhaushalt in gewissem Umfang selbst regulieren und dazu mit Schließzellen versehene Spaltöffnungen besitzen (Blütenpflanzen, Farne). Ihre Wasserabgabe wird als Transpiration bezeichnet.

Dürreresistenz; Beziehungen der Pflanzen zur Wasserführung ihres Standortes. Für einen geordneten Wasserhaushalt der Pflanzen ist in erster Linie das Verhältnis von Wasserabgabe zu Wasseraufnahme wichtig. Beide Größen müssen sich etwa entsprechen. Pflanzen trocken-warmer Standorte müssen vorübergehend starke Wasserverluste ohne bleibende Schäden ertragen können. Man bezeichnet sie als *dürreresistent.* Je nach der Wasserversorgung ihrer Standorte weisen die Pflanzen verschiedenartige Anpassungen auf. Man unterscheidet untergetaucht lebende Wasserpflanzen oder *Hydrophyten,* Pflanzen feuchter Standorte oder *Hygrophyten,* Pflanzen trockener Standorte oder *Xerophyten* und Pflanzen wechselfeuchter Standorte oder *Tropophyten.* Zwischen Hygrophyten und Xerophyten können die *Mesophyten* als Pflanzen mäßig feuchter Standorte gestellt werden.

2.1.2 Licht

Licht liefert die Energie für die Photosynthese, wirkt aber auch auf Wachstums- und Entwicklungsvorgänge unabhängig davon ein. Bei vielen Arten wird die Anlage der Blüten durch die Dauer der täglichen Lichteinwirkung beeinflußt (*Photoperiodismus*). So kommt Kopfsalat rasch zur Blüte (er schießt), wenn eine Tageslänge von etwa 14 Stunden überschritten ist. Daher kann man bei uns im Hochsommer keinen Kopfsalat zur Bildung von Köpfen bringen. Die Sojabohne hätte in Mitteleuropa im Sommer an vielen Orten günstige Wachstumsbedingungen. Ertragreiche Sorten blühen aber nur bei kurzen Tageslängen. Diese werden bei uns erst

Kurztagpflanzen	**Langtagpflanzen**	**Tagneutrale Pflanzen**
Reis, Soja, Baumwolle, Hanf, Chrysantheme	Küchenzwiebel, Karotte, Kopfsalat, Schlafmohn, Senf	Erbse, Sonnenblume, Gänseblümchen

von September an erreicht. Die Samen können dann vor dem Winter nicht mehr reifen. Solche *Kurztagpflanzen* (dazu gehören viele Pflanzen tropischer Herkunft) blühen nur, wenn für eine Anzahl von Tagen die kritische Tageslänge (je nach Art 10–15 Stunden) *unter*schritten ist. *Langtagpflanzen* hingegen kommen nur dann zur Blüte, wenn die kritische Tageslänge *über*schritten wird.

Manche Pflanzen benötigen zu einer guten Entwicklung volles Sonnenlicht (z. B. die Gurke), andere leben bevorzugt oder ausschließlich im Halbschatten oder Schatten (z. B. Sauerklee). Man unterscheidet daher *Sonnen-* und *Schattenpflanzen.* Bei vielen Holzpflanzen finden wir je nach der Lage sowohl Sonnenblätter (Südseite, Außenseite der Bäume) als auch Schattenblätter (Nordseite, im Innern).

Der Lichtbedarf verschiedener Pflanzen läßt sich gut an Höhleneingängen erkennen. Man findet hier mit abnehmender Lichtintensität diese Abfolge: Blütenpflanzen – Farne – Moose – einige Algen. Auch die Waldpflanzen sind gut an unterschiedliche Lichtverhältnisse angepaßt. Im mitteleuropäischen Laubwald entwickeln sich viele krautige Arten vor der Blattentfaltung der Bäume bis zur Blüte oder sogar bis zum Fruchtansatz (Frühblüher, z. B. Buschwindröschen, Scharbockskraut). Beim Übergang zum belaubten Zustand nimmt die Lichtintensität in der Bodenzone beim Laubwald von etwa 50% des vollen Tageslichtes bis auf 3–5% ab. Im Sommer können sich dort nur noch ausgesprochene Schattenpflanzen entwickeln. Bei vielen immergrünen Wäldern (z. B. Fichtenkulturen) ist die Lichtintensität in der Bodenzone ganzjährig so gering, daß die krautigen Pflanzen völlig fehlen. Nur Blütenpflanzen, die sich nicht durch Photosynthese ernähren, kommen hier vor, so die Saprophyten Nestwurz und Fichtenspargel. – Im immergrünen tropischen Regenwald findet man in der Krautschicht extreme Schattenpflanzen. Einige davon sind bei uns als Zimmerpflanzen für dunkle Räume beliebt (z. B. Begonien, Usambara-Veilchen, Ampelpflanze).

2.1.3 Temperatur

Temperaturresistenz der Pflanzen. Aktives Leben höherer Pflanzen ist in der Regel an Temperaturen zwischen etwa 0° C und 40° bis max. 50° C gebunden, doch sind die Temperaturansprüche unterschiedlich. So gehen Tomaten- und Bohnenpflanzen beim ersten Frost zugrunde, während Lauch und Kohl im Freien überwintern. Einige Bakterien und Blaualgen (also nur Prokaryonten) kommen in heißen Quellen noch bei Temperaturen bis nahe 90° C vor. Dauerzustände, wie Sporen und Samen, sind gegen schädigende Einflüsse hoher und tiefer Temperaturen z. Tl. noch widerstandsfähiger.

Viele Arten der Tropen und Subtropen sterben bereits ab, wenn die Temperatur noch nicht bis 0° C gesunken ist. Ausdauernde Pflanzen Mitteleuropas halten erheblich unter dem Gefrierpunkt liegende Temperaturen aus. Für manche Arten ist eine winterliche Schneedecke wichtig. Unter dem Schnee bleiben die Temperaturen unabhängig von der Lufttemperatur knapp unterhalb 0° C. Im Hochgebirge gibt es zahlreiche Zwergsträucher, die nicht über die durchschnittliche Schneehöhe emporwachsen (z. B. Alpenrose). Sie bilden die alpinen Zwergstrauchheiden (vgl. Bild 6). Eine besonders ausgeprägte *Frosthärte* findet man bei vielen Nadelhöl-

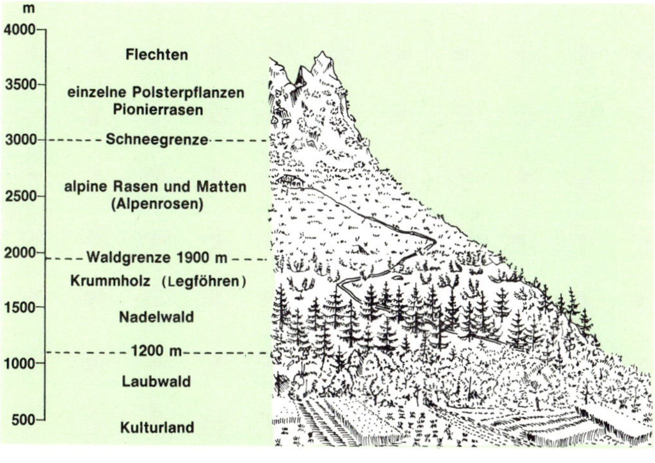

Bild 5: Höhenzonierung der Pflanzenwelt auf der Alpennordseite. Von unten nach oben nimmt die jährliche Dauer der Vegetationszeit ab. Sie läßt sich etwa charakterisieren durch die schneefreie Zeit bzw. durch ein Tagesmittel der Temperatur von mehr als 5° C. Außerhalb der Vegetationszeit nehmen die Pflanzen kein Wasser auf, so daß sie bei mangelndem Verdunstungsschutz vertrocknen (Frosttrocknis). Bei kurzer Vegetationszeit können Bäume nicht gedeihen, weil die Stoffproduktion nicht mehr ausreicht, um das Leben des Baumes während des ganzen Jahres und noch zusätzliches Wachstum zu sichern. Sträucher, die im Winter schneebedeckt sind, sind durch Frosttrocknis weniger gefährdet. Daher reichen Legföhren (Krummholz) höher hinauf als die hohen Nadelbäume. Bei noch kürzerer Vegetationszeit reicht die Stoffproduktion auch für Sträucher nicht mehr aus.

zern. Kiefern ertragen Temperaturen bis −78° C, Tannen bis etwa −55° C. Auch unter den extremen Klimabedingungen am Kältepol der Erde in Ostsibirien wachsen noch Kiefern.

Häufig kommt es im Winter zu einer Schädigung von Pflanzen durch Wassermangel, da das Bodenwasser gefroren ist und der Transpirationsverlust nicht ersetzt werden kann. Diese *Frosttrocknis* verursacht die meisten Frostschäden bei Pflanzen Mitteleuropas. Dazu treten die Spätfröste, die nicht winterharte Pflanzenteile (z. B. austreibende Blätter unserer Laubbäume) stark schädigen können. Unter unseren Laubbäumen ist z. B. die Buche gegen Spätfröste sehr empfindlich.

Temperatur als Klimafaktor. Außer den mittleren Jahrestemperaturen sind für das Gedeihen der Pflanzen auch die Zahl der

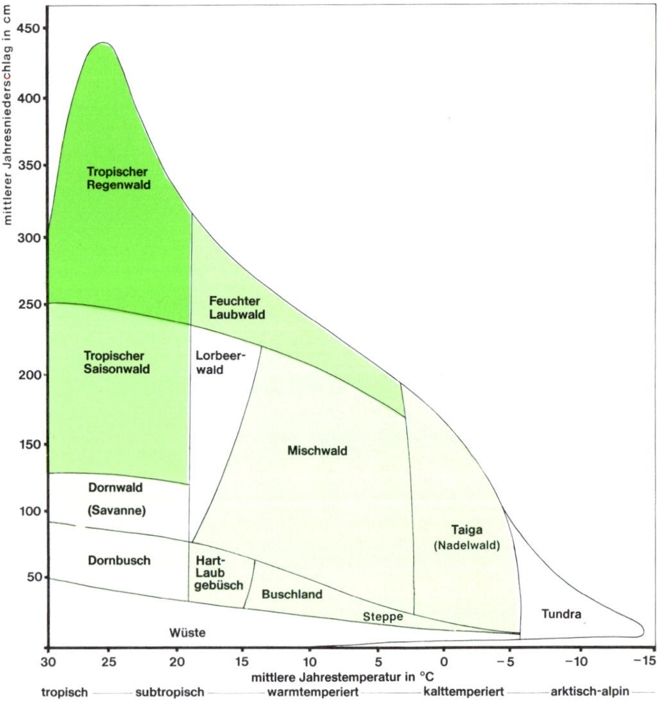

Bild 6: Die Verteilung der wichtigsten Vegetationseinheiten der Erde in bezug auf Niederschlagsmenge und Temperatur
Stellen Sie anhand des Bildes fest, für welche Vegetationseinheiten der vorherrschende Einfluß Kälte bzw. Feuchtigkeit bzw. Trockenheit ist.

Tage mit Frost sowie die mittleren Maximal- und Minimalwerte der Temperatur wichtig. Häufig sind für einzelne Lebensvorgänge auch bestimmte Tagesmittel der Temperatur erforderlich. So treiben die Laubbäume in Mitteleuropa, wenn die Tagesmittel etwa 10° C erreichen. Bei Winterweizen setzt Wachstum ab 5° C Tagesmittel, beim Kürbis erst ab 15° C ein.

Die Jahresmitteltemperaturen in Verbindung mit den Niederschlägen erlauben eine Großgliederung der Vegetationseinheiten der Erde. (Bild 6)

Diese durch das Klima bedingten Vegetationseinheiten sind auch Grundbestandteile der Ökosysteme. Man kann daher die ganze Erdoberfläche nach den Klimazonen in ökologische Großeinheiten aufteilen. Diese nennt man *Zonobiome.* (Biom = ökologische Großeinheit, die die unbelebte und belebte Umwelt umfaßt).

Da die Niederschlagsmenge ebenso wie die Temperatur bei gegebener geographischer Breite stark von der Orographie abhängig ist, ergibt sich mit zunehmender Meereshöhe ebenfalls eine charakteristische Vegetationszonierung. Man spricht hier von *Orobiomen.* Bild 5 zeigt dies für die Alpen.

Temperatur als Standortfaktor. Innerhalb desselben Klimabe-

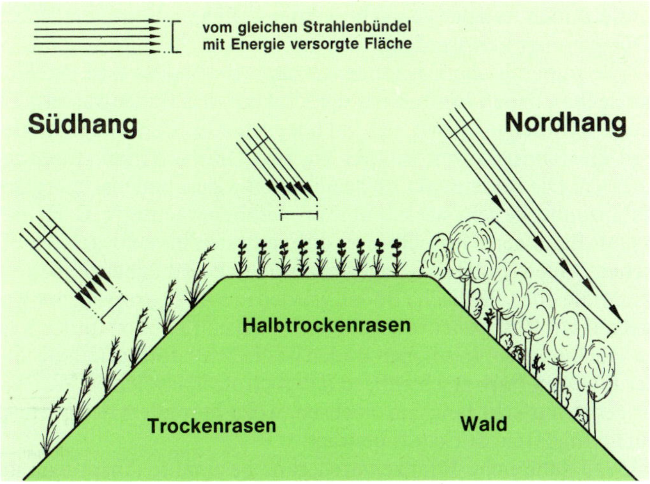

Bild 7: Einstrahlung und Vegetation an einem Hügel
Erläutern Sie die Auswirkungen auf die Licht-, Temperatur- und Feuchtigkeitsverhältnisse.

reiches zeigt das Lokalklima erhebliche Unterschiede. In Mitteleuropa findet man an Nordhängen häufig Wald, während Südhänge Trockenrasen oder Weinberge tragen (Bild 7).

Die bei nächtlicher Ausstrahlung sich abkühlende Bodenluft fließt bei geneigtem Gelände talwärts und bildet in Senken und Tälern Kaltluftseen. Diese schädigen den Anbau vieler Kulturpflanzen (Wein, Obst). In kaltluftgefährdeten Gebieten müssen daher besondere Frostschutzmaßnahmen unter Wärmezufuhr ergriffen werden (Heizung, Ventilation, künstliche Beregnung).

2.1.4 Boden

Der Boden liefert der Pflanze alle Nährstoffe außer dem Kohlenstoff. Er enthält, in der Regel in gelöster Form, eine Vielzahl anorganischer Salze, aus denen die Pflanze ihren Bedarf an Ionen deckt. Dabei spielen auch die Schwermetallsalze eine wichtige Rolle, die nur in sehr geringer Menge im Boden enthalten sind und von der Pflanze in Spuren benötigt werden. Fehlen sie völlig, so sterben die Pflanzen ebenso ab wie beim Fehlen der in großer Menge erforderlichen Ionen.

Wo der Mensch durch Ernten von Kulturpflanzen eine Verarmung des Bodens an Mineralstoffen verursacht oder wo nährstoffarme Böden nutzbar gemacht werden sollen, muß mineralischer Dünger eingesetzt werden.

Die mineralische Zusammensetzung des Bodens und der Humusgehalt haben Einfluß auf die Reaktion des Bodenwassers. Es kann schwach alkalisch, neutral oder sauer bis stark sauer reagieren. Der Säuregrad wird als pH-Wert mit Hilfe von Indikatoren gemessen. Die Bodenreaktion beeinflußt die Zusammensetzung der Pflanzendecke sehr stark. Auf sauren Böden wachsen z. B. Heidekraut, Blaubeere, Preiselbeere; auf neutralen bis schwach alkalischen Böden findet sich dagegen Huflattich und Leberblümchen. Neutrale oder alkalische Böden werden in Mitteleuropa in der Regel nur auf Kalkgestein ausgebildet. Stark saure Böden findet man in Hochmooren. In solchen Böden ist die Nährstoffaufnahme vieler Pflanzen stark erschwert, so daß sie trotz überreichem Wasserangebot nur sehr langsam wachsen, wozu besonders der Mangel an verfügbarem Stickstoff beiträgt.

Weil zahlreiche Pflanzenarten ganz bestimmte Ansprüche an die Standortbeschaffenheit stellen, benutzt man sie als *Zeigerpflanzen* und beurteilt nach ihrem Auftreten die Standorteigenschaften.

Zeigerpflanzen
Lichtzeiger: Klette, Hundsrose, Wacholder
Tiefschattenzeiger: Sauerklee
Trockenheitszeiger: Zypressenwolfsmilch, Wundklee, Kleiner Wiesenknopf
Feuchtigkeitszeiger: Sumpfdotterblume, Sumpfehrenpreis, Wasserminze
Wechselfeuchte-Zeiger: Pfeifengras
Stickstoffzeiger: Brennessel, Bärenklau, Weiße Taubnessel
Stickstoffmangelzeiger: Preiselbeere, Arnika, Zittergras
Kalkzeiger: Küchenschelle, Leberblümchen, Silberdistel
Kalkmangel- und Säure-Zeiger: Heidekraut, Besenginster, Heidelbeere
Salzpflanzen: Queller, Strandaster, Strandnelke, Strandflieder

2.2 Der Einfluß biotischer Faktoren

2.2.1 Wettbewerb zwischen den Pflanzen

Nicht jede Pflanzenart kommt überall vor. Man sucht ein Buschwindröschen nur im Laubwald, eine Sumpfdotterblume nur in einer feuchten Wiese. Pflanzen, die ähnliche Ansprüche an Boden und Klima (einschl. Lokalklima) stellen, kommen zusammen vor; sie sind miteinander vergesellschaftet. In einer derartigen Pflanzengesellschaft herrscht ein ständiger Wettbewerb, eine *Konkurrenz* zwischen den Arten. Dieser Wettbewerb bestimmt in ausgeprägtem Maße die Zusammensetzung von Pflanzengesellschaften.

An einen bestimmten Standort können Samen vieler Pflanzenarten gelangen. Wenn sie auskeimen, stehen bereits die Keimlinge untereinander in Konkurrenz um Licht, Wasser und Nährsalze. Solche, die rascher wachsen, nutzen das Licht voll aus und beschatten andere, die dadurch gehemmt werden oder gar zugrunde gehen. An einem Standort kommen deshalb unter natürlichen Bedingungen nicht alle Pflanzen vor, die an sich dort gedeihen könnten, sondern nur solche, die sich unter den herrschenden Konkurrenzverhältnissen gegen andere durchsetzen. Im Wettbewerb unterliegende Arten können nur gedeihen, wenn die Konkurrenz

(z. B. durch gärtnerische Maßnahmen) ausgeschaltet ist. Normalerweise fällt ein Same aber nicht auf freie Erde, sondern auf Stellen, an denen schon andere Pflanzen stehen, so daß bereits Keimpflänzchen in Konkurrenz zu diesen treten müssen.

Die Konkurrenzfähigkeit einer Art ist durch innere Faktoren und die Umweltbedingungen (Licht- und Temperaturverhältnisse, Wasserversorgung, Bodenreaktion) bedingt. Innere Faktoren sind die Vermehrungsfähigkeit, die Ausbreitungsfähigkeit und die Behauptungsfähigkeit.

Die *Vermehrung* hängt von der Zahl der Samen ab. Diese ist wesentlich größer als die Ausfälle durch Absterben artgleicher Individuen. Es gibt Arten, bei denen die Samenzahl einer Pflanze eine Million übersteigen kann (z. B. Weißer Gänsefuß). Die *Ausbreitungsfähigkeit* einer Pflanze bemißt sich danach, wie weit sich die Samen ausbreiten können. Je leichter die Samen wandern und je zahlreicher sie sind, desto größer ist die Wahrscheinlichkeit, daß einige einen geeigneten Keimplatz finden und auswachsen; bevorzugt sind dabei die Windwanderer, wie z. B. der Löwenzahn. Beide

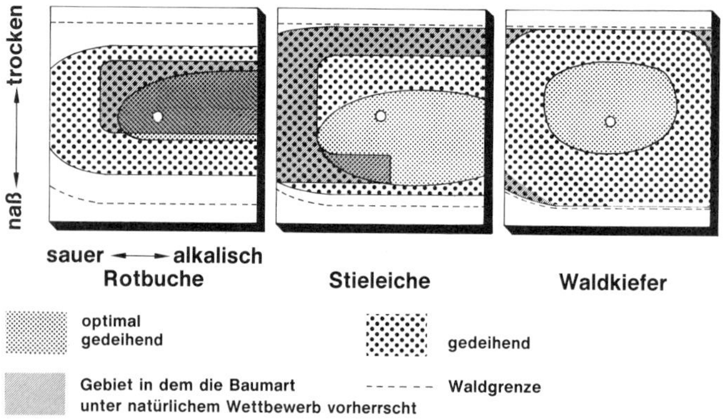

Bild 8: Feuchtigkeits- und Säurebereich einiger einheimischer Waldbäume. Weit punktiert ist der Bereich, in dem die Art überhaupt vorkommen kann, eng punktiert der Optimalbereich der Art bei isolierter Pflanzung, schraffiert ist der Bereich, in dem die Art unter natürlichem Wettbewerb zur Vorherrschaft gelangt.
Welche Art setzt sich in ihrem Optimalbereich weitgehend durch? Weshalb ist die Stieleiche hauptsächlich außerhalb ihres Optimalbereiches vorherrschend? Warum liegen die natürlichen Standorte der Waldkiefer weit außerhalb ihres Optimalbereiches und an den ganz entgegengesetzten Standorten naß-sauer (Moor) und trocken-alkalisch? Weshalb sind nasse Standorte oft auch sauer und alkalische häufig trocken?

Eigenschaften zusammen erlauben es der Pflanze, Lücken in der Pflanzendecke rasch wieder zu schließen.

Zwischen den Pflanzen eines Standorts entwickelt sich ein Wettbewerb, dessen Ergebnis vor allem von der *Behauptungsfähigkeit* der Arten abhängt. Einjährige Pflanzen können den eroberten Siedlungsraum nicht dauernd behaupten. Im Herbst sterben sie ab; bestenfalls geben sie den Platz an ihre Nachkommen weiter. Ausdauernde Arten überwintern und halten ihren Siedlungsraum durch Jahrzehnte, Holzgewächse durch Jahrhunderte besetzt. Die Behauptungsfähigkeit nimmt zu, wenn sich die Pflanze auch vegetativ vermehrt und etwa durch Ausläufer eine größere Siedlung erzeugt. Beispiele geben viele Gartenunkräuter wie Quecke, Geißfuß, Winde.

Als Folge der Konkurrenz kommt eine Art häufig nicht dort vor, wo sie alleinstehend optimal gedeihen würde. Vielmehr tritt jede Art dort auf, wo sie sich im Rahmen des Wettbewerbs am besten durchsetzt. Betrachten wir z. B. einige Waldbäume Mitteleuropas. Sie sind an unser Klima angepaßt und haben ähnliche Lichtbedürfnisse; unterschiedlich sind aber ihre Ansprüche an Wasserverfügbarkeit und Bodenreaktion (Bild 8).

2.2.2 Pflanzensoziologie, Vegetationskarten

Die Beschreibung der einzelnen Pflanzengesellschaften nach ihrer Artenzusammensetzung sowie die Untersuchung ihrer Verbreitung sind Aufgaben der **Pflanzensoziologie**. Diese ist ein Teilgebiet der Vegetationskunde. Sie führt Kartierungen der Pflanzengesellschaften durch, indem sie in zahlreichen kleinen Probeflächen eines Gebietes (z. B. eines Waldes) sämtliche vorhandenen Arten feststellt. Durch viele derartige »Vegetationsaufnahmen« gelingt es dann, die in einer bestimmten Pflanzengesellschaft regelmäßig auftretenden kennzeichnenden Arten herauszufinden.

Vegetationskarten sind heute für die Landschaftsplanung sehr wichtig. Sie geben Hinweise auf die günstigsten Nutzungsmöglichkeiten (ob für Ackerbau oder Wiesen geeignet, oder welche Waldbäume den höchsten Holzertrag auf diesen Flächen liefern). Mit ihrer Hilfe erfolgt die Auswahl geeigneter Baum- und Straucharten für die Landschaftspflege (Begrünung von Böschungen, Straßeneinschnitten, Autobahnmittelstreifen, Schutthalden usw.).

Die Einteilung der Pflanzenwelt in Gesellschaften macht es möglich, die ungeheure Mannigfaltigkeit der Pflanzendecke der Erde (der Vegetation) nach ihren Lebensbedingungen zu übersehen. Sie ist auch von großer praktischer Bedeutung: Da die zu Pflanzengesellschaften vereinigten Arten gleichartige Ansprüche an den Standort stellen, kann man die Pflanzengesellschaft als Anzeiger für Boden und Klima des Standortes verwenden. Sie lassen Schlüsse zu auf die mineralische Bodenzusammensetzung (ob Sand-, Lehm-, Ton-, Kalk- oder Mergelboden), die Humusform, den Säuregrad, die Boden- und Grundwasserverhältnisse, die Wärmeverhältnisse (Temperaturumkehr in Tälern, Kälteseen) und vieles andere. Deshalb dienen die aus Vegetationsaufnahmen gewonnenen Vegetationskarten der Forst-, Land- und Gartenbauwirtschaft als unentbehrliche Grundlage für die richtige Auswahl der anzubauenden Nutzpflanzen und für die zu treffenden Maßnahmen zur Standortverbesserung.

Einander ähnliche Pflanzengesellschaften werden zu höheren Einheiten zusammengefaßt. Diese fallen dem Auge durch ihre einheitliche Tracht mehr auf als einzelne Gesellschaften. Der Laubwald z. B. ist eine derartige höhere Einheit, bei der eine ganze Reihe von Einzelgesellschaften unterschieden wird (z. B. Buchenwald, Eichen-Hainbuchen-Wald, Auewald und andere), die alle durch das Vorherrschen bestimmter Bäume eindeutig gekennzeichnet sind (vgl. Bild 9).

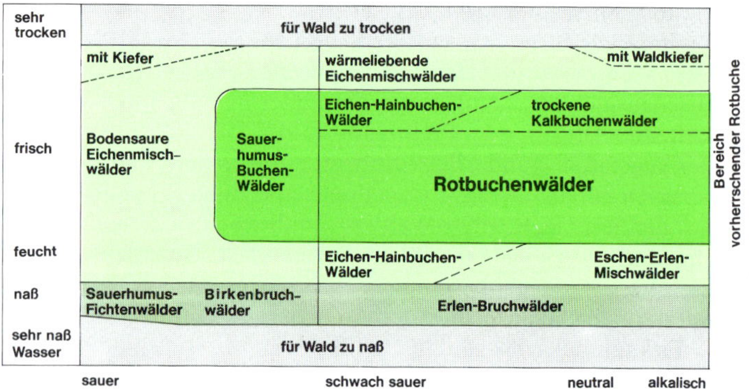

Bild 9: Gliederung mitteleuropäischer Laubwälder nach Feuchtigkeits- und Säurebereichen.

Vom Menschen *unbeeinflußte Pflanzengesellschaften* gibt es in Deutschland höchstens noch im Hochgebirge, Moor und Watt, und auch in der übrigen Welt schrumpfen sie mehr und mehr zusammen, soweit sie nicht besonders unter Schutz gestellt sind. Verhältnismäßig wenig beeinflußt sind in unserer Kulturlandschaft die *Steppenheide* Süddeutschlands sowie die durch Weidetiere nicht veränderten Pflanzengesellschaften sonniger Felsen und nach Süden gerichteter Abhänge. Ihre schönblühenden Arten (Graslilie, Blutroter Storchschnabel, Kartäusernelke) lieben Trokkenheit und Wärme und verlangen viel Licht.

Besonders wichtig sind bei uns *Halbkulturgesellschaften*, bei deren Entstehung natürlicher Pflanzenwuchs und menschlicher Einfluß zusammenwirken. Zu ihnen gehören besonders Wiese und Weide, aber auch der Forst. Bei der Wiese hat die Mahd alle Arten ausgemerzt, die nicht so rasch nachwachsen, daß sie in der kurzen Zeit zwischen zwei Schnitten die verlorenen Teile wieder erneuern könnten. Das betrifft namentlich die Holzpflanzen, aber auch eine Reihe von Kräutern. Die erneuerungsfähigen Pflanzen sind dem Bauern erwünscht, denn sie liefern in kurzer Zeit gutes Viehfutter. So hat der Mensch, ohne sich dessen bewußt zu sein, durch die Mahd auf der Wiese die unbrauchbaren Arten verdrängt und die wertvollen Futterpflanzen gefördert.

Bei der *Weide* erfolgt die Auslese nach der Genießbarkeit. Das weidende Tier meidet die stechenden und giftigen Arten (Disteln, Wacholder, Hauhechel, Zypressenwolfsmilch) und frißt die ungeschützten, deren Erneuerungsfähigkeit hier also nur einen beschränkten Schutz gewährt. Je stärker eine Weide ausgenützt wird, desto mehr gehen die erneuerungstüchtigen Arten zurück und breiten sich die ungenießbaren Weideunkräuter aus. Dann bleibt dem Menschen nur übrig, die Weide in eine *Wiese* zu verwandeln, um den wertvollen Futterpflanzen wieder zur Herrschaft zu verhelfen.

Ganz durch den Einfluß des Menschen bestimmte *Kulturgesellschaften* sind schließlich *Ackerfeld, Garten* und *Weinberg*. Hier hat der Mensch die urwüchsigen Pflanzen ausgerottet und die für ihn nützlichen angebaut. Allerdings verstehen es die lebenskräftigsten Vertreter der ursprünglichen Vegetation, sich als Unkräuter wieder zu behaupten.

Es kann dann allerdings auch zur Massenvermehrung einzelner Arten kommen. Wo vom Menschen an Acker- und Wegrändern Abfallstoffe angehäuft werden, und damit auch viel Stickstoff zur Verfügung steht, treten große Mengen von Brennessel, Giersch, Quecke und Bärenklau auf. In unseren Talauen haben sich konkurrenzkräftige ausländische Pflanzen ausgebreitet. Von Amerika stammen die Knollensonnenblume, die kleinblütige Herbstaster und die kanadische Goldrute, von Ostasien eine Knöterich- und eine Springkrautart. Wie stark sich das Eindringen fremder Arten in ein Ökosystem auswirken kann, zeigt die Knollensonnenblume, die gerne die Uferzone der Wasserläufe besiedelt. Ihre Vermehrungs- und Überwinterungsorgane sind an Speicherstoffen reiche Ausläuferknollen, die 10 bis 20 cm tief in der Erde liegen. Wühlmäuse, Wanderratten, Bisamratten und Wildkaninchen schätzen sie als Nahrung und durchwühlen den Boden nach ihnen. Dies kann im Zusammenwirken mit Hochwasser zu schweren Uferzerstörungen führen.

Aufgaben zu Abschnitt 1 und 2

Abschnitt 1:

1. Was versteht man unter Ökologie?
2. Was ist ein Biotop?
3. Was ist eine Biozönose?

Abschnitt 2:

1. Welche abiotischen Faktoren beeinflussen die Pflanzen?
2. Was versteht man unter Wasserkreislauf?
3. Wie verändert sich die Vegetation, wenn man bei gleicher Jahresmitteltemperatur von einem Gebiet hoher Niederschläge zu einem Gebiet geringer Niederschläge übergeht?
4. Wodurch ist die Wasserversorgung einer Pflanze bestimmt?
5. Welche Gruppen von Pflanzen unterscheidet man bezüglich der Wasserversorgung am Standort?
6. Wie nimmt das Licht Einfluß auf die grüne Pflanze?
7. Wodurch ist die Höhenzonierung der Vegetation in den Gebirgen verursacht?
8. Was liefert der Boden für die Pflanze?
9. Was ist eine Pflanzengesellschaft?
10. Durch welche Faktoren ist die Konkurrenzfähigkeit einer Art bestimmt?

11. Stellen Sie anhand von Niederschlagskarten (Atlas) fest, wo es ganzjährige Trockengebiete gibt und wo mehrmonatige Trokkenzeiten auftreten. Vergleichen Sie mit den Vegetationskarten der entsprechenden Gebiete. Welche Beziehungen ergeben sich?

12. Wodurch sind Samen und wodurch unterirdische Speicherorgane befähigt, Trockenperioden zu überstehen?

13. Es sind drei Gründe dafür angegeben worden, daß die Spaltöffnungen auch bei Wassermangel nicht beliebig lange geschlossen bleiben können. Erläutern Sie für diese Gründe den genauen Kausalzusammenhang.

14. Wie kann man die Transpirationsrate eines Waldes bestimmen?

15. Wie kann man die Bildung von Kaltluftseen verhindern? Wie sind die besprochenen Frostschutzmaßnahmen wirksam?

16. Wie läßt sich der Optimalbereich für das Wachstum einer Waldbaumart feststellen?

17. a) Wie verändert sich nach der Darstellung auf Abb. 6 die Vegetation und die Gestalt der Pflanzenarten mit der Höhenlage?

    b) Auf welche Umwelteinflüsse gehen die Veränderungen zurück?

    c) Wie hoch reicht nach dem Bild der Gürtel der einjährigen Kulturpflanzen und die wirtschaftliche Nutzung überhaupt?

    d) Durch welche Eigenschaften gedeihen Flechten als Pioniere des Lebens noch an unwirtlichen Stellen?

18. Auf Hausdächern siedeln sich in der Regel nur Moose und Flechten an.
    a) Welche Eigenschaften ermöglichen ihnen die Besiedlung dieses extremen Standortes?

    b) Warum sind die Dächer in Industriegebieten oder im Stadtzentrum spärlicher besiedelt als in den Vororten?

3. Die Beziehungen der Tiere zur Umwelt und untereinander

3.1 Der Einfluß abiotischer Faktoren

So wie die Pflanzen nur an ihnen zusagenden Standorten gedeihen können, leben auch die Tiere an Orten, die ihre von Art zu Art wechselnden Ansprüche an Klima, Nahrung, Schutz, Brutmöglichkeiten u. a. erfüllen. Sie sind diesen angepaßt.

3.1.1 Temperatur

Die Temperatur beeinflußt das Vorkommen der Tiere stark, da viele Arten nur innerhalb bestimmter Temperaturbereiche ihre Lebenstätigkeit voll entfalten können. Nur die **warmblütigen** (*homöothermen*) **Säuger** und **Vögel** sind durch ihre Fähigkeit zur Temperaturregulation weitgehend klimaunabhängig. So ist z. B. der Tiger vom heißen Dschungel Indiens bis in die kalten Gebirge Innerasiens verbreitet; entsprechendes gilt für den Puma in Amerika. Homöotherme Tiere benötigen zur Aufrechterhaltung ihrer Körpertemperatur eine größere Nahrungsmenge als wechselwarme. So ist die Nahrung bei vielen von ihnen ein begrenzender Faktor des Vorkommens.

Für die Wärmeabgabe ist die Oberfläche der Tiere maßgebend, während der Stoffwechsel und damit die Wärmeproduktion vom Volumen der Tiere abhängen. Bei Größenzunahme steigt das Volumen in der dritten Potenz ($V = \frac{4}{3}\pi r^3$), die Oberfläche aber nur im Quadrat ($O = 4\pi r^2$) an. Daher besitzen größere Tiere eine im Verhältnis zum Volumen kleinere Oberfläche und damit relativ geringe Wärmeabgabe; sie sind dadurch in kälterem Klima begünstigt. Innerhalb eines Verwandtschaftskreises findet man deshalb bei Säugern und Vögeln häufig in kälteren Gebieten größere Arten (oder Rassen einer Art) als in wärmeren (BERGMANNsche Regel). So kommen die größten Pinguinarten (Kaiserpinguin, über 1 m) in der Antarktis vor, die kleinste Art (Galapagos-Pinguin, rd. 50 cm) in der Nähe des Äquators.

Exponierte Körperteile, die leicht auskühlen (lange Ohren, Schwänze) sind bei Arten kalter Gebiete meist kleiner ausgebildet als bei verwandten Arten wärmerer Zonen: ALLENsche Regel (Bild 10).

Weiterhin ist die Menge der in die Haut oder die Haare eingela-

Bild 10: Köpfe von Füchsen (oben), Hasen (Mitte) und Mäusen (unten) aus dem heißen Wüstengürtel Amerikas, der gemäßigten Zone und aus dem Nordpolargebiet. ALLENSCHE Regel.

gerten dunklen Pigmente bei Arten kalter Gebiete in der Regel geringer als bei Verwandten wärmerer Bereiche, denen die dunkle Pigmentierung ein im Laufe der Evolution entstandener Schutz gegen die intensive Sonnenbestrahlung ist. (GLOGERsche Regel; Beispiel: Rassen des Menschen, s. Studienband Evolution des Menschen 1.4.1).

Bei **wechselwarmen** (*poikilothermen*, gr. poikilos wechselnd) **Tieren** ist die Stoffwechselintensität stark von der Temperatur abhängig. Wie durch zahlreiche physiologische Untersuchungen bekannt ist, steigt bei einer Zunahme der Temperatur um 10° C die Reaktionsgeschwindigkeit der Stoffwechselvorgänge auf etwa das Doppelte an (van't-HOFFsche Regel). Aus diesem Grund treten viele wechselwarme Tiergruppen in den Tropen in größerer Mannigfaltigkeit (Insekten, Reptilien) und größerem Wuchs auf (Riesenkäfer, Krokodile, Warane, Riesenschlangen). Sinkt die Temperatur der Wechselwarmen unter einen kritischen Wert, so tritt *Kältestarre* ein.

Will man feststellen, bei welcher Temperatur sich ein Tier am wohlsten fühlt (Optimaltemperatur), so baut man einen langgestreckten Käfig mit Metallboden, den man an einem Ende erwärmt und am anderen kühlt; dadurch wird ein Temperaturgradient erzeugt. Das Tier wird sich dort aufhalten, wo seine Optimaltemperatur herrscht. Man findet z. B. folgende Werte: Blindschleiche 28° C, Totengräber 27° C, Sandlaufkäfer 44° C. Der Optimalbereich der Temperatur ist bei den meisten Arten erblich festgelegt. Eine Tierart ist außerhalb ihres Optimalbereiches lebensfähig bis zu bestimmten Maximal- und Minimaltemperaturwerten. Diese beiden Grenzwerte bezeichnet man auch als Pessimum oder als *Kardinalpunkte der Temperatur.* Durch sie wird die *Reaktionsbreite* der betreffenden Art bezüglich der Temperatur festgelegt. Zwischen den Kardinalpunkten und dem Bereich der normalen Aktivität können Temperaturbereiche mit meist hormonal gesteuerter verringerter Aktivität der Tiere liegen (Winterschlaf, Sommerschlaf). Fortpflanzungs- und Entwicklungsvorgänge wechselwarmer Tiere sind nur innerhalb artspezifischer Temperaturbereiche möglich.

In Gebieten mit starkem jahreszeitlichem Klimawechsel gibt es auch bei den gleichwarmen (homöothermen) Säugern einen **Winterschlaf** (Igel, Murmeltier, Siebenschläfer), und viele Vogelarten weichen dem winterlichen Nahrungsmangel durch den Vogelzug aus.

3.1.2 Licht

Auch das Licht hat Einfluß auf die Tiere; so kann die Tageslänge das Fortpflanzungsverhalten vieler Vögel bestimmen. Die Keimdrüsen sind bei diesen im Winter klein und vergrößern sich im Frühjahr unter dem Einfluß der längeren Tagesdauer. Dadurch wird die Paarungs- und Brutphase ausgelöst. Tageslängenabhängig sind ferner die Mauser, der Beginn des Vogelzuges im Sommer/Herbst und die Geweihbildung bei Hirschen.

Langwellige UV-Strahlung ist für die Bildung von Vitamin D in der Haut von Säugern erforderlich. Bei höherer Intensität hat aber die gleiche Strahlung zellschädigende Wirkung (Sonnenbrand). Hornschuppen, Federn, Haare schützen die Landtiere vor den Wirkungen dieser Strahlung. Vielen Tieren des Erdbodens und der Höhlen fehlt dieser Schutz; sie sterben bei längerem Aufenthalt am Licht den *Lichttod* (z. B. der Regenwurm).

Viele Tierarten sind nur zu bestimmten Tageszeiten aktiv; es gibt *Tagtiere, Dämmerungstiere* und *Nachttiere* (Bild 11). Die Änderungen der Helligkeit werden von den Sehzellen aufgenommen und wirken sich über Gehirn und Hypophyse auf das Hormonsystem aus. So lösen sie dann Verhaltensänderungen aus. Einen un-

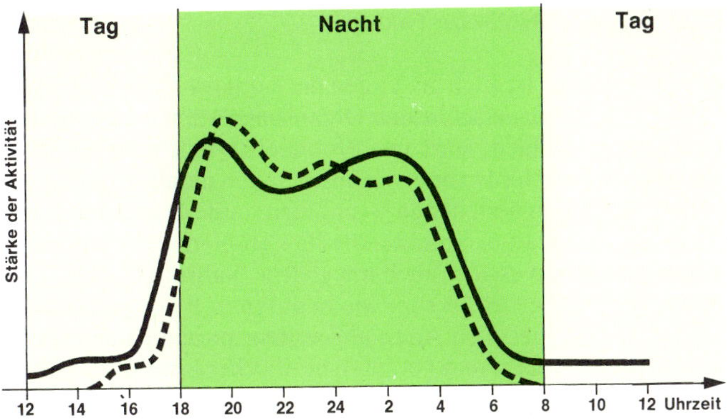

Bild 11: Die Aktivität von Wildkatze (gestrichelte Kurve) und Waldmaus (ausgezogene Kurve) in Abhängigkeit vom Tag-Nacht-Rhythmus. Man erkennt auffallende Übereinstimmung zwischen der räuberischen Wildkatze und ihrem Beutetier.

gefähr dem 24-Stunden-Tag entsprechenden Rhythmus nennt man **circadiane Rhythmik**. Durch Versuche mit Tieren, die man bei konstanter Beleuchtung hielt, konnte man zeigen, daß die Rhythmik nicht nur durch Helligkeitsänderungen ausgelöst wird, sondern teilweise auch angeboren ist (*endogene Rhythmik*).

Bekannt ist das Verhalten der Singvögel, die bei einer ganz bestimmten morgendlichen Helligkeit mit ihrem Gesang einsetzen. Diese Weckhelligkeit ist je nach Vogelart verschieden, so daß man eine **Vogeluhr** aufstellen kann; sie gibt an, zu welcher Tageszeit eine Vogelart mit ihrem Gesang beginnt.

3.1.3 Wasser

Wasser ist ein notwendiger Lebensfaktor. Tiere wasserarmer Biotope (Wüstentiere, Insekten in trockenem Holz) nutzen deshalb in ausgeprägtem Maß das bei der Zellatmung entstehende Wasser. Verschiedene niedere Tiere (einige Fadenwürmer, Rädertierchen, Bärtierchen) überstehen jahrelange Austrocknung sowie extreme Kälte, indem sie in ein Stadium latenten Lebens mit äußerst starker Reduktion aller Stoffwechselvorgänge übergehen (*Anabiose*).

3.2 Der Einfluß biotischer Faktoren

Wie bei Pflanzen ist auch bei Tieren die Konkurrenz ein wichtiger Faktor, durch den verschiedene Organismen aufeinander einwirken. Da z. B. Dohlen, Stare und Hohltauben Höhlenbrüter sind, aber nicht selbst Höhlen bauen können, treten diese Arten in Konkurrenz um schon bestehende Nisthöhlen; außerhalb dieser Konkurrenz stehen darum Spechte, die ihre Höhlen selbst zimmern. Wettbewerb kann es aber auch um gleiche Nahrung oder gleiche Winterquartiere geben. Wenn, wie in unserem Beispiel, die Konkurrenten verschiedenen Arten angehören, spricht man von **zwischenartlicher Konkurrenz** (= interspezifischer Konkurrenz). Natürlich besteht Wettbewerb in noch viel ausgeprägterer Weise zwischen den Angehörigen derselben Art; man spricht dann von **innerartlicher Konkurrenz** (= intraspezifischer Konkurrenz).

4. Die ökologische Nische

4.1 Ökologische Potenz, Stenökie und Euryökie

Jede Art von Lebewesen stellt an die Umwelt ganz bestimmte Ansprüche und hat bezüglich jedes lebenswichtigen Umweltfaktors eine bestimmte Anpassungsbreite (Reaktionsbreite). Diese kann man experimentell ermitteln durch Bestimmung von »Gedeihkurven«. Man mißt dazu die Vermehrungsrate, die Überlebensrate, Wachstumsrate oder bei Tieren das Wohlbefinden in Abhängigkeit vom zu untersuchenden Faktor. Derartige Versuche liefern Angaben darüber, innerhalb welchen Bereiches die betreffende Art lebensfähig und innerhalb welchen Bereiches sie fortpflanzungsfähig ist. Dieser Bereich ist enger als der Bereich, in dem die Art noch lebensfähig ist. Nur dort, wo sich die Art fortpflanzt, kann sie auf Dauer existieren. Man bezeichnet die so festgelegte Anpassungsbreite als die **ökologische Potenz** (oder ökologische Valenz) der Art gegenüber dem Umweltfaktor. So liegt z. B. die ökologische Potenz des Maises gegenüber der Temperatur zwischen +10° C und +40° C, denn nur in diesem Temperaturbereich zeigt er Wachstum und Fruchtansatz.

Die ökologische Potenz kann bei einer Art für verschiedene Entwicklungsstadien unterschiedlich sein. Die Larve des Gletscherflohs benötigt beispielsweise höhere Temperaturen als das ausge-

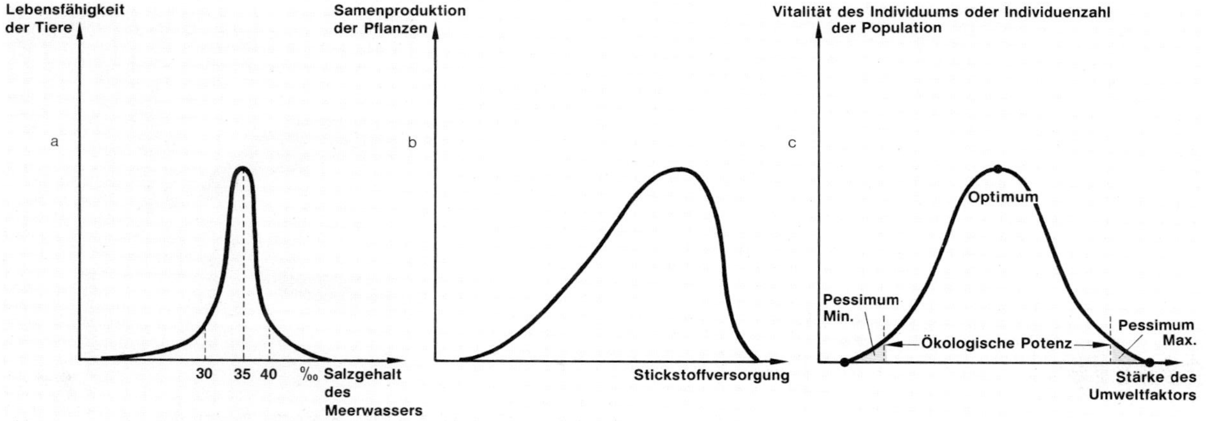

Bild 12: a) Abhängigkeit der Lebensfähigkeit von Tintenfischarten vom Salzgehalt des Meerwassers. Die Tintenfische sind stenohalin, wie die Kurve zeigt (enge ökologische Potenz oder stenök bezüglich des Salzgehaltes). b) Abhängigkeit der Lebens- und Fortpflanzungsfähigkeit von Löwenzahnpflanzen von der Stickstoff-Versorgung. Der Löwenzahn ist bezüglich der N-Versorgung euryök (weite ökologische Potenz). c) Kardinalpunkte der Reaktion einer Art auf Einflüsse von Umweltfaktoren. Die ökologische Potenz ist gekennzeichnet durch denjenigen Einflußbereich eines Umweltfaktors, in dem sich die Art noch fortpflanzt. Der Bereich, in dem sich eine Art nicht mehr fortpflanzt, aber gerade noch zu existieren vermag, wird als Pessimum bezeichnet. In der Natur wirken alle Umweltfaktoren zusammen, was zu anderen Auswirkungen führt, als sich bei der Betrachtung eines Einzelfaktors erwarten läßt. Die Schattenverträglichkeit mancher Pflanzenarten steigt mit dem Nährstoffreichtum des Bodens. Die Temperaturabhängigkeit vieler Tierarten ändert sich mit der Luftfeuchtigkeit oder dem Ernährungszustand. Das ökologische Optimum einer Art ist durch die günstigste Kombination der Umweltfaktoren gekennzeichnet (vgl. dazu Bild 8).

wachsene Insekt. Der Gletscherfloh entwickelt sich daher nur im Sommer.

Die ökologische Potenz einer Art kann bezüglich eines Faktors eng oder weit sein (Bild 12). Je weiter sie ist, an umso mehr Orten findet die Art Lebensmöglichkeiten.

In einem bestimmten Biotop wird die Zahl der Individuen einer Art je Flächeneinheit durch die ungünstigsten Umweltfaktoren begrenzt, d.h. durch diejenigen, die dem Pessimum (Bild 12) am nächsten kommen (**Wirkungsgesetz der Umweltfaktoren** oder Pessimum-Gesetz.

Arten, die bezüglich vieler ökologischer Faktoren eine große Reaktionsbreite haben, nennt man **euryöke Arten** (gr. euros breit). Der Gegensatz dazu sind **stenöke Arten** (gr. stenos eng). Entsprechende Ausdrücke werden auch für einzelne Umweltfaktoren gebraucht. Beispielsweise gibt es in bezug auf die Temperatur *eurytherme* Arten (z.B. die Seerose *Actinia*, Ratten) und *stenotherme* Arten. Stenotherme Arten sind nur in engen Temperaturbereichen lebensfähig, wobei zwischen kaltstenothermen und warmstenothermen Arten zu unterscheiden ist. In unseren Bächen findet man den kaltstenothermen Strudelwurm *Planaria alpina* nur in den quellnahen Oberläufen, die eurytherme Art *Planaria gonocephala* vorwiegend in den Unterläufen (Bild 13). Kaltstenotherm sind

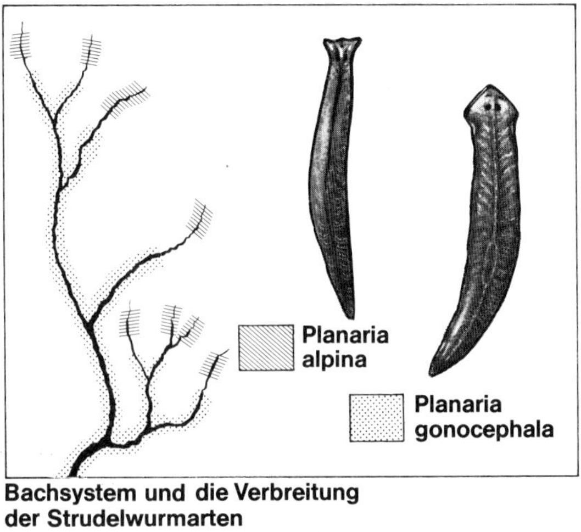

Bild 13: Die Strudelwürmer *Planaria alpina* und *Planaria gonocephala* und ihr Vorkommen in einem Bachsystem.

Bachforelle und Blauwal, warmstenotherm die Riffkorallen, sie benötigen eine Temperatur von über 20° C. Aus diesem Grund beschränkt sich das Vorkommen von Korallenriffen auf warme Meere. – Hinsichtlich des Salzgehaltes des Wassers unterscheidet man entsprechend *euryhaline* (Aal, Lachs) und *stenohaline* Arten (Hering, Tintenfische). In bezug auf die Nahrung gibt es euryphage (Schwein, Ratte) und stenophage (Ameisenbär, Koala) Tierarten.

Während euryöke Arten in verschiedenen Biotopen vorkommen, sind stenöke in der Regel an ganz bestimmte Biotope gebunden und können als deren **Leitformen** (Charakterarten) gelten. So sind der erwähnte Strudelwurm *Planaria alpina* und die Bachforelle Leitformen für den quellnahen, kalten und sauerstoffreichen Oberlauf von Bächen.

4.2 Ökologische Nische, Konkurrenzausschluß und Einnischung

Die Lebewesen nutzen in ihrem Lebensraum nur wenige der vorhandenen Möglichkeiten für ihre Ernährung, zur Anlage ihres Brutplatzes u. a. aus. So leben zwei Seeschwalbenarten im gleichen Lebensraum an der Meeresküste und brüten auch an gleichen Plätzen. Jedoch brütet die eine Art im Oktober/November und ernährt sich von Landinsekten, die andere Art hingegen brütet im Januar/Februar und lebt von Seetieren. Auf demselben Baum können Ringel- und Hohltaube nisten, erstere im Geäst, die letztere in einer Spechthöhle. Die Ringeltaube frißt vorwiegend in der Nähe ihres Nestes Früchte, Raupen, Würmer und Schnecken, die Hohltaube dagegen sucht in weitem Umkreis nach Früchten verschiedener Art. Beide Beispiele zeigen, daß die Tierarten jeweils im gleichen Lebensraum auftreten, aber ihre Lebensweise darin durch unterschiedliche Faktoren bestimmt wird. *Man bezeichnet die Gesamtheit aller biotischen und abiotischen Umweltfaktoren, die für die Existenz einer bestimmten Art wichtig sind, als die* **ökologische Nische** *der Art.* »Ökologische Nische« bezeichnet nicht einen Raum, wie der Begriff zunächst vermuten läßt, sondern eine Vielzahl von Beziehungen zwischen einer Art und ihrer Umwelt. Er drückt aus, daß bestimmte Umweltgegebenheiten durch die Art in spezifischer Weise genutzt werden. Die Umwelt wird gewissermaßen auf verschiedene Arten der Biozönose aufgeteilt; man sagt, die Arten seien unterschiedlich *eingenischt.*

Die vollständige Beschreibung der ökologischen Nische einer Art erfordert die Kenntnis aller für diese Art wichtigen Umweltfaktoren. Der Einfluß der abiotischen Faktoren ist quantitativ zu

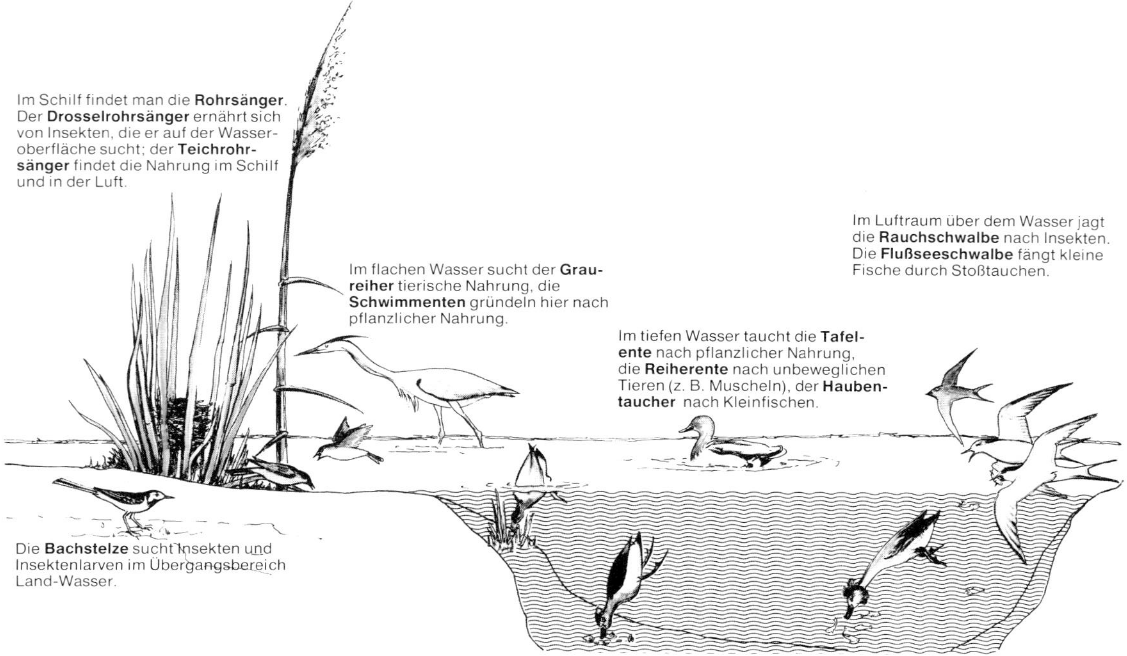

Bild 14: Nahrungsnischen einiger Vögel der Teiche. Die beiden Rohrsänger und ebenso Tafel- und Reiherente zeigen die unterschiedliche Einnischung von Arten einer Gattung. Die beiden Vögel, Rauchschwalbe und Flußseeschwalbe, im Luftraum über dem offenen Wasser, haben bei ähnlicher Lebensweise sehr ähnliche Gestalt (Konvergenz); ihre Nahrungsnischen sind jedoch deutlich verschieden.

beschreiben durch Darstellungen, wie sie in Bild 12 gezeigt wurden (mit Angabe von ökologischer Potenz und Optimum). Der Einfluß der biotischen Faktoren kann sehr komplex sein und ist in der Regel nicht quantitativ erfaßbar. Die ökologische Nische ist also ein sehr komplexes und sich auch im Verlauf der Zeit veränderndes Wirkungsgefüge; man darf es sich keinesfalls räumlich und statisch vorstellen (wozu der Name verleiten könnte).

In einer Biozönose hat jede Art ihre spezifische ökologische Nische und dadurch eine bestimmte Stellung in der Lebensgemeinschaft, die man als *ökologische Planstelle* bezeichnet. Im Wasser leben zahlreiche pflanzliche und tierische Organismen freischwebend als Plankton. In der Luft ist dies nicht möglich, da deren Dichte zu gering ist. Im Wasser können festsitzende Tierarten existieren, die Planktonnahrung herbeistrudeln (Schwämme, Hohltiere, Seepocken). Wegen des Fehlens von »Luftplankton« hätten festsitzende Landtiere größte Ernährungsschwierigkeiten: für sie gibt es keine ökologische Planstelle. Es hängt also von den abiotischen und biotischen Faktoren eines Biotops ab, welche ökologischen Planstellen darin möglich sind.

Wenn zwei Arten eines Gebiets dieselbe ökologische Nische besetzen würden, so müßte zwischen ihnen totale Konkurrenz herrschen und die lebenstüchtigere Art würde die andere völlig verdrängen (*Konkurrenzausschlußprinzip* oder GAUSE-VOLTERRAsches Prinzip). Dies läßt sich experimentell überprüfen (Bild 15, S. 31). Mutationen einer Art, welche die Konkurrenz mit anderen Arten desselben Lebensraumes herabsetzen, sind also für das weitere Existieren dieser Art vorteilhaft. Solche Mutationen werden durch Auslese (Selektion) gefördert; dies ist die wichtigste Ursache der *Einnischung*, die für die Neubildung von Arten sehr bedeutsam ist (vgl. Studienbd. Evolution, 3.5.8.1).

Möglichkeiten der Einnischung

1. Nahe verwandte Arten leben in verschiedenen Biotopen: z. B. Feldhase-Schneehase, Feldmaus-Waldmaus, Moorfrosch-Grasfrosch, Eichelhäher-Tannenhäher
2. Die Arten leben im gleichen Biotop, nutzen diesen aber unterschiedlich
   2.1 Einnischung durch Verlegung der Hauptaktivität auf verschiedene Zeiten: z. B. Tagraubvögel-Eulen
   2.2 Einnischung bezüglich der Nahrung:
      2.2.1 Unterschiedliche Größe der Nahrung: häufig bei verwandten Raubtierarten. Die unter-

schiedliche Größe der Raubtiere bedingt unterschiedlich große Beutetiere. Beispiele: Fuchs (klein) – Wolf (groß), Sperber (klein) – Habicht (groß)

2.2.2 Unterschiedlicher Ort der Nahrungssuche: z. B. Kohlmeise sucht ihre Nahrung am Boden und im Innern der Baumkronen, Blaumeise im Bereich der Astspitzen.

2.2.3 Spezialisierung von Parasiten auf bestimmte Körperteile des Wirts: z. B. Kopflaus – Kleiderlaus – Schamlaus (Filzlaus) beim Menschen.

2.2.4 Einnischung bezüglich der Sauerstoffversorgung, z. B. Mückenlarven in sauerstoffreichem und andere in sauerstoffarmem Wasser.

2.3 Einnischung bezüglich der Temperatur: z. B. die Strudelwürmer *Planaria alpina* und *Pl. gonocephala*, vgl. Abb. 11

2.4 Einnischung bezüglich des Fortpflanzungsverhaltens:

2.4.1 Verschiedene Fortpflanzungszeit: z. B. verschiedene Seeschwalbenarten

2.4.2 Unterschiedliches Paarungsverhalten: viele verwandte Säugetier- und Vogelarten.

Je enger die ökologische Nische einer Art ist, um so spezieller müssen die Anpassungen sein, welche die Nutzung der Nische erlauben.

Das zeigen anschaulich die Parasiten: andererseits fehlen den weltweit verbreiteten Ratten – ebenso auch dem Menschen – spezifische, nur auf bestimmte Lebensbedingungen ausgerichtete Anpassungen in Körperbau und Lebensweise.

Die Ausbildung ökologischer Nischen setzt die zwischenartliche Konkurrenz herab. Bei der innerartlichen Konkurrenz ist etwas derartiges in der Regel nicht möglich, da die Individuen einer Art bezüglich aller wesentlichen Umweltfaktoren hart konkurrieren. Sie bilden miteinander eine Fortpflanzungsgemeinschaft, die man als die Population der Art in dem betreffenden Biotop bezeichnet. Je ausgeprägter die ökologischen Ansprüche einer Art sind, um so stärker wird die intraspezifische Konkurrenz sein, bei stenöken Arten somit ausgeprägter als bei euryöken.

Bei vielen Wirbeltieren (Säuger, Vögel, Fische) und etlichen Wirbellosen (z. B. Krabben) führt die innerartliche Konkurrenz

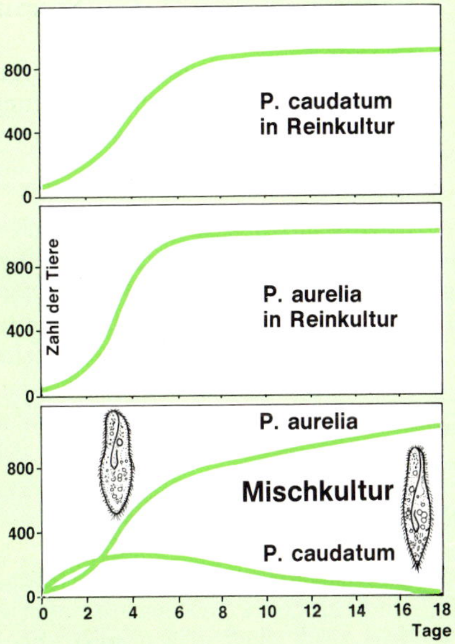

Bild 15: Zwei Arten von Pantoffeltierchen in getrennter und in gemeinsamer Kultur
Wenn sich beide Arten unter bestimmten Bedingungen gemeinsam in einer Kultur befinden, wird *Paramaecium caudatum* im Lauf der Zeit völlig durch *P. aurelia* verdrängt und stirbt aus. In der Natur leben die beiden Arten in verschiedenen ökologischen Nischen.

zur Aufteilung des Lebensraums in *Territorien*, die ein Individuum, ein Paar oder eine Gruppe für sich abgrenzt. Diese *Revierbildung* ist mit der Herausbildung *innerartlicher Aggression* im Verhalten verknüpft (Revierkämpfe).

Anpassung

1. Anpassung an die unbelebte Umwelt:
   Sie ist einseitig, d. h. ohne Gegenanpassung.
   Beispiele: Anpassung an Temperatur, Lichtverhältnisse, an Wasser oder Erdboden als Lebensraum, an bestimmte Brutplätze.

2. Anpassung an die belebte Umwelt:
   Sie ist zweiseitig, d. h. andere Lebewesen antworten ihrerseits mit einer gleichsinnigen oder gegensinnigen Anpassung.
   2.1 Interspezifische Anpassung zwischen verschiedenen Arten.
      2.1.1 Gegensinnig: Räuber-Beute-Beziehung
      2.1.2 Gleichsinnig: Symbiosen (vgl. Tabelle Symbiose)
   2.2 Intraspezifische Anpassungen zwischen verschiedenen Individuen einer Art: alle Anpassungen an soziales Zusammenleben, Ausbildung von Verständigungsmitteln.

4.3 Lebensformen

Arten, die in geographisch getrennten Gebieten leben, können hingegen sehr ähnliche ökologische Nischen ausbilden und in Anpassung an diese viele Ähnlichkeiten in Gestalt und Lebensweise (**Konvergenzen**) aufweisen. So entstehen ähnliche Lebensformen. Ein Beispiel aus dem Tierreich sind die Kolibris von Südamerika, Nektarvögel von Afrika und Honigfresser von Australien. Sie sind gestaltlich sehr ähnliche, nektarsaugende Vögel, aber nicht miteinander verwandt. Ebenso zeigen Haie, Knochenfische, die ausgestorbenen Ichthyosaurier sowie Delphine alle Fischgestalt. Als Beispiel aus dem Pflanzenreich seien die Kakteen in amerikanischen, Wolfsmilchgewächse in afrikanischen und Schwalbenwurzgewächse in afrikanischen und asiatischen Trockengebieten erwähnt, die gestaltlich sehr ähnliche Stammsukkulenten hervorbringen.

Unter gleichartigen Lebensformen versteht man aber nicht nur gestaltliche Ähnlichkeit, sondern auch einander entsprechende Lebensweise. In den großen Grasländern der verschiedenen Erdteile findet man jeweils spezifische große Grasfresser: in Afrika Antilopen und Zebra, in Nordamerika den Bison, in Australien Känguruhs, in Europa früher den Auerochsen. Diese Tiere haben alle dieselbe Planstelle, d. h. gleichartige ökologische Funktionen und ähnliche ökologische Nischen. Sie sind einander äquivalent; man spricht von **Stellenäquivalenz** (Bild 16).

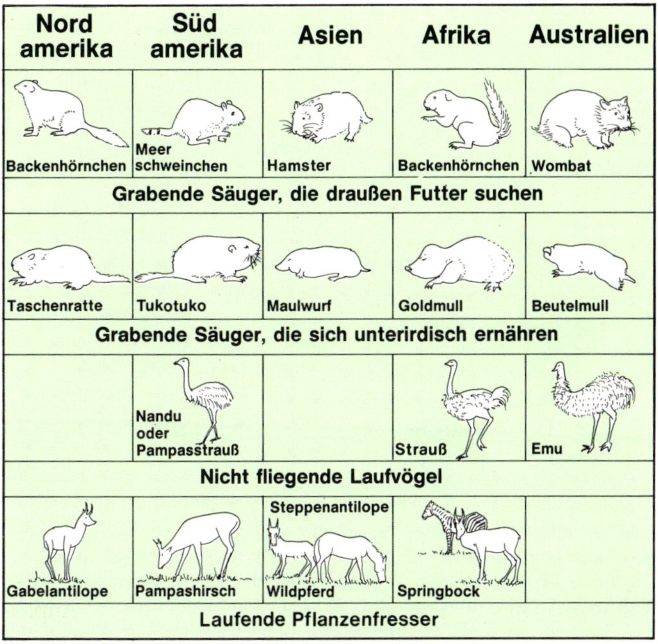

Bild 16: Ähnliche Tiere mit ähnlicher Lebensweise (ähnliche Lebensformen) in verschiedenen Erdteilen. Die in einer Zeile angeordneten Tiere nehmen die gleiche Stelle ein; sie sind stellenäquivalent.

5. Populationsökologie

5.1 Aufbau einer Population

Alle Individuen einer Art, die in einem bestimmten Gebiet vorkommen, faßt man zur **Population** zusammen. Ihr Aufbau ist bestimmt durch die Zusammensetzung nach Geschlechtern und Altersstadien (vgl. 5.7). Die Sterblichkeit (Sterberate) der Individuen verschiedener Altersstadien ist bei verschiedenen Arten unterschiedlich; daraus ergeben sich verschiedene Überlebenskurven für die einzelnen Arten (Bild 17). Viele Pflanzen, zahlreiche Insekten und Fische erzeugen eine ungeheure Anzahl von Nachkommen, von denen die meisten schon im Eistadium oder als Larve zu-

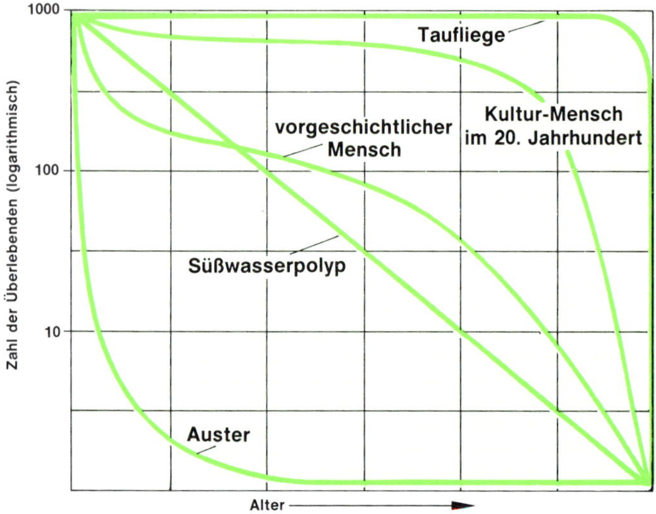

Bild 17: Überlebenskurven für verschiedene Arten (man beachte den logarithmischen Ordinaten-Maßstab). Bei der Auster ist die Sterblichkeit der Jugendstadien (Eier, Larven) am größten. Beim Süßwasserpolyp ist die Sterblichkeit aller Altersstadien gleich groß. Beim Kulturmenschen ist die Sterblichkeit erst von einem bestimmten Alter an hoch (viele Individuen erreichen ein Alter nahe dem maximal möglichen Alter). In früherer Zeit war die Kindersterblichkeit durch Infektionen, durch Hunger und härtere Lebensumstände in jedem Alter höher als beim Menschen der Gegenwart.

grunde gehen. Andere Tiere (z. B. die Taufliege Drosophila) und auch der Mensch haben erst im höheren Alter eine hohe Sterblichkeit. Bei verschiedenen Arten findet man also eine unterschiedliche Überlebensstrategie.

5.2 Populationsdynamik (Veränderungen von Größe und Struktur der Population)

Setzt man eine Kultur von Pantoffeltierchen an und fügt täglich eine bestimmte Menge Bakterien als Nahrung hinzu, so vermehren sich die Tiere bis zu einer ganz bestimmten Anzahl pro Raumeinheit. Dieser Grenzwert der Individuenzahl wird als *maximale Populationsdichte* bezeichnet, er ist in unserem Beispiel in erster Linie durch die Nahrungszufuhr bestimmt. Die Menge der Nahrung ist hier der wichtigste dichtebegrenzende Faktor. Ähnliches gilt für Raubtiere, deren Populationsdichte von der Zahl der vorhandenen Beutetiere abhängt (vgl. Abschnitt 5.5). Aber auch das Angebot geeigneter Brutplätze kann dichtebegrenzend wirken. Das trifft z. B. für die in Höhlen brütenden Meisen im Wald zu. Ihre Zahl läßt sich daher durch Anbringen von Nistkästen erheblich erhöhen. Da sie als Insektenfresser eine große Rolle bei der Vertilgung von Schadinsekten spielen, haben derartige Maßnahmen praktische Bedeutung. Für die Regelung der Populationsdichte sind vor allem Faktoren wichtig, die durch das Anwachsen der Population ins Minimum geraten. Es gibt aber auch Einflüsse, die von der Populationsgröße unabhängig sind. So wird in extrem kalten Wintern eine bestimmte Zahl von Meisen erfrieren, unabhängig von der Größe der Population. Es gibt unter den dichtebegrenzenden Faktoren also solche, deren Wirkung mit zunehmender Individuenzahl zunimmt: **dichteabhängige Faktoren**, und solche, deren Wirkung von der Individuenzahl unabhängig ist: **dichteunabhängige Faktoren**.

Alle dichtebegrenzenden Faktoren wirken sich aus über die Zahl der Nachkommen (*Geburtenrate = Natalität*) und die Sterblichkeit (*Sterberate = Mortalität*) der Individuen. Die Populationsdichte kann sich außerdem durch Zuwanderung oder Abwanderung von Individuen verändern. Die Größe der Population ist die Folge des Zusammenwirkens aller dichtebegrenzenden Umweltfaktoren. Die in einer bestimmten Umwelt mögliche Populationsgröße entspricht der **Umweltkapazität** dieser Art.

Dichtebegrenzende Faktoren

Dichteabhängige:	innerartliche Konkurrenz, Feinde (Parasiten, Räuber), Infektionskrankheiten
Dichteunabhängige:	zwischenartliche Konkurrenz, Klimaeinflüsse (Temperatur, Licht, Niederschläge, Luftfeuchtigkeit, dazu ihre Folgen wie Dürre, Überschwemmungen usw.)

Der Einfluß dichteabhängiger Faktoren auf die Populationsdichte läßt sich in einem Regelkreis-Schema gut erkennen (Bild 18). Es handelt sich um Fälle *negativer Rückkopplung.* Z. B. bewirkt eine Zunahme der Populationsdichte einen zunehmenden Nahrungsverbrauch, der negativ auf die Populationsdichte einwirkt.

In ausgeglichenen Lebensgemeinschaften besteht eine gewisse Konstanz der Individuenzahlen der beteiligten Arten, die der Ka-

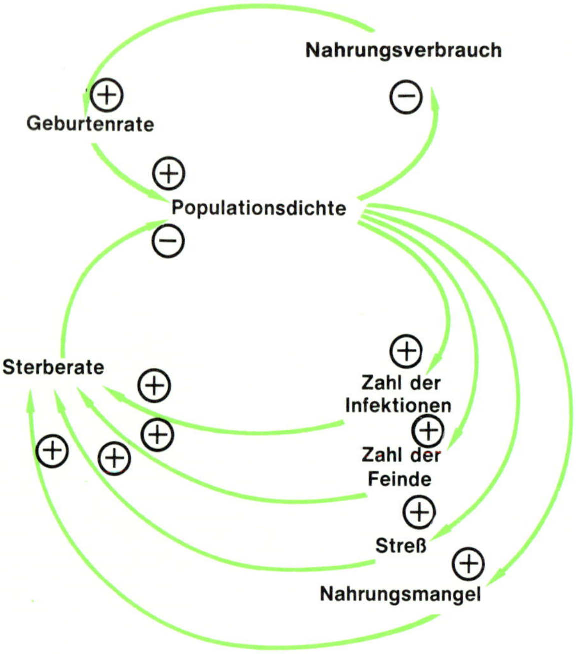

Bild 18: Regelung der Populationsdichte über Geburten- und Sterberate. Ein + zeigt positive, ein – negative Beziehung (Veränderung) an. In allen Fällen liegt negative Rückkoppelung vor, weil die Veränderung eines Faktors stets entgegengesetzte Wirkung hat. Bei den Faktoren Streß und Nahrungsmangel tritt die Regelung meist rasch ein und ist proportional der Abweichung vom Sollwert. Streß entsteht z. B. bei Bevölkerungsverdichtung. Bei den Faktoren Infektionskrankheiten und Zahl der Feinde ist die Regelung oft verzögert.

pazität der Biozönose bezüglich dieser Arten entspricht. Arten, die zahlreiche Feinde haben oder – wie manche Parasiten (z. B. Leberegel) - komplizierte Entwicklungsgänge aufweisen, müssen mehr Nachkommen hervorbringen als weniger gefährdete. Eine Blaumeise erbrütet z. B. zweimal im Jahr etwa 10 Junge, während der Steinadler in einer Brut je Jahr meist nur einen einzigen Jungvogel großzieht (vgl. 5.1).

5.3 Massenwechsel und Populationswellen

Da der Mensch seine Nutzpflanzen in der Regel in Monokulturen anbaut, schafft er für bestimmte Tiere, denen solche Pflanzen als Nahrung dienen, optimale Bedingungen. Das kann zu einer Massenvermehrung dieser Tiere führen, insbesondere weil ihre natürlichen Feinde in den Monokulturen oft fehlen. Als Beispiel sei die Nonne erwähnt. Der Massenbefall des Nadelwaldes durch diesen Schmetterling führt zu Kahlfraß. Jedoch kann ein solcher Massenbefall nicht beliebig lange andauern; denn schließlich wird das Futter knapp, die dadurch weniger widerstandsfähigen Raupen werden von einer Virus-Krankheit heimgesucht und gehen massenweise zugrunde. Auch vermehren sich die Feinde der Nonne, Schlupfwespenlarven und Raubfliegen, infolge des großen Angebots an Nahrung und tragen zum Zusammenbruch der Population der Nonnen bei. Die übrigbleibenden Individuen können eine neue Populationswelle hervorrufen, sobald wieder hinreichend Futter zur Verfügung steht. Man bezeichnet derartige starke Schwankungen der Individuenzahlen einer Population als **Massenwechsel**.

Bei Feldmäusen, die in einem bestimmten Gebiet leben und nicht auswandern können, führt die wachsende Zahl der Individuen zunächst zur Verkleinerung der Reviere. Steigt die Zahl weiter, so legen mehrere Weibchen ihre Reviere zusammen und bilden Nestgemeinschaften. Bei anhaltendem Bevölkerungsanstieg sinkt die Fortpflanzungsfähigkeit der Weibchen; dann kommt es zu Kannibalismus. Das Ende ist der Zusammenbruch der ganzen Population durch eine Störung des Hormonsystems der Tiere. Die Folge ist unstillbare Freßsucht, Nervosität und Schlafstörung; eine große Zahl der Tiere geht schließlich an einem Schock zugrunde. Ähnliches wurde bei anderen Nagern beobachtet; bei trächtigen Kaninchen lösen sich bei Übervölkerung sogar Embryonen im Uterus wieder auf.

Ist der Ausgangszustand der Population wiederhergestellt, so kann sich der ganze Vorgang wiederholen. Bild 19 zeigt die hierbei auftretenden *Populationswellen* für die Stubenfliege. Solche Populationswellen sind besonders auffällig bei Lemmingen, Hasen, Wühlmäusen, Schnee- und Rebhühnern. Häufig folgt einer Zunahme der Populationsdichte eine Auswanderung von Tieren. Derartige Massenwanderungen sind z. B. von Lemming, Seidenschwanz und Tannenhäher bekannt.

Zum Teil können die in der Natur auftretenden Massenwechsel-Vorgänge zureichend genau durch Angabe von Funktionsglei-

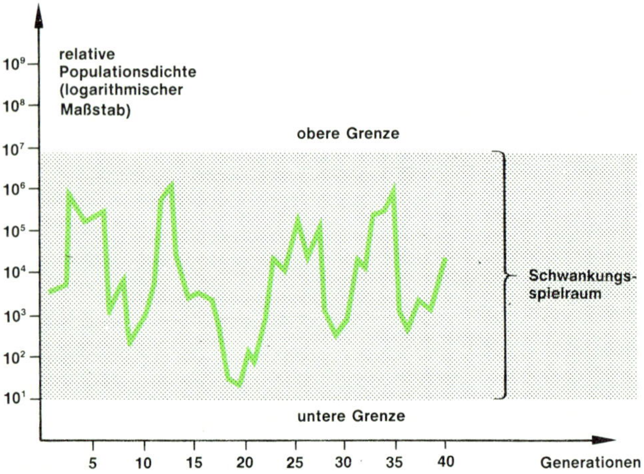

Bild19: Schwankungen der Populationsdichte (in einem begrenzten Lebensraum) bei der Stubenfliege durch innerartliche Konkurrenz. Die unmittelbaren Ursachen der Schwankungen sind Fruchtbarkeit, Sterblichkeit sowie Ein- und Auswanderung der Tiere.

chungen, welche die Zeitabhängigkeit des Kurvenverlaufs angeben, beschrieben werden (mathematische Populationstheorie, vgl. Abschnitt 5.6).

5.4 Mathematische Betrachtung des Populationswachstums

Eine Kultur von Pantoffeltierchen soll in einem sehr großen Gefäß mit genügend Nahrung herangezüchtet werden. Beginnt man mit einem einzelnen Tierchen, so teilt es sich nach kurzer Zeit; die Tochterzellen wachsen heran, teilen sich dann ebenfalls usw. In jeder Generation verdoppeln sich die Zellen, die Zahlenfolge der Individuenzahlen ist (ein Tod von Tieren sei ausgeschlossen): 1, 2, 4, 8, 16 usw.; also 2^n. Man spricht dann von *exponentiellem Wachstum.*

Wir wollen nun einen derartigen Fall allgemein betrachten. Die Wachstumsrate der Population ist durch die Geburten- und Sterberate bestimmt (Zu- und Abwanderungen werden zur Vereinfachung ausgeschlossen). Die Veränderung der Populationsgröße ΔN im Zeitabschnitt Δt ist dann:

$$\frac{\Delta N}{\Delta t} = \text{Geburtenrate } G - \text{Sterberate } S$$

Bei einer genügend großen Population gilt dann auch:

$$\frac{dN}{dt} = G - S$$

G und S hängen aber von der Größe der Population (N) ab. Wenn alle Individuen der Population im Durchschnitt die gleiche Nachkommenzahl und Sterblichkeit haben, so ist:

$$G \sim N, \text{ somit } G = g \cdot N$$
$$S \sim N, \text{ somit } S = s \cdot N$$

also:

$$\frac{dN}{dt} = g \cdot N - s \cdot N$$
$$= (g-s)\,N \qquad g-s = \text{spezifische Zuwachsrate, } r$$

somit:

$$\frac{dN}{dt} = r \cdot N$$

Um die Populationsgröße zu einem beliebigen Zeitpunkt berechnen zu können, muß man die Gleichung integrieren. Dazu trennt man die Variablen:

$$\frac{dN}{N} = r\,dt$$

integriert:

$$\int_{N_0}^{N_t} \frac{dN}{N} = \int_0^t r\,dt \qquad \left(N_t = \text{Größe der Population zum Zeitpunkt } t\right)$$

$$\ln\left(N_t - N_0\right) = rt$$
$$N_t = N_0 \cdot e^{rt}$$

(N_t = Größe der Population zum Zeitpunkt t)

Dies ist das *Gesetz des exponentiellen Wachstums von Populationen* (Gesetz von MALTHUS). In logarithmischer Darstellung ergibt sich eine Gerade, daher spricht man auch von *logarithmischem Wachstum* der Population. Man kann auch die Zeit bis zur Verdoppelung einer gegebenen Population angeben, sie beträgt

$$\frac{70 \text{ Zeiteinheiten}}{100 \cdot r}$$

Diese Formel ist wichtig für die Vorausschätzung der menschlichen Bevölkerung auf der Erde.

Das exponentielle Wachstum kann nicht unbegrenzt anhalten, weil die spezifische Zuwachsrate selbst von der Größe der Population (N) abhängt. In der Population wird z. B. mit zunehmender Populationsgröße die Nahrung knapper, infolgedessen wird die Sterberate ansteigen, bis ein Gleichgewicht erreicht wird (wenn g − s = 0 ist). Dann wird eine bestimmte Populationsgröße vorliegen; dieser Wert von N im Zustand des Populationsgleichgewichts heißt die Kapazität K für die Population. Man kann nun die Wachstumsgleichung so verändern, daß die maximale Populationsgröße gleich dieser Kapazität wird:

$$\frac{dN}{dt} = r \cdot N \left(\frac{K - N}{K}\right)$$

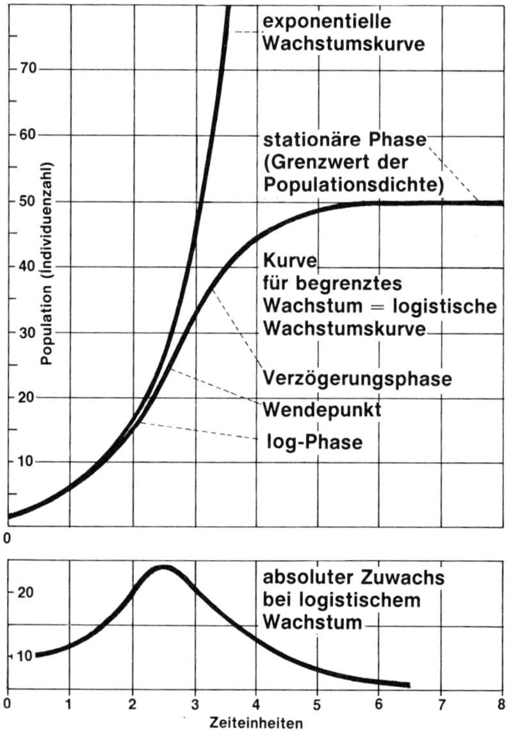

Bild 20: Exponentielle und logistische Wachstumskurve. Darunter ist der absolute Zuwachs bei logistischem Wachstum dargestellt; Ordinate = Zunahme der Individuenzahl pro Zeiteinheit. Man erkennt, daß die Zuwachskurve die 1. Ableitung der logistischen Wachstumskurve ist.

Diese Formel führt zu einer anderen Wachstumskurve, die man als *logistische Wachstumskurve* bezeichnet. Sie beschreibt das tatsächliche Wachstum von Populationen näherungsweise richtig, wie man aus einem Vergleich der Bilder 20 und 15 ersehen kann.

Ist eine Art an einen nur kurzzeitig bestehenden Lebensraum angepaßt (z. B. an Kahlschläge, austrocknende Teiche, Sandbänke in Flüssen), so wird sie dann besonders erfolgreich – also gut eingenischt – sein, wenn sie sich rasch vermehrt, d. h. viele Nachkommen und rasche Generationsfolge hat. In diesem Fall wird immer ein Teil der Individuen einen neuen Lebensraum an anderer Stelle finden. Erforderlich ist also ein hoher r-Wert. Andererseits findet man in stabilen Lebensräumen (Naturwald, Korallenriff, Höhle) Populationen, die über lange Zeit existieren, wobei die Zahl der Individuen nahe beim maximalen Wert K liegt. Hier ist weniger eine rasche Vermehrung für die Erhaltung der Art entscheidend als vielmehr eine hohe innerartliche Konkurrenzfähigkeit. (vgl. dazu Studienband Evolution 3.5.8.6).

5.5 Räuber-Beute-Beziehung und Regelsysteme

Ernährt sich eine Tierart (Räuber) von einer anderen Art (Beute) desselben Lebensraumes und kann die Beuteart von außen nicht zuwandern, so führt eine Zunahme der Zahl der Räuber notwendig zu einer Abnahme der Beutetiere. Gleicht die Vermehrungsrate der Beuteart die Verluste nicht aus, so wird die Beuteart dezimiert; das führt zu Nahrungsmangel bei den Räubern. Dieser verringert deren Fruchtbarkeit und erhöht die Anfälligkeit für Krankheiten und Parasiten. Die Folge ist ein Rückgang der Populationsdichte der Räuber. Danach kann sich die Beuteart wieder vermehren und genügend Nahrung für die überlebenden Räuber liefern,

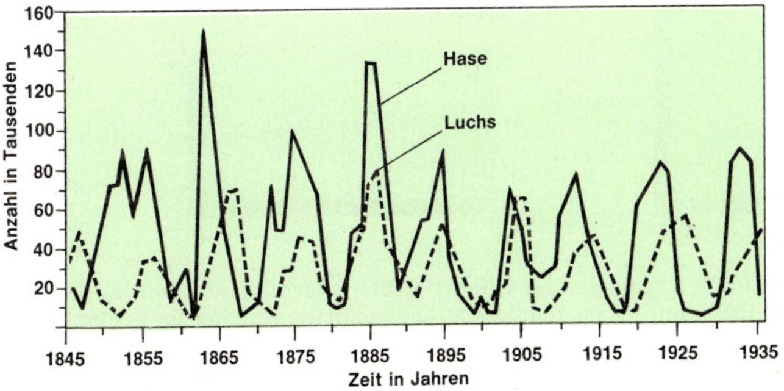

Bild 21: Populationswellen in der Räuber-Beute-Beziehung zwischen Luchs und Schneehase. Die Ordinate gibt die einer Pelzhandelsgesellschaft gelieferte Anzahl der Pelze an.

deren Nachkommenschaft nun auf Kosten der Beutepopulation von neuem wächst. So entstehen fortgesetzt Populationswellen in der Räuber-Beute-Beziehung (Bild 21). Solche Populationswellen können allerdings nur auftreten, wenn Räuber und Beutetiere etwa die gleiche Größe aufweisen. Bei dem Beispiel von Luchs und Schneehase (Bild 21) wurde mittlerweile gezeigt, daß eine Schneehasenpopulation auch nach Ausrottung des Luchses in ihrem Lebensraum noch Populationswellen aufweist. Dafür sind Gründe verantwortlich, wie sie in 5.3 dargestellt sind. Der Luchs kontrolliert also nicht den Schneehasen, sondern die Schneehasenpopulation kontrolliert sich selbst und die Zahl der Luchse.

In anderen Fällen, z. B. bei der Regulation einer Population von

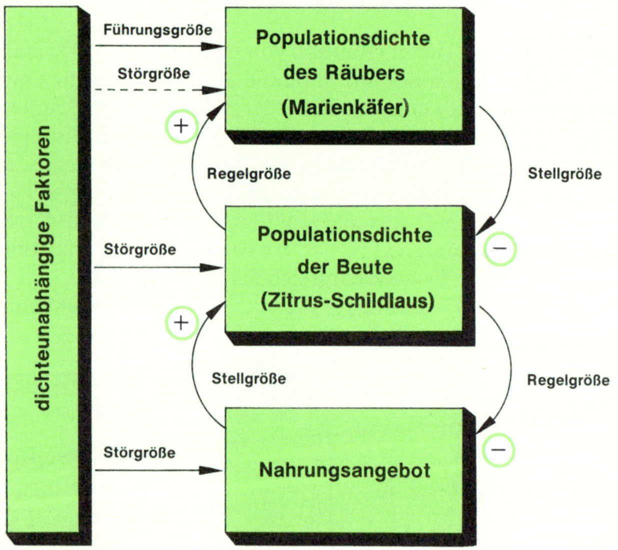

Bild 22: Regelkreis der Räuber-Beute-Beziehung am Beispiel von Marienkäfer und Zitrus-Schildlaus. Die Populationsdichte des Beutetieres bestimmt die Populationsdichte des Räubers, ist also Regelgröße für letztere. Die Populationsdichte des Räubers wirkt auf die Populationsdichte der Beute zurück. Die Gesamtheit der dichteunabhängigen Faktoren (s. Aufstellung in 5.2) stellt die Führungsgröße dar, ein Teil dieser Faktoren wirkt gleichzeitig als Störgröße. Dies gilt allgemein bei Räuber-Beute-Beziehungen.

Zitrus-Schildläusen durch Marienkäfer, wies man jedoch eine wechselseitige Kontrolle nach. In diesem Falle liegt ein typischer, wenn auch etwas komplizierter Regelkreis vor (Bild 22). Die zu regelnden Größen (*Regelgrößen*) sind die veränderlichen Populationsdichten von Räuber und Beute. Sie sind aber gleichzeitig wechselseitig füreinander auch *Stellgrößen.* Die Populationsdichte wird nämlich verändert durch die Häufigkeit des Zusammentreffens von Räuber und Beutetier, die von der Dichte beider Populationen abhängt. Andere dichteabhängige Faktoren, wie z. B. Nahrungsverbrauch, Ausbreitung von Krankheiten, sind zusätzliche Stellgrößen. Die dichteunabhängigen Faktoren Klima und zwischenartliche Konkurrenz wirken als *Störgrößen* auf die Populationsdichte. Das Auftauchen einer konkurrierenden Beute- oder Räuberart oder die Veränderung der Nahrungsmenge des Beutetiers infolge der Wetterverhältnisse können aber außerdem die mittlere Populationsdichte grundsätzlich verschieben. Dichteunabhängige Faktoren haben also auch die Funktion einer *Führungsgröße,* die den *Sollwert* festlegt, d. h. die höchstmögliche Individuenzahl im System. Da Witterung und zwischenartliche Konkurrenz nie völlig gleichbleiben, liegt auch der Sollwert nie unveränderlich fest.

Die entscheidende Leistung des Rückkoppelungssystems beruht auf der Kompensation der Störgrößen. Vermindern etwa ungünstige Witterungsbedingungen (Kälte) die Population stark, so geht die Marienkäfer-Population zurück; dadurch kann sich die Schildlaus-Population wieder erholen.

In einem System aus nur zwei Arten kann es zu sehr großen Schwankungen des *Istwertes* (der tatsächlich vorliegenden Individuenzahl) um den Sollwert herum kommen. In artenarmen Biozönosen (Tundra, Wüste, Steppe) sind infolge ähnlicher Verhältnisse derartige starke Schwankungen häufig. In der Tundra sind Wolf, Polarfuchs, Vielfraß und Greifvögel nicht in der Lage, die Massenvermehrung der Lemminge zu verhindern. In artenreichen Gemeinschaften sind die einzelnen Regelkreise außerordentlich stark verknüpft, so daß komplizierte Systeme höherer Ordnung entstehen. Ernährt sich eine Tierart von mehreren Arten Beutetiere oder Nahrungspflanzen, so wird die Populationsdichte beim Ausfall der bevorzugten Nahrung viel weniger schwanken, da auf andere Nahrung ausgewichen wird. Ein allgemeines Regelschema zeigt Bild 23. Man erkennt die enge Verzahnung der dichteunabhängigen und dichteabhängigen Faktoren. Erstere wirken, wie wir schon sahen, als Führungsgrößen und Störgrößen; letztere sind Stellgrößen. Die Regelung erfolgt nach dem Prinzip der negativen

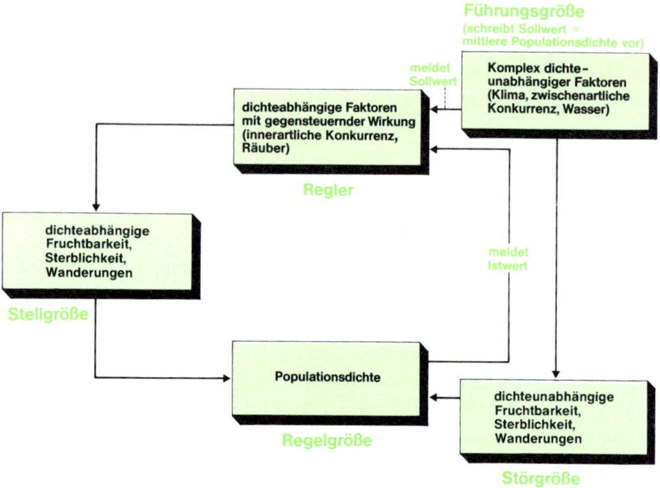

Bild 23: Allgemeines Schema der Regelung der Populationsdichte einer Tierart. Fruchtbarkeit, Sterblichkeit und Wanderung sind sowohl dichteunabhängig wie auch dichteabhängig.

Rückkopplung. Oft wird in derartigen Regelungssystemen der Gleichgewichtszustand nicht konstant aufrechterhalten, sondern es entstehen *Schwingungen um die Gleichgewichtslage.* Die verschiedenen dichteabhängigen Faktoren sind als Regler nicht gleichwertig; durch ihr Zusammenwirken werden aber die Schwankungen um das Gleichgewicht der Population im allgemeinen gering gehalten.

Genauere Untersuchungen der letzten Jahre haben gezeigt, daß die Regelungsvorgänge oft sehr kompliziert sind. Häufig ist die regulierende Wirkung von Räubern, die sehr viel größer sind als ihre Beutetiere, besonders deutlich bei geringer Dichte der Beutepopulation. Parasiten, die sehr viel kleiner sind als ihre Wirte, regeln hingegen bei hoher Dichte der Wirtspopulation besser.

5.6 VOLTERRAsche Gesetze

Am Beispiel der Räuber-Beute-Beziehung sei die Methodik der mathematischen Populationstheorie dargestellt. Sie geht auf Überlegungen von VOLTERRA, LOTKA und GAUSE zurück.

Die Zahl der Räuber sei x, die Zahl der Beutetiere y.
a) Der Räuber frißt die Beute, wenn die Tiere aufeinandertreffen. Die Kontakthäufigkeit ist proportional dem Produkt xy. Der Zuwachs der Räuberpopulation ist proportional der Nahrungsaufnahme der Räuber, d. h. also proportional der Kontakthäufigkeit:

$$\text{Zuwachs} \sim x \cdot y$$

$$\text{Zuwachs} = Z_x \cdot x \cdot y \; (Z_x = \text{Proportionalitätskonstante})$$

Bei Beutemangel muß die Zahl der Räuber abnehmen; für die Abnahme gilt:

$$\text{Abnahme} = A_x \cdot x$$

Die zeitliche Veränderung der Räuberpopulation $\frac{dx}{dt}$ ist gegeben durch Zuwachs minus Abnahme oder:

$$\frac{dx}{dt} = Z_x \cdot x \cdot y - A_x \cdot x \qquad (1)$$

b) Bei der Beute ist die Abnahme proportional der Zahl der Kontakte mit dem Räuber:

$$\text{Abnahme} = A_y \cdot x \cdot y$$

und die Zunahme proportional der vorhandenen Beutetiere:

$$\text{Zunahme} = Z_y \cdot y$$

die zeitliche Veränderung der Beutepopulation somit:

$$\frac{dy}{dt} = Z_y \cdot y - A_y \cdot x \cdot y \qquad (2)$$

Die mathematisch schwierige Lösung des Gleichungssystems (1) + (2) führt auf die VOLTERRA-Beziehung:

$$x^{Z_y} \cdot y^{A_x} = C \cdot e^{Z_x \cdot y \, + \, A_y \cdot x}$$

Studiert man nur hinreichend kleine Abweichungen vom stationären Zustand, (d. h. dem Gleichgewicht der Population) so ergeben sich Schwingungen um diesen stationären Zustand mit einer zeitlichen Periode

$$T = \frac{2\pi}{\sqrt{A_x \cdot Z_y}}$$

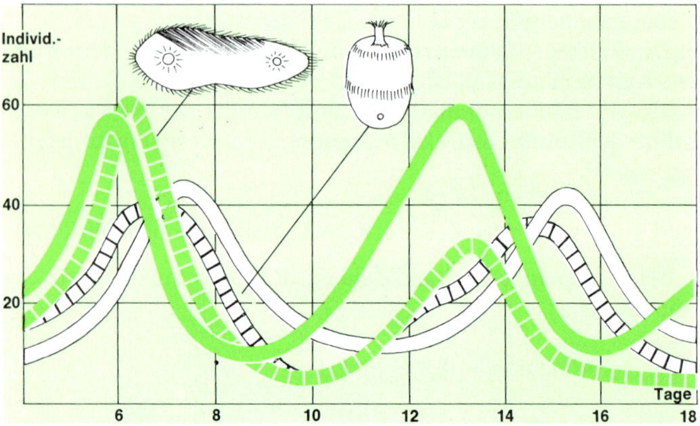

Bild 24: Populationswellen beim Räuber-Beute-Verhältnis. Ausgezogene Kurven: Populationsschwankungen von Beute (schwarz) und Räuber (grün) nach den Berechnungen von VOLTERRA. Punktierte Kurven: Experimentelles Ergebnis bei Versuchen mit *Paramaecium caudatum* und seinem Räuber *Didinium nasutum.* Im Abstand von je 3 Tagen wurden regelmäßig ein *Paramaecium* und ein *Didinium* neu zugesetzt. Die Kurven der Populationsschwankungen sind gegeneinander phasenverschoben.

Dies ist das *erste* VOLTERRAsche *Gesetz*: Die Schwingungen sind periodisch, die Periode hängt nur von den Koeffizienten A_x und Z_y ab.

Die Schwingungen eines Räuber-Beute-Systems und ihre Berechnung nach VOLTERRA sind in Bild 24 wiedergegeben.

Wir fragen nun: Unter welchen Bedingungen bleibt die Population unverändert? In diesem Fall muß gelten:

$$\frac{dx}{dt} = \frac{dy}{dt} = 0$$

oder aus (1) und (2):

$$(Z_x \cdot y - A_x)x = 0$$
$$(Z_y - A_y \cdot x)y = 0$$

Dies ist erfüllt für x = y = o (trivial) und für:

$$x = \frac{Z_y}{A_y} \qquad (3)$$

$$y = \frac{A_x}{Z_x} \qquad (4)$$

Daraus geht hervor, daß das Gleichgewicht (konstante Population) unabhängig von den Anfangszahlen der Individuen ist (*zweites* VOLTERRA*sches Gesetz*).

Dieses Gleichgewicht wird beeinflußt, wenn Räuber und Beute zusätzlicher Sterblichkeit ausgesetzt sind (z. B. durch den Menschen als Jäger). Bei der Räuberpopulation (Gl. 1) wird bei einer zusätzlichen, nicht zu hohen Sterblichkeit der Ausdruck $Z_x \cdot x \cdot y$, der die Wechselwirkung Räuber-Beute angibt, viel weniger verändert als der stark ansteigende Abnahmefaktor $A_x \cdot x$. Bei der Beutepopulation (Gl. 2) wird entsprechend $Z_y \cdot y$ viel stärker beeinflußt als $A_y \cdot x \cdot y$. Beim Gleichgewichtswert (Gl. 3 und 4) bleiben also die Nenner ziemlich unverändert, der Zähler A_x nimmt zu, der Zähler Z_y ab. Das heißt, die Beutepopulation nimmt zu, wenn der Mensch sowohl Räuber als auch Beute dezimiert, während die Räuberpopulation abnimmt. Es gilt das *dritte* VOLTERRA*sche Gesetz*: Eine Ursache, die Räuber und Beute gleichmäßig und proportional zu ihrer Gesamtzahl dezimiert, erhöht die durchschnittliche Beutepopulation und vermindert die des Räubers. Umgekehrt bewirkt vermehrter Schutz der Beute die Zunahme beider Arten.

Das dritte VOLTERRAsche Gesetz ist für die Praxis bedeutsam: Durch Anwendung von Insektiziden werden die Populationen solcher Insekten erhöht, die durch Raubinsekten kontrolliert werden, sofern man nicht außergewöhnlich hohe Insektizidmengen verwendet. In der als Beispiel betrachteten Schildlauspopulation glaubte man, mit Hilfe von DDT die Population noch weiter dezimieren zu können. Das Ergebnis war aber in Einklang mit dem dritten VOLTERRAschen Gesetz eine Zunahme der Schildläuse.

5.7 Altersverteilung der Bevölkerung

Populationen sind wie andere biologische Systeme (Zellen, Organismen, Ökosysteme) *offene Systeme*. Sie befinden sich durch ständigen Zustrom und Abgang von Individuen (vgl. 5.1 und 5.9) im *Fließgleichgewicht*.

Die Altersverteilung in einer Population wird durch Bevölkerungspyramiden dargestellt, man nennt sie auch *Alterspyramiden*. Die Abszisse gibt die Zahl der Individuen an, die Ordinate die jeweilige Altersgruppe (Bild 25 und 26). Mit der zeitlichen Veränderung der Anteile der einzelnen Altersgruppen in der Population ändert sich die Gestalt der Pyramide. Aus der Gestalt läßt sich ersehen, ob eine Population anwächst, die Individuenzahl etwa konstant bleibt (d. h. stabil ist, dann ändert sich die Gestalt der Pyrami-

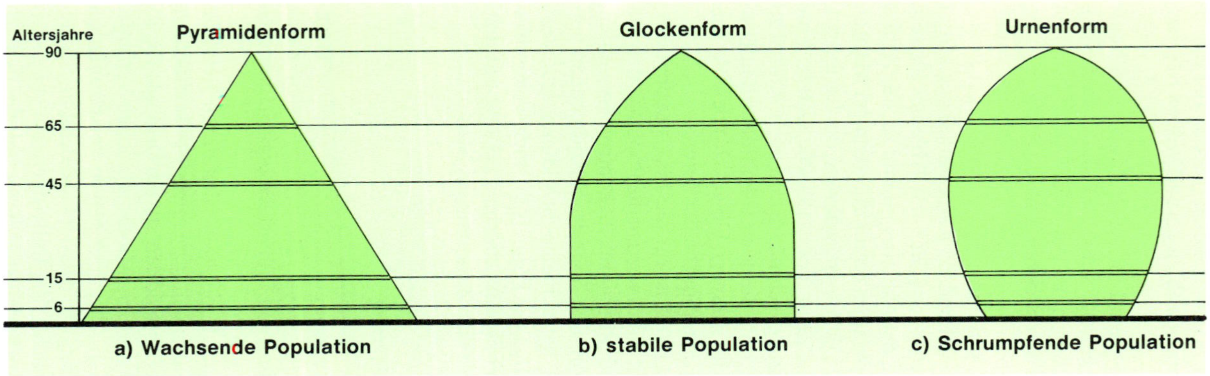

Bild 25: Verschiedene Formen von Bevölkerungspyramiden menschlicher Populationen.
a) Pyramidenform: kennzeichnet den Altersaufbau einer wachsenden Bevölkerung. Jeder Neugeborenenjahrgang ist größer als der vorhergehende; die älteren Jahrgänge nehmen durch die Sterblichkeit ab. Beispiel: Entwicklungsländer, Deutschland vor 1914.
b) Glockenform: kennzeichnet den Altersaufbau einer stabil bleibenden Bevölkerung. Die Geburtenjahrgänge sind annähernd gleich groß; die Sterblichkeit ist im jüngeren und mittleren Alter gering. Beispiel: viele Industriestaaten.
c) Urnenform: kennzeichnet den Altersaufbau einer abnehmenden Bevölkerung. Die Zahl der Geburten nimmt von Jahr zu Jahr ab; die Masse der Bevölkerung ist im mittleren Alter. Einen Übergang von b nach c zeigt der gegenwärtige Bevölkerungsaufbau der Bundesrepublik Deutschland (Bild 26).

Aus dem Altersaufbau der Bevölkerung lassen sich wichtige Zahlen ableiten, z. B. künftige Veränderungen der Schülerzahl, des Bedarfs an Ausbildungsplätzen, der Zahl der arbeitenden Bevölkerung sowie der Rentner und Pensionäre.

de mit der Zeit nicht) oder abnimmt (Bild 25). Um künftige Veränderungen der Population aus der Bevölkerungspyramide ablesen zu können, muß allerdings die Gestalt der Pyramide für eine stabile Population der betreffenden Art, d. h. für den Zustand des Fließgleichgewichts (Geburtsrate = Sterberate), bekannt sein. Die Gestalt dieser Pyramide ist abhängig von der Altersverteilung der Sterblichkeit (vgl. Bild 17).

Die Grundregeln der Bevölkerungsdynamik gelten auch für den Menschen (vgl. Bild 25 und 26); allerdings treten hier auch Besonderheiten auf:

1. Fortlaufende Durchmischung der Populationen infolge Aufhebung sozialer, religiöser, sprachlicher, rassischer und geographischer Schranken
2. Erweiterung des Lebensraums in Trocken- Feucht- und Kältegebiete infolge technischen Fortschritts
3. Veränderungen des Fortpflanzungsverhaltens
4. Milderung der natürlichen Selektion durch Verbesserung der Lebensbedingungen.

Aufgaben zu Abschnitt 3 – 5

1. Was versteht man unter den Kardinalpunkten der Temperatur für einen Organismus?
2. Was bezeichnet man als ökologische Potenz einer Art?
3. Was versteht man unter stenöken, was unter euryöken Arten?
4. Wie ist der Begriff ökologische Nische definiert?
5. Warum müssen die Arten einer Biozönose unterschiedliche ökologische Nischen besitzen?
6. Was haben Konvergenzerscheinungen (ähnliche Gestalt bei nicht näher verwandten Arten) mit der ökologischen Nische zu tun?
7. Was ist eine Population?
8. Welche Faktoren regeln die Populationsdichte einer Art?
9. Wie kommt ein Massenwechsel bei einer Tierart zustande?

Altersaufbau der Wohnbevölkerung

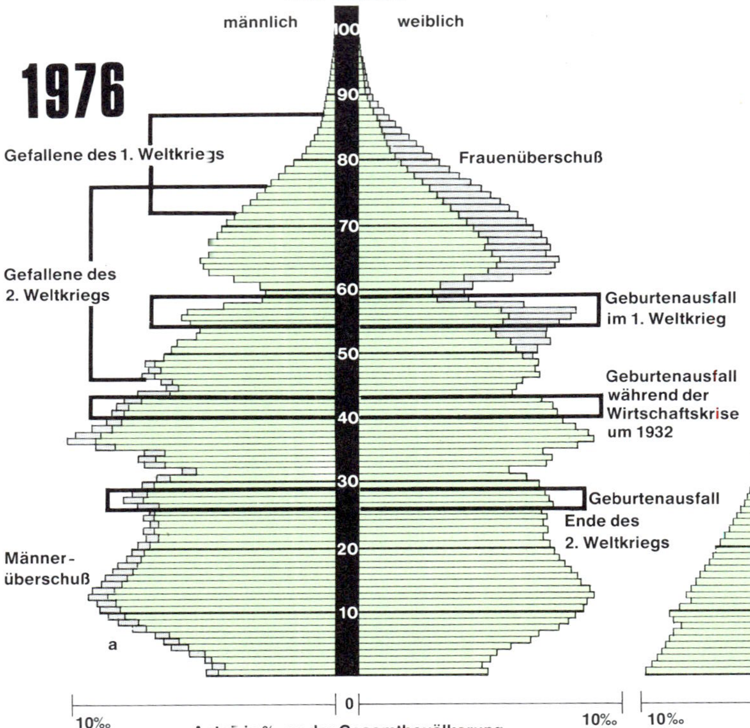

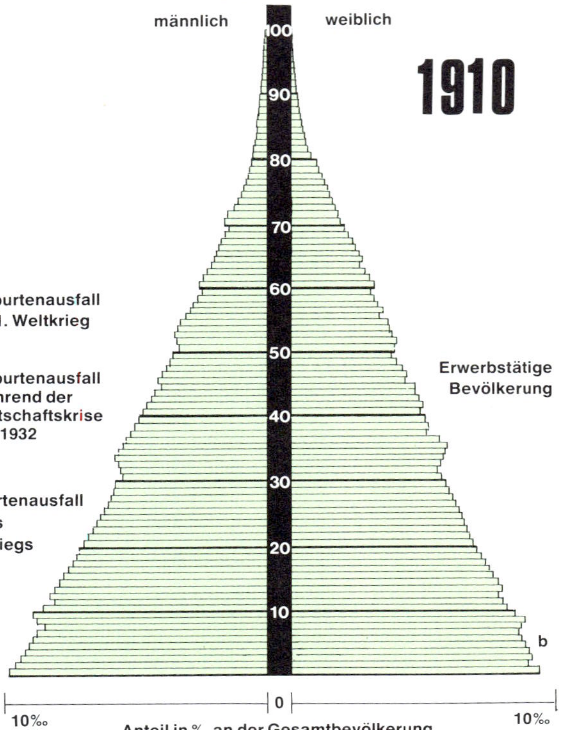

10. Was versteht man unter logarithmischem Wachstum einer Population?
Warum kann es nicht beliebig lange anhalten?

11. Ein neu angelegter Baggersee soll mit Fischen besetzt werden. Welche ökologischen Nischen für Fische sind darin zu erwarten und welche Arten könnten deshalb eingesetzt werden?

12. Der Dingo (verwilderter Hund) rottet in Australien keines seiner Beutetiere aus, sondern auffallenderweise die kampfstärkeren Raubtiere Beutelwolf und Beutelteufel. Wie erklärt sich dies?

13. Kann ein Raubtier, das auf eine einzige Beutetierart spezialisiert ist, seine Beute ausrotten?

14. Kann eine räuberisch lebende Tierart für die Beuteart auch von Nutzen sein?

15. Bringt man Nistkästen im Wald (z. B. für Meisen) zu dicht an, so bleibt ein Teil leer. Warum?

16. Von welchen Faktoren kann die Populationsdichte einer Art abhängig sein?

17. Darwin stellt in seinem Werk »Über die Entstehung der Arten« folgende Überlegung an: »The elephant is reckoned the slowest breeder of all known animals, and I have taken some pains to estimate its probable minimum rate of natural increase; it will be safest to assume that it begins breeding when thirty years old, and goes on breeding till ninety years old, bringing forth six youngs in the interval, and surviving till one hundred years old; if this be so, after a period of from 740 to

Bild 26: Bevölkerungspyramiden verschiedener menschlicher Populationen. Links ist jeweils der prozentuale Anteil der Männer, rechts der prozentuale Anteil der Frauen, bezogen auf die Gesamtbevölkerung wiedergegeben. So läßt sich das Zahlenverhältnis der Geschlechter erkennen.
a) Bundesrepublik Deutschland 1976. Die starken Unregelmäßigkeiten sind Folgen der Kriege. Um Männermangel bzw. Männerüberschuß zu verdeutlichen, ist die Umrißlinie für die Frauen auf die Männerseite übertragen worden; für die Frauen gilt das Umgekehrte.
Der Frauenüberschuß ist die Folge der Gefallenen, vor allem im 2. Weltkrieg. Der etwa 1966 einsetzende Geburtenrückgang leitet den Übergang zur Urnenform der Bevölkerungspyramide ein (vgl. Bild 25).
b) Deutsches Reich 1910. Ungestörte Pyramide einer wachsenden Bevölkerung mit einem hohen Anteil an Kindern und Jugendlichen. Derartige Pyramidenformen findet man heute in Entwicklungsländern (Bild 25). Es ist dann starkes Anwachsen der Bevölkerung zu erwarten.

750 years there would be nearly nineteen million elephants alive descended from the first pair.« Abgesehen von den etwas zu hohen Altersannahmen Darwins stimmt diese Berechnung. Weshalb gibt es nach den 750 Jahren trotzdem nicht 19 Millionen Elefanten, obwohl der erwachsene Elefant infolge seiner Größe praktisch keinen Feind hat?

18. Eine logarithmisch wachsende Bakterienkultur nimmt in 5 Stunden von $2 \cdot 10^6$ Zellen auf $3 \cdot 10^8$ Zellen zu. Welche Zeit verstreicht zwischen zwei aufeinanderfolgenden Teilungen,
    a) wenn keine Sterblichkeit auftritt, d. h. alle Zellen zur Teilung gelangen,
    b) wenn 10% der bei einer Teilung gebildeten Zellen vor der nächsten Teilung sterben?

19. Warum gilt die van't Hoff'sche Regel (Anstieg der Reaktionsgeschwindigkeit mit steigender Temperatur) für Stoffwechselvorgänge nur begrenzt bis zu einer Temperatur von etwa 50–60° C?

20. Wie erfolgt die Kontrolle der Populationsdichte in dem in Bild 12 dargestellten Experiment der gemeinsamen Kultur der beiden Arten von Pantoffeltierchen. Warum kommt es zum vollständigen Aussterben der einen Art?

21. Wie wirkt sich eine Überbesetzung eines Waldes mit Rotwild aus?

6. Biozönosen und Ökosysteme (Synökologie)

6.1 Das Ökosystem

Wählen wir als Beispiel einen Teich. Verschiedene Pflanzen- und Tierarten, die an diesen Lebensraum, ihr Biotop, angepaßt sind, treten in unterschiedlicher Individuenzahl darin auf. Der Teich erscheint zwar eindeutig durch die Uferlinie gegen seine Umgebung abgegrenzt; aber eine genauere Betrachtung zeigt, daß z. B. durch Zuflüsse und Niederschläge Wasser zugeführt wird, während Wasser an seiner Oberfläche ständig verdunstet. Da infolgedessen der Wasserspiegel schwankt, ist die »Grenze« des Teiches nicht so scharf, wie es zunächst scheint; sie ist vielmehr eine Funktion (im mathematischen Sinn) der Zeit. Auch in anderer Hinsicht ist der Teich nicht scharf gegen die Umgebung abgegrenzt. Die Zuflüsse bringen Mineralstoffe und verwesende Pflanzenteile mit. Stechmücken und Frösche leben in ihrer Jugend im Teich, erwachsen aber auf dem umgebenden Land. Vögel und Insekten, deren Wohnraum außerhalb des Teiches liegt, holen Nahrung daraus. Stoffzufuhr und Stoffverlust machen den Teich deshalb zu einem *offenen System.*

Bei Untersuchungen über längere Zeit stellt man fest, daß die Zahl der Arten und der Individuen in der Regel innerhalb gewisser Grenzen, der natürlichen Schwankungsbreite, konstant bleibt. Die Lebensgemeinschaft (Biozönose) des Teiches ist gegenüber äußeren Einflüssen in gewissem Ausmaß stabil. Kommt es durch verstärkte Nährstoffzufuhr von außen zu vermehrtem Wachstum pflanzlicher Organismen (Phytoplankton, Wasserpflanzen am Grunde des Teiches), so können sich mehr Tiere davon ernähren. Mit ihrer Vermehrung nimmt aber die Menge der Nahrungspflanzen wieder ab, und die Zahl der Tiere muß infolge der schwindenden Nahrung zwangsläufig ebenfalls zurückgehen. Der Teich hat also die Fähigkeit zur *Selbstregulation,* d. h. Zahl und Art seiner Organismen bleiben nahezu gleich.

Eine derartige Einheit der Natur, wie wir sie am Beispiel des Teiches beschrieben haben, bezeichnet man als ein *Ökosystem.* Nach Untersuchung der Verhältnisse in zahlreichen anderen Ökosystemen kann man verallgemeinernd sagen: *Ein Ökosystem ist das von Populationen von Lebewesen und deren anorganischer Umwelt gebildete Wirkungsgefüge, das offen und mit der Fähigkeit zur Selbstregulation ausgestattet ist.* Als offenes System steht es im Stoff- und Energieaustausch mit seiner Umgebung, somit auch in

Beziehung zu benachbarten Ökosystemen. Die Lebewesen eines Ökosystems bilden eine *Biozönose.*

Jedes Ökosystem hat eine von seinen spezifischen Organismenarten bestimmte Struktur, die Zahl und Arten dieser Organismen und deren räumliche Verteilung umfaßt. Im Teich gibt es Tiere, die nur an der Wasseroberfläche leben (Stechmückenlarven), und wieder andere am Grund (Teichmuschel). Infolge der Fähigkeit zur Selbstregulation ist jedes Ökosystem über eine gewisse Zeit hinweg stabil. Trotz ihrer außerordentlichen Mannigfaltigkeit haben alle uns bekannten Ökosysteme Gemeinsamkeiten in ihrem Aufbau. Sie sind in Bild 27 wiedergegeben. Mit Hilfe dieses Schemas lassen sich die Verhältnisse terrestrischer (Wald, Steppe, Tundra), aquatischer (Teich, See, Fluß, Meer, Korallenriff) und anthropogener, d. h. vom Menschen gestalteter (Wiese, Acker) oder neu geschaffener (Dorf, Großstadt) Ökosysteme im einzelnen darstellen.

Übersicht über die Ökosysteme

Globales Ökosystem = Biosphäre. Dies ist der Oberflächenbereich der Erde, in dem Lebensvorgänge stattfinden.

1. Natürliche und naturnahe Ökosysteme: Haushalt in erster Linie von der aktuellen Sonnenenergie abhängig.
   - 1.1 Gewässer-Ökosysteme = aquatische Ökosysteme
     - 1.1.1 Marine Ökosysteme (z. B. Ozean, Korallenriff, Binnen-Salzseen)
     - 1.1.2 Limnische Ökosysteme (z. B. See, Tümpel, Fluß)
   - 1.2 Land-Ökosysteme = terrestrische Ökosysteme
     - 1.2.1 halbterrestrische Ökosysteme (Moore)
     - 1.2.2 rein terrestrische Ökosysteme (z. B. Wälder, Gebüsche, Tundra)
2. Urban-industrielle Ökosysteme: Haushalt in erster Linie von zusätzlichen Energiequellen (fossile Brennstoffe, Kernenergie) abhängig.

Suchen Sie zu den verschiedenen genannten Gruppen weitere Beispiele.

Die Biosphäre kann man in eine große Zahl miteinander verzahnter Ökosysteme aufgliedern. Einzelne bestimmte Ökosysteme (Buchenwald, Heide) in der Natur kann man genau untersuchen und die Ergebnisse dann mit Vorsicht verallgemeinern. Man bezeichnet diese Betrachtungsweise als synthetische Ökologie oder **Synökologie**.

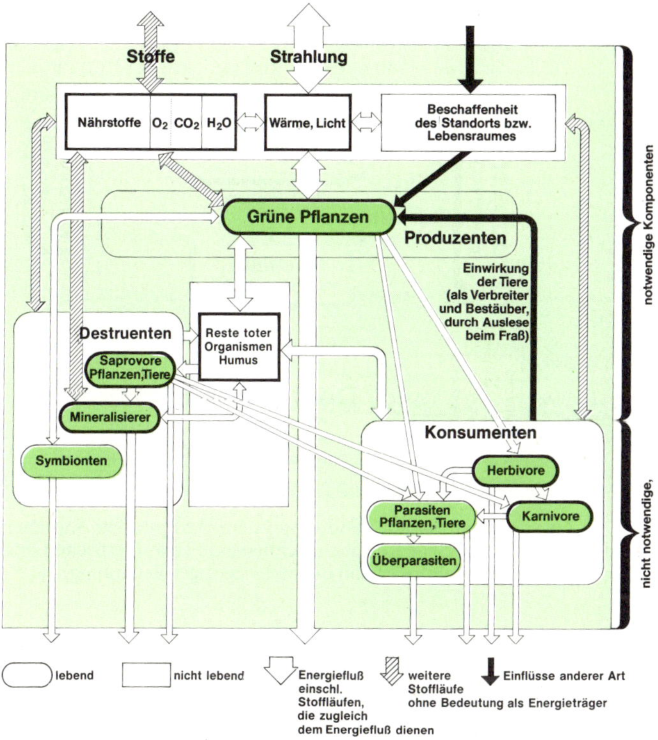

Bild 27: Schema eines Ökosystems. Das Ökosystem ist ein offenes System (s. Pfeile, Stoffe, Strahlung, Energiefluß und Erläuterung im Text). Das Bild macht deutlich, wie kompliziert ein vollständiges Ökosystem aufgebaut ist und weshalb ein Eingriff an irgendeiner Stelle sich an ganz anderen Stellen auswirken kann.

Am Beispiel Teich war zu sehen, daß die Zahl der Individuen selbsttätig reguliert wird, wobei sie dauernd um einen Gleichgewichtswert schwankt. Dies ist typisch für Regelungssysteme. Das Gleichgewicht selbst ist hierbei dynamisch; es werden ständig Stoffe zu- und abgeführt und man spricht von einem **Fließgleichgewicht**. Die Synökologie untersucht solche Fließgleichgewichte.

Nehmen wir nun an, die Zufuhr der Nährstoffe in den Teich werde dauernd hoch gehalten (z. B. durch Einleiten von Fäkalien). In diesem Fall wird das verstärkte Wachstum der Pflanzen anhalten und der ursprüngliche Gleichgewichtszustand nicht wiederhergestellt werden können. Die Fähigkeit des Systems zur Selbst-

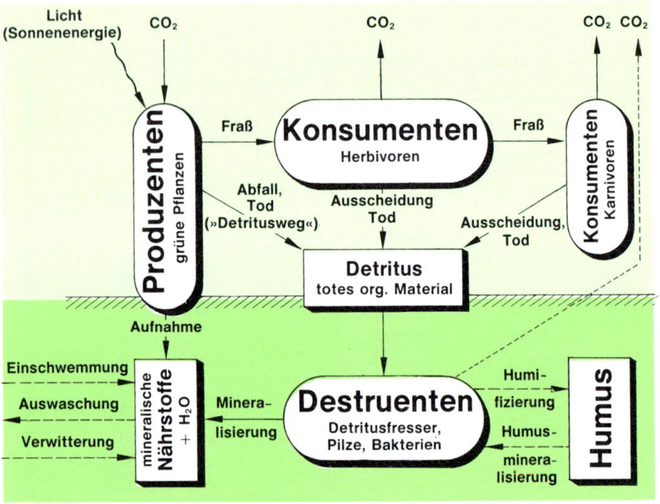

Bild 28: Grundmodell für ein Land-Ökosystem. Abgerundete Kästchen geben Lebewesen an, eckige Kästchen nichtlebende Teile. Gestrichelt sind Stoff- und Energiebeziehungen von qualitativ geringer Bedeutung.

regulation ist also nicht unbegrenzt. Bei schwachen Belastungen gelingt die Wiederherstellung des ursprünglichen stabilen Zustandes (**Homöostase**); bei stärkeren ändert sich der Zustand, und über instabile Übergangsbereiche entsteht ein neuer stabiler Zustand, der aber einem anderen Ökosystem entspricht. Unser nährstoffarmer Teich geht in einen nährstoffreichen über, der sich nach Organismenarten und Individuenzahlen von seiner vorherigen Beschaffenheit unterscheidet. Charakteristisch für Ökosysteme ist der relativ plötzliche Übergang von einem stabilen Zustand in einen anderen stabilen Zustand. Er erfolgt in dem gewählten Beispiel bei einer nur geringen Zunahme der Nährstoffzufuhr (zwischen der Grenze der Belastbarkeit des nährstoffarmen Teichs und dem Bereich der Selbstregulation im nährstoffreichen Teich). Ebenso ändert sich z. B. bei allmählicher Zunahme der Wassertemperatur Pflanzen- und Tierwelt des Teichs zunächst kaum, dann aber in einem engen Temperaturintervall stark. Ökosysteme sind also nicht nur räumlich, sondern auch zeitlich nicht scharf begrenzt; sie verändern sich bei sich ändernden Einflüssen von außen (Temperatur, Nährstoffe u. a.).

6.1.1 Struktur von Ökosystemen

Untersuchen wir den Aufbau des Ökosystems Teich, so finden wir folgende Bestandteile: Wasser, einen Teichboden, Wasserpflanzen (einschl. Phytoplankton) und Wassertiere, weiterhin aber auch Bakterien und Wasserpilze, die abgestorbene Pflanzen und Tiere wieder abbauen. In jedem Ökosystem lassen sich durch eine derartige Strukturanalyse die gleichen *vier Grundkomponenten* unterscheiden:

1. **Abiotische Umwelt** (*Substrat*): Hierher gehören Wasser, Mineralstoffe, O_2, CO_2, organische Stoffe, Strahlung in Form von Licht und Wärme, orographische Beschaffenheit des Standortes oder Lebensraumes.

2. **Produzenten** (*Erzeuger*): Dies sind die Organismen, die organisches Material (Biomasse) aus anorganischem aufbauen. Dazu sind außer den wenigen autotrophen Bakterien nur assimilierende grüne Pflanzen in der Lage. Im Wasser sind es vorwiegend kurzlebige Algen, an Land in erster Linie höhere Pflanzen. Von der Biomasse, die durch die Produzenten aufgebaut wird, leben alle anderen Organismen eines Ökosystems. Wenn Produzenten in genügender Menge vorhanden sind, um den Energiebedarf zu dekken, bezeichnet man ein Ökosystem als *vollständig* oder autark. In unserem Beispiel ist der ursprüngliche, vom Menschen unbeein-

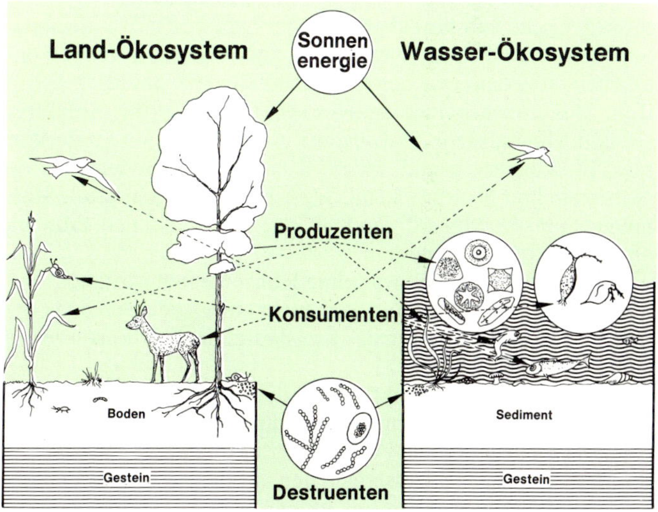

Bild 29: Vergleich eines Land-Ökosystems mit einem Wasser-Ökosystem.

flußte Teich autark. Wird dagegen im Teich Fischzucht betrieben, so reichen möglicherweise die Produzenten dafür nicht aus; der Mensch muß noch Fischfutter zusetzen. In diesem Fall haben wir also ein *unvollständiges Ökosystem* vor uns, das der Unterstützung von außerhalb bedarf.

3. **Konsumenten** (*Verbraucher*): Sie sind Nutznießer der pflanzlichen Produktion. Hierher gehören zunächst die pflanzenfressenden Tiere (*Herbivore*). Man bezeichnet sie als primäre Konsumenten. Diese werden von fleischfressenden Tieren (*Karnivoren*) verzehrt, die somit sekundäre Konsumenten (Konsumenten 2. Ordnung) sind. Es können auch noch weitere Konsumenten-Niveaus vorhanden sein. Wenn etwa Großraubtiere kleinere Raubtiere fressen, dann nennt man die Großraubtiere tertiäre Konsumenten.

Die verschiedenen Nahrungsniveaus, die sich aus der beschriebenen Ernährungsweise ergeben, heißen auch *trophische Ebenen* (gr. trophein ernähren). Je nach seinem Aufbau hat ein Ökosystem somit verschiedene trophische Struktur. Viele Tierarten ordnen sich ebenso wie der Mensch nicht nur in eine der Ebenen ein, sondern vermögen sich teils als Herbivore, teils als Karnivore zu ernähren. Auch können Organismen aller trophischen Niveaus von Parasiten befallen sein und sogar Parasiten selbst Schmarotzer beherbergen (Überparasiten, z. B. leben im Darm parasitischer Insekten Einzeller als Schmarotzer).

4. **Destruenten** (*Zersetzer*, auch *Reduzenten* genannt): Sie bauen die organische Substanz abgestorbener Lebewesen zu einfacheren Stoffen (schließlich zu Wasser, CO_2 und Mineralstoffen) ab und machen diese damit wieder zu Bestandteilen der abiotischen Umwelt. Man unterscheidet hierbei zwei Hauptgruppen: Abfallfresser und Mineralisierer (Saprovore). Abfallfresser sind viele Würmer, Insektenlarven und andere Kleintiere des Bodens. Da der Nährwert ihrer Nahrung ziemlich gering ist, setzen sie große Stoffmengen um. Als Mineralisierer betätigen sich Bakterien, Pilze und andere Mikroorganismen.

Ein Ökosystem kann zwar ohne Konsumenten existieren, aber nicht ohne Produzenten und auch nicht ohne Reduzenten, da letztere zur Aufrechterhaltung des Kreislaufes der Stoffe erforderlich sind (vgl. Abschnitt 6.3).

Die wechselseitige Beeinflussung der Organismen eines Ökosystems ist nicht auf die Nahrungsverhältnisse beschränkt. Viele Tiere sind Bestäuber höherer Pflanzen und verbreiten Früchte, Samen und Sporen. Pflanzenfresser nehmen auf die Artenzusammensetzung der Produzenten Einfluß, indem sie ihnen zusagende Arten bevorzugt fressen. Der Mensch greift in abiotische und biotische

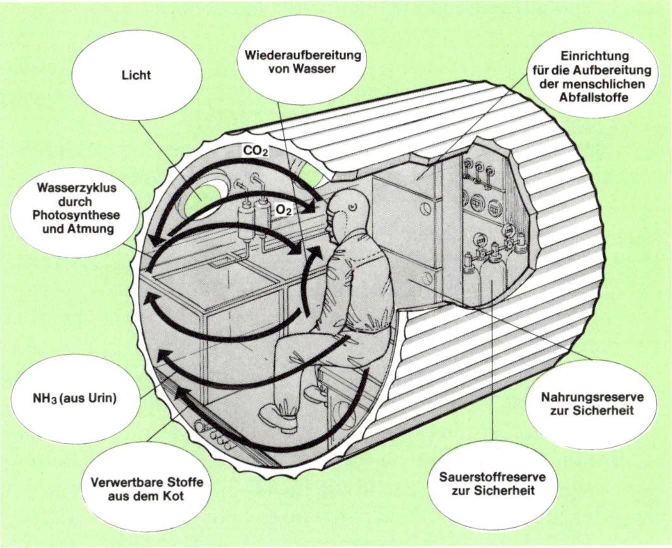

Bild 30: Raumschiff als geschlossenes Ökosystem
Wodurch unterscheidet sich dieses System von allen natürlichen und naturnahen Ökosystemen der irdischen Biosphäre? Mit welchen Bodenschätzen der Erde könnte man die Nahrungsreserven im Raumschiff vergleichen?

Faktoren von Ökosystemen sogar in vielfacher Weise ein (vgl. Abschnitt 6.6). Für natürliche oder naturnahe Ökosysteme gilt als Regel, daß größere Ökosysteme (z. B. ein See) stabiler sind als kleine (z. B. ein Teich). Häufig geht parallel mit der Größe auch die Artenzahl der Organismen.

Als Beispiel für ein eindeutig begrenztes, wenn auch künstliches Ökosystem kann ein Raumschiff dienen, das längere Zeit unterwegs sein soll (etwa bei einem Flug zu Nachbarplaneten). Der Mensch ist hier ein volleingebauter Bestandteil des Systems, das nicht nur nach technischen Überlegungen entworfen wurde sondern auch nach biologischen (Bild 30).

6.1.2 Produktivität und Energiefluß in Ökoystemen

6.1.2.1 Biomasse und Primärproduktion

Will man über ein Ökosystem mehr erfahren, als sich durch Untersuchung der Komponenten ergibt, so muß man den Energiehaushalt betrachten. Dazu ist es zunächst erforderlich, für die gesamte Organismenmasse in allen Ernährungsebenen den Energieinhalt anzugeben. Diese Organismenmasse bezeichnet man als *Biomasse.* Man mißt sie am einfachsten als Lebend- oder Trockengewicht. Da organisches Material verbrannt werden kann und hierbei eine bestimmte Wärmemenge je Gewichtseinheit freigesetzt wird, kann man den Energieinhalt der Biomasse in Joule (je Gewichtseinheit) angeben. Neue Biomasse wird nur durch die Produzenten gebildet. Diese Stoffproduktion durch Photosynthese bezeichnet man als **Bruttoprimärproduktion**. Von der auf die Pflanzen auftreffenden Sonnenenergie werden hierzu etwa 1–3 % verwendet. Ein Teil der pflanzlichen Produktion wird von der Pflanze selbst veratmet, da sie Energie für ihre Lebensvorgänge benötigt. Was verbleibt, dient dem Zuwachs der Pflanzen oder der Speicherung. Diese pflanzliche Biomasse gibt die **Nettoprimärproduktion** wieder. Sie steht den Konsumenten als Nahrung zur Verfügung: Nettoprimärproduktion = Bruttoprimärproduktion – durch die Produzenten veratmete Biomasse.

Die pflanzliche Produktion ist in den einzelnen Ökosystemen sehr verschieden. Sie hängt stark von den jeweiligen abiotischen Bedingungen ab, vor allem von der Temperatur, dem Licht und bei Land-Ökosystemen auch vom Wassergehalt des Bodens. Mit Hilfe zahlreicher Messungen ist es gelungen, eine Karte der Bruttoprimärproduktion der Erde herzustellen (Bild 31). Die geringsten

Tabelle 1: Pflanzliche Primärproduktion (aus KALUSCHE)

Ökosystem	Produktion in $\frac{\text{kJ}}{\text{m}^2 \cdot \text{Jahr}}$
Wüsten	≤ 2000
Offene Ozeane	4100
Grasfluren, Gebirgswälder	2000 – 12 500
Schelfmeer	2000 – 12 500
Feuchtwälder, Kulturland	12 500 – 42 000
Intensivkulturen	bis > 100 000

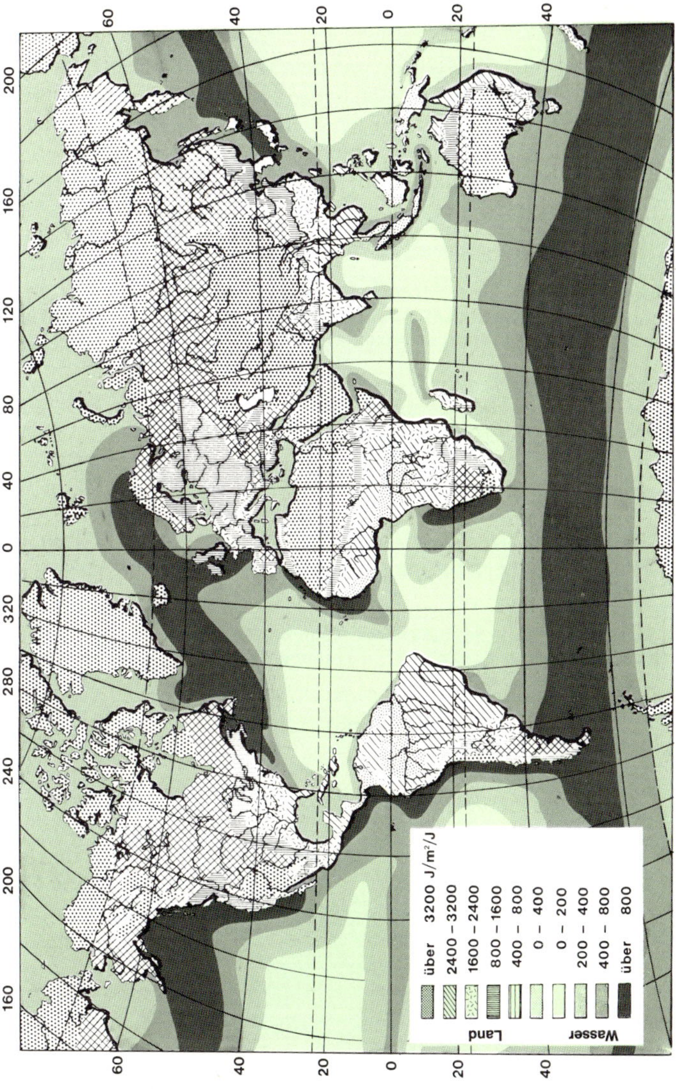

Bild 31: Bruttoprimärproduktion der Kontinente und Ozeane. Angabe in g Kohlenstoff pro m^2 und Jahr
Versuchen Sie eine Erklärung für die Angaben auf der Karte zu geben. Welche Faktoren entscheiden auf dem Land, welche im Meer in erster Linie über die Produktivität? Die Karte gibt die Bruttoprimärproduktion an. Würde bei Berechnung der Nettoprimärproduktion die Differenz zwischen den Werten der Tropen und der gemäßigten Zone Europas größer oder geringer?

Produktionsraten findet man auf dem Land in Trockengebieten und kalten Zonen, die höchsten in den Tropen und Subtropen. In den Ozeanen treten die höchsten Werte in den Bereichen kalter Meeresströmungen auf (vgl. Abschnitt 6.7.3). Die gesamte jährliche Nettoprimärproduktion der Erde beträgt etwa 1,64 $\times 10^{11}$t Trockengewicht an pflanzlicher Biomasse.

Beispiel für die Berechnung der Primärproduktion (nach TISCHLER, verändert).

Gegeben sei ein Acker mit 10 000 Maispflanzen auf 0,4 ha

Trockengewicht der Maispflanzen:	6000 kg
abzüglich Asche (= anorgan. Material)	300 kg
Organisches Material	5700 kg

dieses wurde aus Hexose-Einheiten aufgebaut; aufgrund der chem. Zusammensetzung des Maises und der bekannten Biosynthesewege waren dazu erforderlich:

Hexose (Zucker)	6700 kg
Durch Atmung gingen verloren	ca. 2000 kg
Bruttoprimärproduktion an Hexose	**8700 kg**

Zur Synthese von 1 kg Hexose durch Photosynthese sind erforderlich: 15 900 [kJ]

Für 8700 kg somit ca. 140 Millionen [kJ].

Die eingestrahlte Sonnenenergie während der Zeit des Heranwachsens des Maises auf 0,4 ha beträgt 8530 Millionen [kJ].

Die Ausnutzung der Sonnenenergie ist also: $\frac{140 \times 100}{8530} = 1{,}6\%$

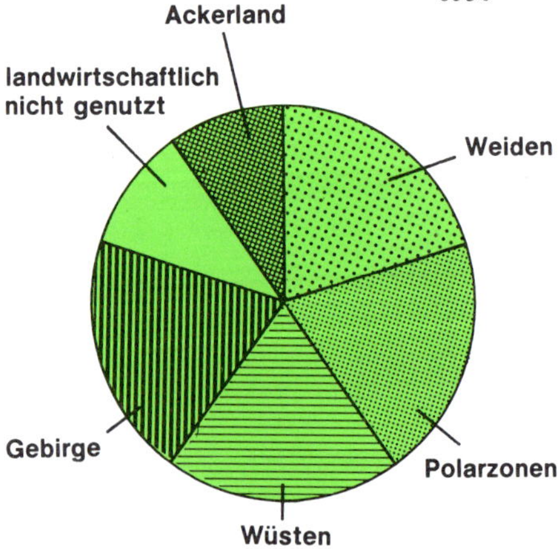

Bild 32: Festlandsnutzung. Etwa 60% des Festlands sind Flächen mit geringer biologischer Produktivität. Die nicht landwirtschaftlich genutzten Flächen sind größtenteils Wälder; sie stabilisieren den CO_2-Haushalt und das Klima. Ihre Zerstörung und Überführung in landwirtschaftliche Nutzfläche hat daher weltweit schädliche Auswirkungen.

6.1.2.2 Nahrungskette und Nahrungsnetz

Die als Nettoprimärproduktion verbleibende Biomasse und die darin enthaltene Energie wird durch wiederholtes Fressen und Gefressenwerden über verschiedene Konsumentenebenen weitergegeben. Diese Beziehung wird als *Nahrungskette* bezeichnet. Die einzelnen Glieder einer Nahrungskette entsprechen den trophischen Ebenen.

Nahrungskette	*Beispiel*	*Trophische Ebene*
Pflanze	Luzerne	1. Ebene: Produzent
↓	↓	
Pflanzenfresser	Rind	2. Ebene: Konsument 1. Ordnung
↓	↓	
Fleischfresser	Mensch	3. Ebene: Konsument 2. Ordnung

Von Parasiten abgesehen, ernährt sich eine Art in der Regel nicht nur von einer einzigen anderen. Dadurch entsteht ein komplexes Netzwerk von Nahrungsketten, ein *Nahrungsnetz* (Bild 33 und 34). Je stärker die Verknüpfung der Lebewesen in der Biozönose durch das Ineinandergreifen von Nahrungsnetzen und ande-

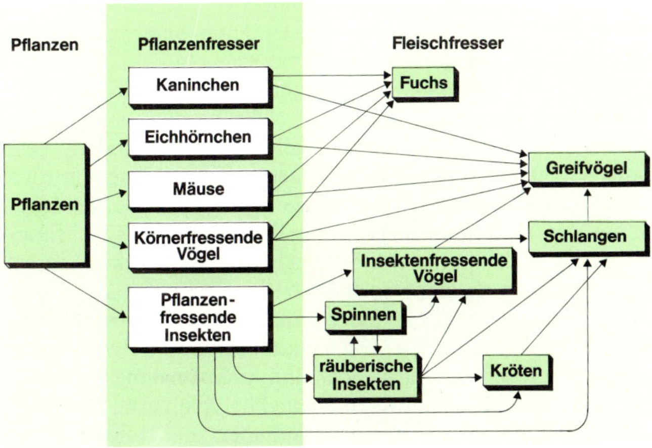

Bild 33: Beispiel eines terrestrischen Nahrungsnetzes: Nahrungsnetz eines Waldrandgebüsches, vereinfacht
Wie wirkt sich das Versprühen eines Insektenvertilgungsmittels (etwa zur Maikäferbekämpfung) auf das Nahrungsnetz aus?

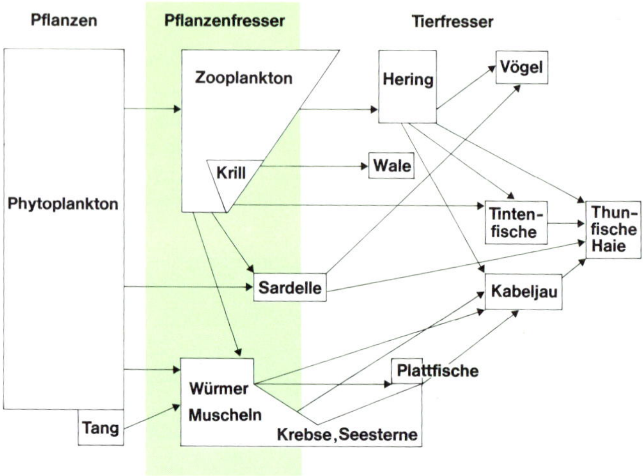

Bild 34: Beispiel eines aquatischen Nahrungsnetzes: Nahrungsnetz des Meeres, vereinfacht. Unter Krill versteht man garneelenartige Krebse der Hochsee, die vor allem Walen zur Nahrung dienen (vgl. Abschnitt 6.7.3) Unterstreichen Sie, wo überall sich der Mensch an das abgebildete marine Nahrungsnetz bereits angeschlossen hat.

ren Wechselbeziehungen (wie Bestäubung, Samenverbreitung usw.) ist, umso stabiler wird die Lebensgemeinschaft gegenüber Störungen sein. Die Nahrungswege im Netz lassen sich mit Hilfe radioaktiver Markierung erkennen. Nahrungsnetze sind aber in den meisten Fällen bisher nur qualitativ untersucht worden. Wenn man auch die jeweiligen Futtermengen und damit Energieströme feststellt, so findet man oft nur wenige vorherrschende Nahrungsströme. Aus diesem Grund geht die Komplexität der Nahrungsnetze auch nicht immer der Stabilität der Ökosysteme parallel.

Die Erweiterung einer trophischen Stufe um eine zusätzliche Art führt nahezu immer zu einer Zunahme der Artenzahl im trophischen Niveau darunter. Die Einsetzung von Fischen in einen unbesetzten Fischteich verursacht eine Artenzunahme beim Zooplankton und in der Folge davon beim Phytoplankton. Dies zeigt, daß die Wettbewerbsverhältnisse verändert und bisher vorherrschende Arten zurückgedrängt werden, so daß weitere Arten Lebensmöglichkeiten finden. Entfernt man umgekehrt aus einer Strandbiozönose alle algenfressenden Seeigel, so nehmen einige wenige Algenarten zuungunsten zahlreicher anderer überhand.

6.1.2.3 Energiefluß im Ökosystem

Die von Tier und Mensch aufgenommene Nahrung wird zum Aufbau körpereigener Substanz und zur Energielieferung für Lebensvorgänge benötigt. Die im Körper aufgebaute organische Substanz enthält weniger Energie, als in der Nahrung enthalten war, da bei jeder Energieumformung unvermeidbar ein gewisser Anteil in Wärmeenergie verwandelt wird und diese eine für Lebewesen nicht verwertbare Energieform ist. Die im Organismus gebildete Wärme wird an die Umgebung abgegeben oder bei homöothermen Tieren zur Aufrechterhaltung der Körpertemperatur benutzt. Infolgedessen gibt es bezüglich der Energieweitergabe nur eine »Einbahnstraße« von Glied zu Glied durch die Nahrungskette. Man bezeichnet diese Energieweitergabe als *Energiefluß*. Im Gegensatz dazu durchlaufen die Stoffe einen ständigen *Kreislauf* (Abschnitt 6.3).

Den Energiefluß durch ein Ökosystem erhält man dadurch, daß man die Energieinhalte der einzelnen trophischen Ebenen bestimmt und die Abgabe von Wärmeenergie durch die verschiedenen Organismen mißt. Ein einfaches Energieflußdiagramm ist in Bild 35 wiedergegeben.

Mit jeder Nahrungsebene nimmt die mit der Nahrung weitergereichte Energiemenge ab. Als Faustregel gilt hierbei, daß von Stufe zu Stufe die Energie jeweils auf 1/10 abnimmt, d. h. 90% der in der Nahrung enthaltenen Energie werden nicht an die nächste Stufe weitergegeben. Bei der Bildung der Biomasse durch Pflanzen wird sogar nur 1/100 der Strahlungsenergie der Sonne ausgenutzt. Eine lange Nahrungskette ist somit mit großen Energieverlusten verbunden. Dies ist für die menschliche Ernährung von Bedeutung: pflanzliche Ernährung nutzt die Primärproduktion am günstigsten aus; Nutztiere verbrauchen den größten Teil der aufgewendeten Biomasse selbst. Fleischnahrung ist also von der Energie her gesehen aufwendig. Der ärmere Teil der Weltbevölkerung lebt daher vorwiegend von pflanzlicher Nahrung. Zur Produktion einer Ernährungseinheit Fleisch wird das Zehnfache an pflanzlicher Produktion benötigt. Eine ausreichende Fleischversorgung der ganzen Welt erforderte also eine Vervielfachung der landwirtschaftlichen Nutzfläche oder eine entsprechende Ertragssteigerung des Ackerbaus. Beides ist nicht möglich. Bei ausschließlich pflanzlicher Ernährung besteht allerdings die Gefahr, daß der Mensch zuwenig Eiweiß erhält. Diese »Proteinlücke« ist ein schwerwiegendes Welternährungsproblem. Dazu kommt, daß in vielen pflanzlichen Proteinen bestimmte Aminosäuren, die der menschliche

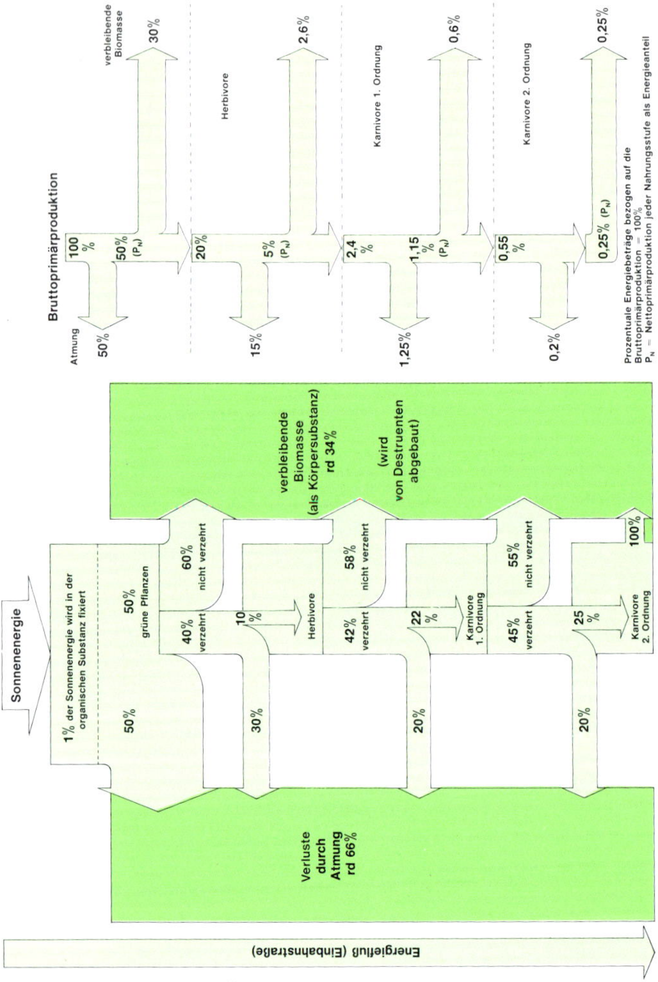

Bild 35: Energiefluß im Ökosystem Buchenwald unter der Annahme, daß die Nahrungskette mit Karnivoren 2. Ordnung abbricht. Die von den Stufen der Herbivoren und der Karnivoren 1. Ordnung weitergegebenen Energiemengen sind hier höher als in vielen anderen Ökosystemen.

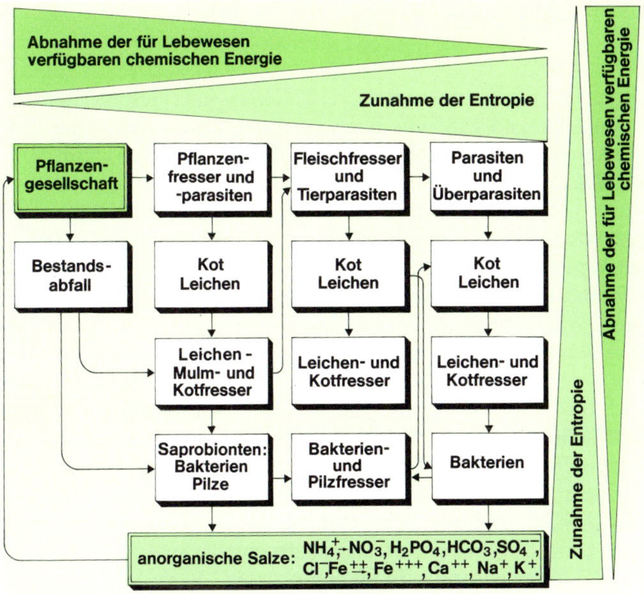

Bild 36: Abnahme der für Lebewesen verfügbaren Energie und Zunahme der Entropie in einer Lebensgemeinschaft
Durch welchen Vorgang erhält die Biozönose chemische Energie nachgeliefert?

Körper nicht selbst aufbauen kann, in zu geringer Menge enthalten sind. Dieser Mangel könnte durch künstlichen Aminosäurezusatz behoben werden. So steigert man z. B. die Qualität von Reismehl durch Zusatz der Aminosäure Lysin. Auch Algennahrung kann mit künstlichen Aminosäurezusätzen biologisch aufgewertet werden. Manche Blaualgenarten haben bereits eine geeignete Aminosäure-Zusammensetzung.

Wir haben früher gesehen, daß in Wirklichkeit nicht Nahrungsketten, sondern Nahrungsnetze die Regel sind. Dementsprechend sind auch die Energieflußdiagramme aufzuspalten. Man bezeichnet sie wegen ihrer Form als Y-Diagramme. Durch Energieflußbetrachtung werden Beziehungen zwischen weit auseinanderliegenden Dingen, wie etwa Sonne und Regenwurm, deutlich. Dadurch läßt diese Betrachtungsweise besonders eindrucksvoll das Wesen der Ökologie als der Lehre vom Haushalt der Natur erkennen.

6.2 Produktionsökologie

Versuchen wir für unser Beispiel Teich ein Energieflußdiagramm aufzustellen, so wird uns das wegen der Schwierigkeit mancher Messungen (z. B. der Wärmeabgabe der Organismen) kaum gelingen. Daher geht man in der Praxis häufig so vor, daß man die Biomasse je Raum- oder Flächeneinheit bestimmt. Für Organismen des freien Wassers geschieht dies durch Ausfiltern einer festgelegten Wassermenge, für Organismen des Teichbodens durch Aufsammeln und Ausschlämmen. Auch bei Landökosystemen (Wäldern, Wiesen) ist die Flächeneinheit Meßgrundlage. Wiederholt man diese Messungen und stellt man innerhalb einer bestimmten Zeit eine Zunahme der Biomasse fest, so ist der Unterschied ein Maß für die Produktivität. Mit diesem Verfahren kann man auch die Produktivität verschiedener Ökosysteme vergleichen. Das ist wichtig für Untersuchungen zur wirtschaftlichen Nutzung. Wenn in einem Teich die Produktivität im Vergleich zu anderen Teichen gering ist, kann dies z. B. an mangelnder Nährstoffzufuhr liegen. Man könnte dann bei Nutzung als Fischteich eine Steigerung der Nutzfischmenge durch Düngung erzielen, da dadurch zunächst die Pflanzenmasse ansteigt.

In unserem Beispiel Teich war der begrenzende Produktionsfaktor die Menge anorganischer Nährstoffe. In anderen Ökosystemen können klimatische Bedingungen begrenzend sein (z. B. Wasser in der Wüste, Temperatur in der Tundra). Daß die Produktivität durch die Masse der Produzenten bestimmt wird, scheint naheliegend. In unserem Teich kann aber das in rascher Folge sich neu bildende Phytoplankton den längerlebigen Primärkonsumenten im tierischen Plankton als Nahrung dienen. Solange die Menge an Nährstoffen ausreicht, läßt sich auch mit einer kleineren Masse von Produzenten eine hohe Produktionsrate aufrechterhalten. Für die Produktion ist also der Energiefluß entscheidend, nicht die Biomasse der einzelnen trophischen Niveaus.

Die Anbaumethoden der Landwirtschaft sind auf eine möglichst hohe Primärproduktion je Flächeneinheit ausgerichtet. Das ist nur möglich durch einen hohen Energieaufwand. Ein natürliches Ökosystem bezieht seine Energie ausschließlich von der Sonne. Für ein landwirtschaftlich bebautes Gebiet sind aus anderen Quellen noch gewaltige Energiebeträge notwendig. So geht z. B. in die Getreideproduktion zusätzliche Energie ein durch Herstellung und Benutzung von Geräten und Maschinen, Herstellung und Ausbringen von Düngemitteln, Herstellung und Anwendung von

Schädlingsbekämpfungsmitteln, Bodenbearbeitung und oftmals Bewässerung, Säen und Ernten.

Dieser Aufwand ist die Folge der Aufrechterhaltung unnatürlicher Monokulturen und der Verwendung besonders ertragreicher, aber empfindlicher Hochzuchtsorten.

Tabelle 2: Verhältnis von Energiegewinn zu Energieaufwand bei der Erzeugung landwirtschaftlicher Produkte (nach PIMENTEL)

1. Sammler-Kultur (Buschleute in Südafrika)

Aufwand für das Sammeln von Früchten im Umkreis von 5 km ums Lager	5900 kJ
Energiegehalt der Früchte	44 000 kJ
Verhältnis Energiegewinn zu Energieaufwand G : A = 7,45 : 1	

2. Primitiver Ackerbau (Neuguinea)

Energieaufwand für Rodung, Bodenbearbeitung, Pflanzen, Jäten, Ernten, Lagern, Werkzeugherstellung je Hektar	3,1 Mio kJ
Energiegehalt der Ernteprodukte je Hektar	47,6 Mio kJ
	G:A = 15,3

3. Moderner Ackerbau		G:A	Energieinhalt der Ernteprodukte in Mio kJ/ha
Mais	a) Nur mit menschlicher Arbeitskraft		
	Nigeria (mit Düngung)	**6,4**	15
	b) Mit Zugtieren (Futter, Stallung, Pflege)		
	Mexico	**4,3**	14
	Philippinen	**5,0**	14
	c) Volltechnisiert (Dünger, Schädlingsbekämpfungsmittel, Geräte, Maschinen, Benzin)		
	USA	**2,9**	80
	England	**2,3**	62
Weizen	Voll technisiert		
	USA	**2,4**	28
	England	**3,5**	56
Reis	a) Borneo	**7,1**	31
	b) Philippinen (Düngung, Unkrautmittel)	**3,3**	25
	c) Japan (maschinell)	**2,4**	73
	d) USA (voll technisiert)	**1,5**	93

Bei weiteren Produkten mit voll technisiertem Anbau			
Äpfel	USA	**0,5**	40
Orangen	USA	**0,4**	28
Tomaten	USA	**0,6**	41
Zuckerrüben	England	**3,6**	99
Kartoffeln	England	**1,6**	57

Liegt das Verhältnis Energieaufwand zu Energiegewinn unter 1, so muß in den Anbau mehr Energie hineingesteckt werden als dabei gewonnen wird. Die aufgewandte Energie liefern fossile Brennstoffe oder andere technische Energiequellen. Nicht berücksichtigt bei den Berechnungen sind der Aufwand für Forschung und für Züchtung.

Die Tabelle zeigt, daß steigender Hektarertrag gekoppelt ist mit höherem Energieaufwand und ungünstigerem Aufwand-Gewinn-Verhältnis. – Der gesundheitliche Wert einer Nahrung richtet sich allerdings nicht allein nach ihrem Energiegehalt; von Bedeutung ist auch ihr Gehalt an lebensnotwendigen Vitaminen, Mineralstoffen und Spurenelementen sowie an Ballaststoffen.

Auch bei der Nutztierhaltung sind produktionsökologische Betrachtungen von Bedeutung. Steht eine bestimmte Menge pflanzlicher Nahrung zur Verfügung, so kann damit bei Haltung von Großvieh eine größere Biomasse (Nutzfleisch) erzeugt werden als bei Haltung von Kleintieren. Kleinere Tiere benötigen relativ mehr Energie und somit Nahrung als größere, weil bei ihnen der Stoffwechsel lebhafter und das Verhältnis Körperoberfläche zu Körpermasse ungünstiger und deshalb ihr Wärmeverlust größer ist.

Tabelle 3: Beziehungen zwischen Körpergewicht, Futterbedarf und Gewichtszunahme (nach Kleiber und Remmert)

Tiere	**1 Rind**	**300 Kaninchen**
Gesamtkörpergewicht	600 kg	600 kg
tägl. Futterverbrauch	7,5 kg Heu	30 kg Heu
tägl. Wärmeverlust	84 000 kJ	335 000 kJ
tägl. Gewichtszunahme	0,9 kg	3,6 kg
Wiese mit 3 Tonnen Heu reicht theoretisch für	1 Jahr	90 Tage

Ökologische Pyramiden Die Beziehungen zwischen den Gliedern einer Nahrungskette lassen sich auch in Form ökologischer Pyramiden (*Nahrungspyramiden*) darstellen. Bild 37 zeigt dies für ein terrestrisches und ein aquatisches Ökosystem. Meist werden die

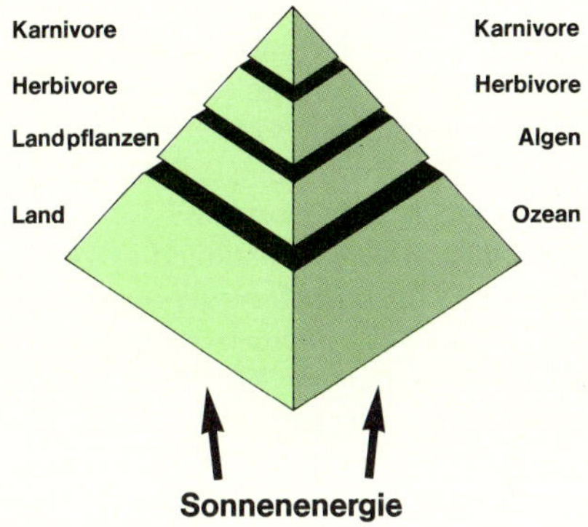

Bild 37: Ökologische Pyramide mit Nahrungsebenen.

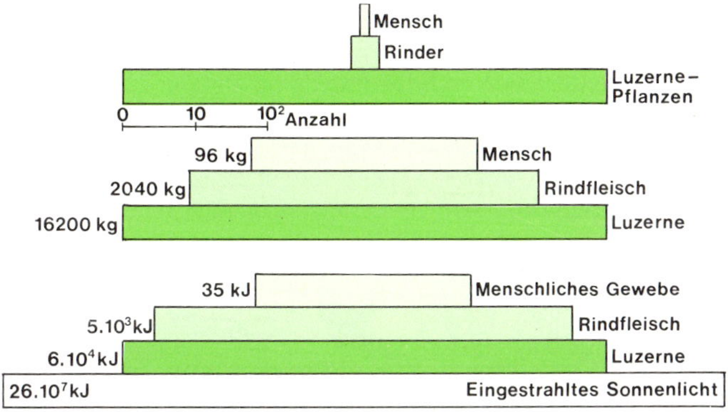

Bild 38: Drei Typen ökologischer Pyramiden in schematischer Darstellung für das Nahrungsketten-Beispiel aus Abschnitt 6.1.2.2. Der Maßstab ist logarithmisch. Oben: Zahlenpyramide; Mitte: Pyramide der Biomasse; Unten: Energiepyramide. Würde ein Mensch sich nur von Rindfleisch ernähren, so wäre eine Anbaufläche von etwa 10 ha Luzerne erforderlich. Für die Weltbevölkerung stehen je Person etwa 0,6 ha landwirtschaftliche Nutzfläche zur Verfügung.

Pyramiden nicht räumlich, sondern gewissermaßen im Schnitt als übereinandergesetzte Stufen, dargestellt. Es gibt Pyramiden der Individuenzahl (*Zahlenpyramiden*), der Biomasse (*Massenpyramiden*) und der gebundenen Energie (*Energiepyramiden*), wie Bild 38 in der vereinfachten Darstellung, ausgehend von unserem Nahrungskettenmodell (vgl. Abschnitt 6.1.2.2) zeigt. In der Regel nehmen die Werte von Individuenzahl, Biomasse und Energie von Stufe zu Stufe ab, so daß sich tatsächlich das Bild einer Pyramide ergibt. Im Teich ernähren sich vom mikroskopischen Zooplankton kleine Weißfische, die ihrerseits von größeren Raubfischen (Hecht) gefressen werden. Wir sehen, daß die Organismen von Nahrungsebene zu Nahrungsebene größer werden; daher kommen in der höchsten Konsumentenstufe die größten Arten in geringster Zahl vor. Der jeweils konsumierte Organismus ist in der Regel kleiner als der Konsument. Es gilt hierbei die *Regel vom relativen Brockengrößenanspruch.* Sie besagt, daß die Größenunterschiede zwischen Nahrung und Konsument meist nicht extrem groß sind. Es gibt davon allerdings Ausnahmen: der riesige Blauwal ernährt sich von Zooplankton. (Dies ist energetisch günstig, da dadurch die Nahrungskette kurz ist.) Tiefseefische fressen häufig gleich große Beutetiere. Dafür sind besondere Anpassungen (riesiges Maul, Magenausstülpung) ausgebildet.

Da die ökologischen Pyramiden jeweils von Nahrungsketten ausgehen, trägt die Produzentengemeinschaft eines Gebiets mehr als eine Pyramide. Jede ist gekennzeichnet durch eine bestimmte Nahrungskette, an deren Ende jeweils ein anderer Fleischfresser steht (Gipfel-Karnivore).

Je höher die Konsumenten-Stufe, um so weiter ist die Nahrung für die Lebewesen über den Raum verteilt. Dies läßt sich in Form von verkehrten (inversen) *Biotop-Pyramiden* darstellen (Bild 39).

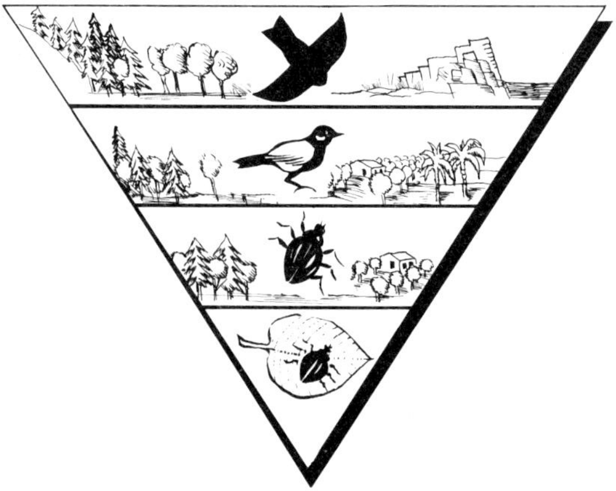

Bild 39: Verkehrte Biotop-Pyramide. Sie gibt an, in welchem Gebiet ein Lebewesen der jeweiligen Pyramidenstufe seine Nahrung findet (man beachte das Käferchen auf der Rosenblüte).

Die Gipfel-Karnivoren können eine zureichende Nahrungsmenge nur deshalb erhalten, weil sie Endglieder mehrerer Nahrungsketten sind. So ist z. B. der Waldkauz in etwa 30 Nahrungsketten eingefügt. Ihm dienen viele kleine Nagetiere, Spitzmäuse, Maulwürfe, Meisen, Drosseln und andere Vögel sowie verschiedene Insekten als Beute.

6.3 Stoffkreisläufe in der Biosphäre

Während die Energie von den Organismen im Nahrungsnetz fortlaufend in die wertlose Form der Wärme übergeführt wird und nur eine dauernde Zufuhr in Form der Sonnenstrahlung das Fließgleichgewicht aufrechterhält, sind die Stoffe in einem fortgesetzten Kreislauf. Die Elemente durchlaufen die Nahrungsnetze in Form von vielerlei Verbindungen und gelangen durch Ausscheidung oder Mineralisierung wieder in den abiotischen Bereich. Von dort werden sie erneut durch Organismen aufgenommen. Zusammen mit lebensnotwendigen Elementen sind auch Stoffe in die Kreisläufe einbezogen, die entweder keine biologische Funktion haben oder sogar schaden können. Mit Hilfe äußerst empfindlicher Analysenmethoden hat man festgestellt, daß in allen Organismen nahezu alle chemischen Elemente vorkommen, die meisten allerdings in außerordentlich geringen Mengen. Werden bestimmte dieser Elemente im abiotischen Bereich des Ökosystems angereichert, so gelangen sie auch in größerer Menge in die Kreisläufe und können im Verlauf der Nahrungskette Vergiftungen hervorrufen (Beispiel: Quecksilber, vgl. Ökologie der Zivilisationslandschaft 2.1). Manche Elemente sind nur in sehr geringer Menge in den Organismen anzutreffen, aber lebensnotwendig. Das völlige Fehlen eines solchen Spurenelements (z. B. Co, Mo) wirkt sich auf die Produktionsrate in einem Ökosystem genau so aus wie Mangel an einem Makronährstoff (z. B. K, Ca, N). Jeweils *der im Minimum befindliche Stoff begrenzt die Produktion* (LIEBIGsche Regel).

Kohlenstoff-Kreislauf: Betrachten wir zunächst als Beispiel den *Kreislauf des Kohlenstoffs* (Bild 40). Die Pflanzen nutzen zur Produktion organischer Verbindungen als C-Quelle das Kohlendioxid der Luft. Die organischen Stoffe treten in die Nahrungsketten ein. Durch die Atmung der Organismen wird CO_2 direkt wieder der Atmosphäre zugeführt. Ein anderer Teil des Kohlenstoffs erreicht in Form der organischen Verbindungen über die Konsumentenkette schließlich die Reduzenten und wird hier durch Fäul-

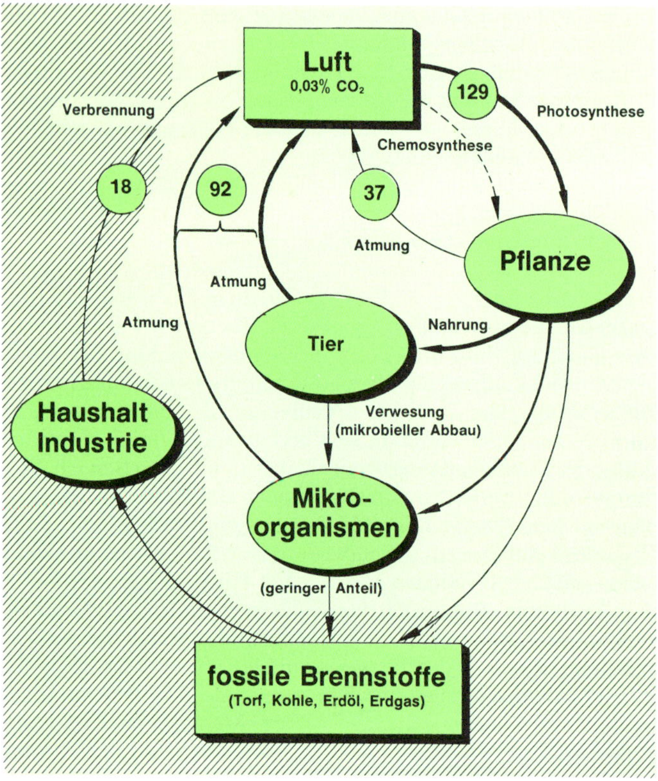

Bild 40: Der Kohlenstoffkreislauf in der Biosphäre. Die Zahlen geben den Umsatz in 10^9 Tonnen Kohlenstoff je Jahr an.

nis wieder zu CO_2 umgesetzt. In aquatische Ökosysteme gelangt CO_2 durch Diffusionsvorgänge aus der Luft. Nur der Kohlenstoff in Kalksteinen ist – betrachtet man einen genügend kurzen Zeitraum – vom Kreislauf weitgehend ausgeschlossen. Bei der Bildung von Torf, Kohle, Erdöl und Erdgas wird Kohlenstoff in Form organischer Verbindungen aus dem Kreislauf ausgeschieden und abgelagert. Früher gebildete, fossile Brennstoffe werden heute wieder der Erdkruste entnommen und dienen der Energieerzeugung. Das gebildete CO_2 gelangt in die Atmosphäre. So greift der Mensch in den Kohlenstoff-Kreislauf ein.

Da beim Kreislauf des Kohlenstoffs die Atmosphäre mitbeteiligt ist, spricht man von einem *atmosphärischen Kreislauf.* Auch bei den Kreisläufen von Sauerstoff, Stickstoff und Wasser ist die Atmosphäre beteiligt.

Durch die Vorgänge der Photosynthese (CO_2-Verbrauch und O_2-Bildung) und der Atmung (CO_2-Bildung und O_2-Verbrauch) sind die Kreisläufe von Kohlenstoff und Sauerstoff miteinander verknüpft. Da außerdem Wasser bei diesen Reaktionen umgesetzt wird, steht auch der Wasserkreislauf mit dem Kohlenstoff- und dem Sauerstoff-Kreislauf in enger Verbindung.

Stickstoff-Kreislauf: Er ist im Bild 41 (Seite 76) erläutert.

Phosphor-Kreislauf: Eine andere Form von *Kreislauf* liegt *beim Phosphor* (Bild 42) vor. Phosphate sind für alle Lebewesen von großer Bedeutung (Energieübertragung durch das ATP-System, Baustein von Nukleinsäuren, zellulären Membranen, Knochen und Zähnen). Oft ist der Phosphor Minimumfaktor im Substrat und begrenzt dadurch die Produktivität. Phosphorspeicher sind die phosphatführenden Gesteine. Durch Verwitterungsvorgänge werden daraus löslich Phosphate freigesetzt, sie können dann von Organismen aufgenommen werden. Für den Phosphat-Kreislauf (und ebenso für die Kreisläufe vieler anderer Elemente) innerhalb der Ökosysteme sind Bakterien außerordentlich wichtig, da sie durch den Abbau organischer Substanz Phosphat wieder dem Substrat zuführen. Eine erhebliche Menge an Phosphaten wird durch die Flüsse ins Meer befördert und dient dort als Phosphorquelle für marine Ökosysteme. Durch das Absterben von Meerestieren gelangt Phosphor in die Tiefsee-Ablagerungen und scheidet damit für lange Zeit aus dem Kreislauf aus. Bei der großen Bedeutung der Phosphate für die Lebewesen ist es nicht verwunderlich, daß sich in der Biomasse der aus der Umgebung aufgenommene Phosphor anreichert.

Im Unterschied zu den atmosphärischen Kreisläufen ist der Phosphor-Kreislauf auf Verbindungen im festen und gelösten Zustand beschränkt, Gase treten nicht auf. Man spricht in einem solchen Fall von einem *Ablagerungskreislauf.* Ein solcher liegt auch vor bei K, Ca, Mg u. a. In allen Kreisläufen wandern die Stoffe zwischen den Lebewesen und der abiotischen Umwelt. Eine quantitative Messung ist möglich mit Hilfe der Isotopentechnik. Man bringt ein radioaktives Isotop des betreffenden Elements in ein Ökosystem ein (z. B. ^{32}P) und mißt sein Auftreten in den Produzenten, Konsumenten, Reduzenten und den verschiedenen Teilen der abiotischen Umwelt. Aus derartigen Untersuchungen erkennt man ferner, daß *der Kreislauf der Elemente sich weitgehend im*

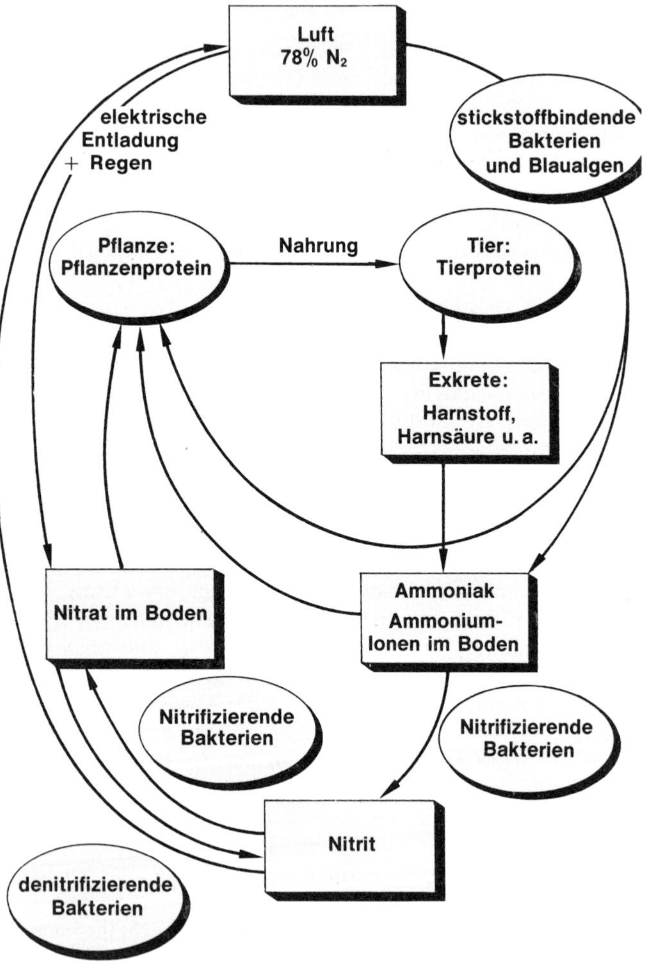

Bild 41: Der Stickstoffkreislauf in der Biosphäre.

gleichen Ökosystem abspielt. In einem vom Menschen unbeeinflußten Teich ist z. B. die Menge der im Teich selbst immer wieder umgesetzten Phosphate viel größer als ihre Zufuhr von außen und ihre Abgabe nach außen. Allerdings ist eine Zufuhr unbedingt erforderlich, da – etwa durch fischefangende Vögel oder im Wasser

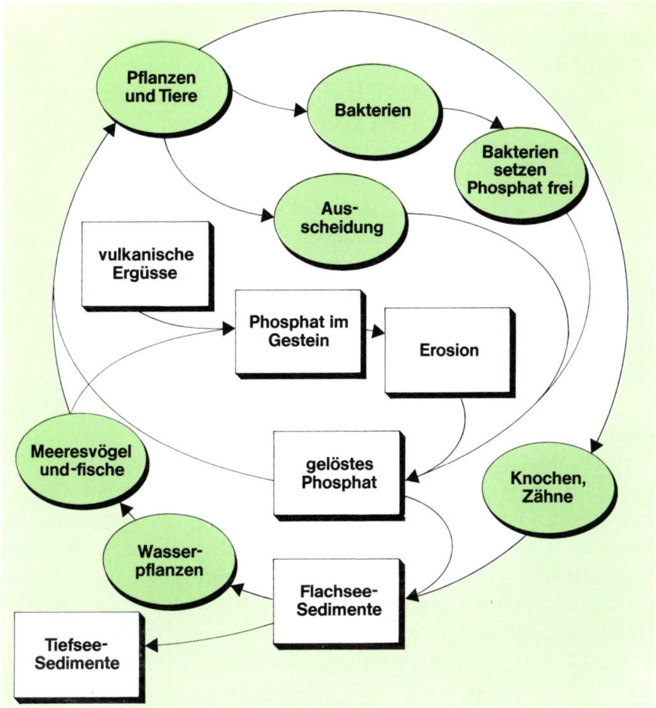

Bild 42: Der Kreislauf des Phosphors
Unter welchen Voraussetzungen kann der Phosphor der Tiefseeablagerungen wieder in den Kreislauf gelangen? Wieso produzieren Meeresvögel Phosphat, das in Gesteine gelangen kann?

sich entwickelnde Larven von Landinsekten – stets Verluste eintreten. Der Teilkreislauf im einzelnen natürlichen Ökosystem ist also nur weitgehend, nie völlig, ausgeglichen; *das System ist offen.*

6.4 Das biologische Gleichgewicht

6.4.1 Stabilität des Gleichgewichts

Im Abschnitt 5.5 ist ausgeführt, daß die gegenseitige Konkurrenz und die Abhängigkeitsverhältnisse der Arten untereinander zu einem biologischen Gleichgewicht führen. Dieses *dynamische*

Gleichgewicht kann bezüglich der Population einzelner Arten wie auch für die Biozönose insgesamt festgestellt werden. Für die letzteren gilt dabei in der Regel: je artenreicher die Biozönose, um so weniger störanfällig ist das Gleichgewicht. Der Ausfall einer Art wirkt sich bei Artenreichtum kaum aus, und dem Überhandnehmen einer Art sind durch viele konkurrierende Arten enge Grenzen gesetzt. Allgemein führen extreme Lebensbedingungen (Tundra, Hochgebirge, Salinen, Abwasser u. a.) zu Artenarmut mit hoher Individuenzahl der vorhandenen Arten, wogegen bei nicht extremen Lebensbedingungen zahlreiche Arten mit geringer Individuendichte auftreten. Biozönosen, die schon lange in unveränderter Umwelt existieren, sind aus vielen Arten zusammengesetzt; darunter sind zahlreiche Arten mit hoher Spezialisierung, also mit einer engen ökologischen Nische. Dies macht sie empfindlich; eine nur geringe Umweltveränderung kann zu ihrem Rückgang (oder sogar Aussterben) führen.

Das biologische Gleichgewicht beruht auf Selbstregulation. Eine Veränderung des Gleichgewichts kann durch starke Störungen von außen oder durch Änderung der Führungsgrößen zustande kommen. Als solche wirken die zwischenartliche Konkurrenz und Faktoren der abiotischen Umwelt. Veränderungen des Klimas werden also ebenso wie Einwanderung, Einschleppung oder absichtliche Einführung von Pflanzen oder Tieren zu Veränderungen des Gleichgewichts in einem Ökosystem führen (Abschnitt 6.6.3).

6.4.2 Chemische Wechselwirkungen in der Biozönose (Chemische Ökologie)

An der Aufrechterhaltung der komplexen Beziehungen innerhalb der Biozönose, die insgesamt das biologische Gleichgewicht ausmachen, sind auch vielerlei chemische Wechselwirkungen beteiligt. Über diese Beziehungen ist man bis heute nur sehr unzureichend unterrichtet. Sie entstehen, weil Pflanzen und Tiere Stoffwechselprodukte an ihre Umgebung abgeben. Viele dieser Ausscheidungen rufen in einem anderen Organismus eine bestimmte Wirkung oder Verhaltensweise hervor.

So wird von Schimmelpilz-Arten der Gattung *Penicillium* das Antibiotikum *Penicillin* gebildet; es wirkt stark hemmend auf das Wachstum zahlreicher Bakterien, die wie der Schimmelpilz auf der Oberfläche faulender Pflanzensubstanz leben, mit ihm also um dieselbe Nahrung konkurrieren. Durch Penicillin erlangt der Schimmelpilz einen Vorteil. Solche *Antibiotika* genannten Stoffe sind von zahlreichen Pilzen, einigen Bakteriengruppen, aber auch von höheren Pflanzen bekannt geworden. Viele dienen heute als Arzneimittel. Für andere Organismen giftige Stoffe werden auch von verschiedenen Algen abgegeben. Die Massenentwicklung der betreffenden Algen-Arten – die Folge hoher Zufuhr von Nährstoffen (Abwasser) – verursacht ein Massensterben unter den Fischen.

Viele höhere Pflanzen bilden flüchtige Verbindungen, die sowohl auf Mikroorganismen als auch – in höherer Konzentration – auf andere Pflanzen hemmend wirken. Man bezeichnet sie als *Phytoncide.* Versetzt man Kressekeimlinge z. B. mit Rettichsaft, so wird deren Wachstum stark gehemmt. Wirksam ist hierbei Senföl (das ist die Substanz, die dem Rettich auch den scharfen Geschmack verleiht). Früchte, z. B. Tomaten oder Äpfel, hemmen ebenfalls die Keimung von Samen. Beim Apfel kommt die Wirkung durch die Ausscheidung des gasförmigen Kohlenwasserstoffs Ethen zustande. Höhere Pflanzen beeinflussen sich gegenseitig durch Stoffe, die von den Wurzeln in den Boden abgegeben werden oder mit absterbenden Pflanzenteilen dorthin gelangen. Man nennt diese Erscheinung *Allelopathie* (gr. allelos, wechselseitig). Sie ist zwischen verschiedenen Individuen einer Art wirksam und führt z. B. zu fortgesetzter Ertragsverminderung, wenn man an derselben Stelle stets dieselbe Art anbaut. Aber auch zwischen Angehörigen verschiedener Pflanzenarten sind derartige Wirkungen zu beobachten. So verdrängt der Wermut durch die von ihm abgeschiedenen Stoffe zahlreiche andere Pflanzen, so z. B. Fenchel, Liebstökkel und Kümmel.

Viele höhere Pflanzen enthalten giftige oder durch schlechten Geschmack wirkende Stoffe (Alkaloide, Glykoside, Terpenoide) und werden deshalb von vielen Tieren nicht gefressen. Allerdings gibt es auch Tierarten, besonders unter den Wirbellosen, die nicht beeinflußt werden und sich von solchen Pflanzen ernähren.

Tiere einer Art beeinflussen sich gegenseitig durch *Pheromone* (gr. pher, tragen; monos, einzig, – tragen eine Information!). Das bekannteste Beispiel sind die Sexuallockstoffe zahlreicher Insekten. Sie werden vom Weibchen abgegeben und locken die Männchen oft über kilometerweite Entfernungen an. Es reichen offenbar wenige Moleküle des Pheromons, die auf eine Riechsinnzelle des Männchens treffen, um die biologische Reaktion auszulösen. Dies läßt sich im Versuch mit ausgesetzten farbmarkierten Männchen zeigen, die von Weibchen in einem Drahtkäfig aus weiter Entfernung angelockt werden. Pheromone dienen Ameisen und Termiten auch zur Spurmarkierung. Man findet sogar bei Säugern Pheromone, die z. B. zur Territorialmarkierung benutzt werden.

Auch Tiere haben vielerlei *Abwehrstoffe* zum Schutz gegen Gefressenwerden entwickelt. Die Sekrete der Hautdrüsen von Kröten wirken auf Wirbeltiere als Kreislaufgifte. Von Tausendfüßlern wird Blausäure gebildet, vom Gelbrandkäfer eine Verbindung, die infolge ihrer Strukturähnlichkeit mit einem Nebennierenrindenhormon Betäubung hervorrufen kann. Daher wird der Käfer von Raubfischen verschmäht. Die Bombardierkäfer vermögen aus ihren Wehrdrüsen heiße Chinone auszuschleudern. Erhitzung und Ausschleudern werden durch Zersetzung des in den Drüsen gebildeten Wasserstoffperoxids zu Wasser und Sauerstoff bewirkt.

Aus unseren Beispielen ist zu erkennen, daß zahlreiche verschiedene Stoffe aus der Umwelt auf die Organismen einwirken, wobei die Pheromone besonders deutlich zeigen, wie chemische »Sendboten« als Träger von Information dienen.

6.5 Zeitliche Ordnung in Ökosystemen

Die Struktur eines Ökosystems ist fortwährenden Wandlungen unterworfen. Im einfachsten Fall sind es Umgruppierungen im Rahmen des bestehenden Gleichgewichts. Ein höhlenbrütender Vogel übersiedelt von einem Baum in einen anderen; in einem Wald verändern sich allmählich die Wuchsorte bei gleichbleibender Artenzusammensetzung, so daß an einer Stelle, wo heute ein Haselstrauch steht, in 100 Jahren vielleicht eine Buche gedeiht.

Auch vorübergehende kleine Umweltveränderungen bewirken Änderungen in der Biozönose. Plötzliche starke Bewölkung an einem Sommertag verringert die Aktivität der Insekten einer Wiese. Nacktschnecken sind an feuchten Tagen sehr aktiv, wogegen Mäuse bei Feuchtigkeit im Bau bleiben.

Einige Veränderungen im Ökosystem laufen *rhythmisch* ab. Ein bekanntes Beispiel ist der jährliche Vogelzug. Manche Planktonorganismen zeigen in Seen und Ozeanen Tageswanderungen; sie halten sich am Tage in tieferen Wasserschichten auf als während der Nacht (vgl. Abschn. 6.7.2). Auch Vögel haben eine ausgesprochene Tagesaktivität, die z. B. bei Singvögeln aus den unterschiedlichen Gesangszeiten erkennbar wird. Die jahresperiodische Veränderung von Klimafaktoren führt zu vielerlei Veränderungen in den Biozönosen. Ein Laubwald hat im Winter ein ganz anderes Aussehen als im Sommer. Das jeweilige Erscheinungsbild der Biozönose bezeichnet man als ihren *Aspekt*. Im Bild 43 sind die

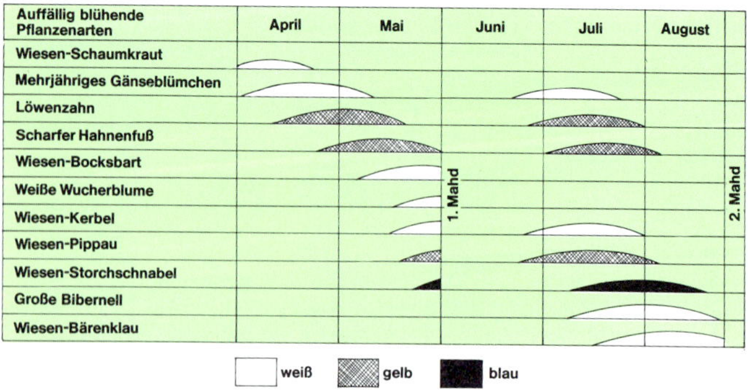

Bild 43: Aspekte einer Wiese (dargestellt als vorherrschende Blütenfarbe) von Mai bis August. Angegeben ist ein Blühkalender der wichtigsten zweikeimblättrigen Wiesenpflanzen.

Aspekte einer zweimähdigen Wiese für die Monate April bis August durch Angabe der wichtigsten Pflanzen und ihrer Blütezeit wiedergegeben.

Die nachfolgend beschriebenen Vorgänge führen zu bleibenden Veränderungen im Ökosystem.

6.5.1 Sukzession und Klimax

Setzen wir in einem Gefäß etwas Heu mit wenig Teichwasser und einer größeren Menge Leitungswasser an, so ist nach kurzer Zeit eine beträchtliche Menge von Bakterien im Heuaufguß festzustellen. Ihnen folgen Geißeltierchen, die Bakterien fressen. Etwas später treten Pantoffeltierchen auf, die sich räuberisch ernähren. Damit bilden sich Räuber-Beute-Beziehungen aus. Im Verlauf einiger Tage erscheinen dann auch Grünalgen, Rädertierchen, Kleinkrebse und Amöben. Man findet aber daneben weiterhin vereinzelte Exemplare der anfangs herrschenden Organismenarten. Die hier in wenigen Tagen eintretende Veränderung der Bedingungen im Biotop führt zu einer allmählichen Veränderung der Biozönose, bis schließlich ein Endzustand mit einem weitgehenden Gleichgewicht erreicht ist. Man bezeichnet die Aufeinanderfolge verschiedener Stadien als *Sukzession* (lat. successus Aufeinanderfolge) und den Endzustand als *Klimaxgemeinschaft* (oder Zustand der Klimax, gr. klimax, Höhe- und Endpunkt).

Was hier an einem Versuchsbeispiel gezeigt wurde, läuft in entsprechender Weise auch in der Natur ab, allerdings in viel längeren Zeiträumen. In besonders günstigen Fällen kann man aber die normalerweise zeitlich aufeinanderfolgenden Sukzessionsstadien auch räumlich nebeneinander beobachten, so etwa bei einem verlandenden Teich. Die räumliche Abfolge der Pflanzengesellschaf-

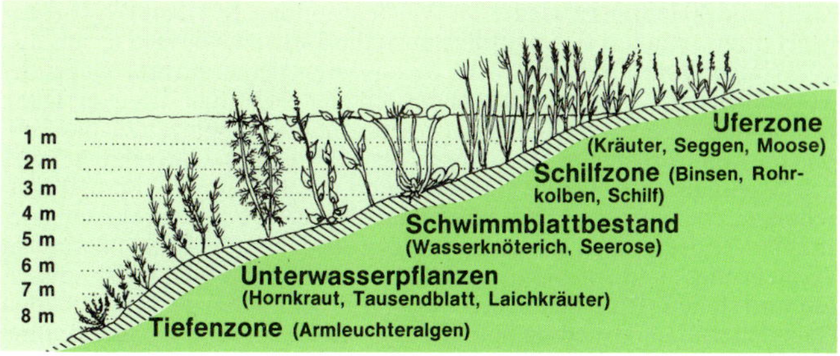

Bild 44: Gürtelung des Pflanzenwuchses in einem See.

ten vom offenen Wasser bis zum Sumpf oder zur Vermoorung entspricht der zeitlichen Abfolge bei der Verlandung an einer bestimmten Stelle (Bild 44). Ausgelöst wird der Verlandungsvorgang durch Einschwemmung von Sedimenten durch die Zuflüsse, und in manchen Fällen durch Anhäufung abgestorbener, aber nicht völlig abgebauter Pflanzenteile. Ursache der Sukzession sind also Veränderungen der abiotischen Bedingungen des Ökosystems. Laufen solche Sukzessionen vom Menschen unbeeinflußt ab, so führen sie zu einer stabileren Klimaxgesellschaft hin.

Sukzessionen sind besonders gut zu verfolgen bei der Besiedlung vorher vegetationsloser Flächen (*Primärsukzessionen*). Solche entstehen z. B. beim Rückzug von Gletschern auf der Moräne oder bei Vulkanausbrüchen auf Aschefeldern. Auch andere Naturereignisse (Waldbrand, Überschwemmung) können durch Vernichtung vorher bestehender Biozönosen zu neuen Sukzessionen Anlaß geben. Die Vulkaninsel Surtsey bei Island ist 1963/64 entstanden. 1969 waren zwei Moos- und vier Blütenpflanzenarten als Pioniere heimisch geworden. Nach dem Ausbruch des Vulkans Krakatau bei Sumatra im Jahr 1883 war die Vulkaninsel völlig steril geworden. Drei Jahre danach waren 16 Arten, sechzehn Jahre später 53 Arten von Blütenpflanzen vorhanden. Heute ist die Insel wieder von dichtem tropischem Wald bedeckt und von über 1200 Tierarten besiedelt.

Auf Landflächen, die der Mensch von Vegetation befreit hat und dann sich selbst überläßt, sind ebenfalls Sukzessionen (*Sekundärsukzessionen*) zu beobachten. Auf einem Kahlschlag im Wald gehen die Schattenpflanzen innerhalb kurzer Zeit zugrunde; dafür siedeln sich neue einjährige und bald auch ausdauernde sonnenliebende Arten (*Schlagpflanzen*) an. Im ersten Jahr finden wir auf kalkhaltigem Boden z. B. Vogelmiere, Vogelknöterich, Gemeines Kreuzkraut und Brennessel. Im zweiten Jahr treten Johanniskrautarten, Weidenröschen, Königskerze und Tollkirsche auf. Dann folgen Walderdbeere und erste Sträucher (Holunder, Brombeere, Himbeere). Bleibt das Gebiet weiterhin sich selbst überlassen, so erscheinen bald die ersten Bäumchen von Weide, Birke und Pappel. Sie nehmen durch ihr Wachstum nach einiger Zeit den Schlagpflanzen das Licht, aber unter ihrem Schutz können Keimlinge anderer Waldbäume (Buche, Eiche) gedeihen. Sie brauchen lange, bis sie ihre volle Konkurrenzkraft entfalten; dann aber vernichten sie den bisherigen Bestand durch Beschatten fast völlig. Nach rund 40 Jahren ist wieder ein Wald entstanden. Mit dem Wechsel der Vegetation verändert sich natürlich auch die Tierwelt, wie Bild 45 am Beispiel einiger Vogelarten zeigt. – Als weiteres Beispiel sei ein brachliegender Acker betrachtet. Zuerst siedeln sich auch hier einjährige Arten an. Dank ihrer hohen Vermehrungs- und Ausbreitungsfähigkeit nützen sie das Fehlen von Konkurrenten zu ausgiebiger Vermehrung aus. Unter ihnen findet sich regelmäßig der Weiße Gänsefuß und das Kanadische Berufskraut. Schon im zweiten oder dritten Jahr bildet diese erste Folge eine geschlossene Pflanzendecke. Den einjährigen folgen ausdauernde Arten. Sie sind an Vermehrungs- und Ausbreitungsfähigkeit den Einjährigen meist unterlegen und stellen sich daher später ein; dafür behaupten sie den eroberten Platz dauernd und wachsen häufig durch Ausläufer zu geschlossenen Beständen heran, die schließlich die Einjährigen verdrängen (z. B. Gemeiner Beifuß, Brennessel). Schließlich erscheinen auch hier Holzpflanzen, wie-

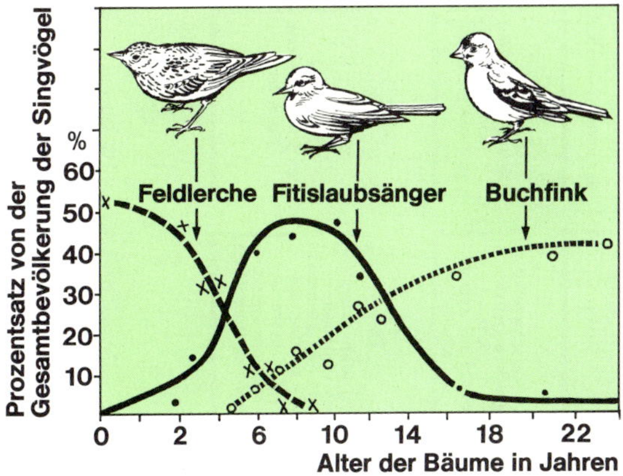

Bild 45: Veränderung der Vogelwelt während der Sukzession vom Kahlschlag zum Wald am Beispiel dreier Arten. Die einzelnen durchgeführten Zählungen sind durch Kreuzchen, Punkte und Kreise wiedergegeben. Aus diesen Meßpunkten sind die Kurven konstruiert.

derum beginnend mit Weiden und Birken als rasch wachsenden Vorläufern. Von da an verläuft die weitere Sukzession wie für den Kahlschlag beschrieben. Unabhängig von der Ausgangssituation können also gleiche Klimaxgemeinschaften entstehen.

Unter den klimatischen Verhältnissen Mitteleuropas ist der stabile Endzustand der Vegetation stets der Wald. Nur Hochgebirge, Felskanten, Seen, Moore und Meeresküste sind von Natur aus waldfrei. Heute aber ist nur noch etwa ein Viertel des deutschen Bodens waldbedeckt; das ist ausschließlich auf die Tätigkeit des Menschen zurückzuführen. Ohne ihn würde das Land in verhältnismäßig kurzer Zeit wieder vom Wald erobert werden.

Die durch die Sukzessionen beschriebenen Veränderungen kommen durch komplizierte, sich zeitlich ändernde Wechselwirkungen zwischen der jeweiligen Biozönose und abiotischen Faktoren zustande. Sie können als komplexe Regelungssysteme beschrieben werden (Bild 46).

Die Klimax ist ihrerseits aber nicht beliebig lange unverändert stabil. Über lange Zeiträume hinweg treten stets Klimaänderungen ein, die dann zu weiteren Veränderungen (etwa des Bodens) Anlaß geben können. Somit wird die Führungsgröße des Regelsystems (vgl. Abschn. 5.2), d. h. der Komplex abiotischer Faktoren verändert. Ferner werden infolge der in der Klimaxgemeinschaft bestehenden Konkurrenz Arten durch Spezialisierung verändert. Dadurch ändern sich die ökologischen Nischen dieser Arten, was

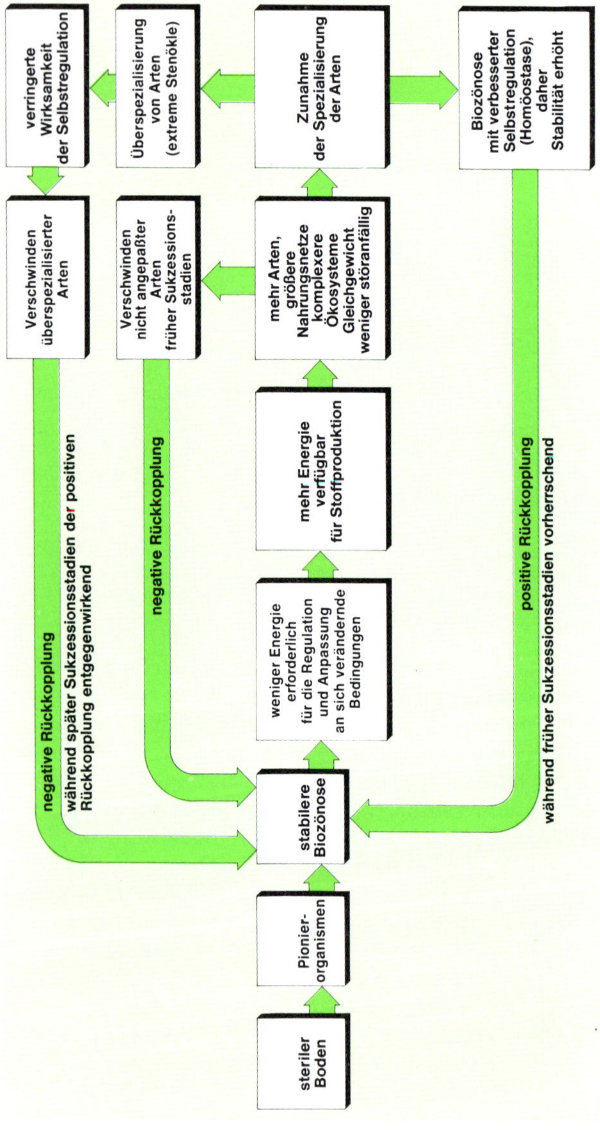
steriler Boden
Pionier-organismen
stabilere Biozönose
weniger Energie erforderlich für die Regulation und Anpassung an sich verändernde Bedingungen
mehr Energie verfügbar für Stoffproduktion
mehr Arten, größere Nahrungsnetze komplexere Ökosysteme Gleichgewicht weniger störanfällig
Zunahme der Spezialisierung der Arten
Biozönose mit verbesserter Selbstregulation (Homöostase), daher Stabilität erhöht
Verschwinden nicht angepaßter Arten früher Sukzessions-stadien
Überspezialisierung von Arten (extreme Stenökie)
verringerte Wirksamkeit der Selbstregulation
Verschwinden überspezialisierter Arten
negative Rückkopplung
während später Sukzessionsstadien der positiven Rückkopplung entgegenwirkend
negative Rückkopplung
positive Rückkopplung
während früher Sukzessionsstadien vorherrschend

zwangsläufig zu einer Veränderung der Biozönose führt. Je besser die Arten an ihre Umwelt angepaßt sind und je mehr die abiotischen Bedingungen gleichbleiben um so länger wird die Klimaxgemeinschaft unverändert erhalten bleiben (z. B. Biozönosen der Tiefsee mit »lebenden Fossilien«, das sind Arten, die seit Jahrmillionen dort vorkommen).

Eine Untersuchung der Energieverhältnisse in der Biozönose im Verlauf von Sukzessionen ergibt ein stets gleichartiges Bild, wie das Bild 47 (Seite 86) für den Heuaufguß und für die Sukzession zum Wald zeigt. Die zeitliche Veränderung von Ökosystemen gehorcht also allgemein faßbaren Gesetzmäßigkeiten.

6.5.2 Pollenanalyse und nacheiszeitliche Florengeschichte

Als Beispiel für die Veränderung der Klimaxgesellschaften durch Änderung der abiotischen Faktoren betrachten wir die Entwicklung der Pflanzendecke in Mitteleuropa seit der letzten Eiszeit. Kenntnisse über diesen Vorgang hat man durch die *Pollenanalyse.* Mit dem Abschmelzen des Eises entstanden allerorts Seen, die im Lauf der Jahrtausende weitgehend verlandeten, wobei sich sehr häufig Moore bildeten, die zum Teil bis heute erhalten sind. In den Torflagen dieser Moore sind in großen Mengen Pollenkörner aus der jeweiligen Zeit der Bildung jeder Torfschicht erhalten. Durch Identifizierung und Untersuchung der Mengenverhältnisse der Pollen, insbesondere derjenigen der waldbildenden Bäume, erhält man also Aufschluß über die Zusammensetzung der Wälder. Führt man derartige Untersuchungen an vielen Mooren und durch sämtliche Torfschichten hindurch aus, so kann man daraus die zeitliche Abfolge der Waldvegetation einer großräumigen Landschaft rekonstruieren (Bild 48). Die aus Pollenanalysen erkannte Waldgeschichte ist in der Tabelle wiedergegeben.

Seit dem Mittelalter beeinflußt der Mensch die Zusammensetzung des Waldes sehr stark, zunächst durch große Rodungen und Beweidung durch Haustiere. Später wurde zwar die Waldfläche nicht mehr wesentlich verän-

Bild 46: Regelkreis-Darstellung der Veränderungen von Biozönosen im Verlauf einer Sukzession. Während früher Sukzessionsstadien ist die positive Rückkopplung stark und führt zu zunehmend stabileren und komplexeren Gemeinschaften. Während der späten Sukzessionsstadien wirkt die negative Rückkopplung durch Aussterben oder Verschwinden nicht angepaßter oder überspezialisierter Arten entgegen. Die Klimaxgemeinschaft wird durch ein Gleichgewicht zwischen positiver und negativer Rückkopplung aufrechterhalten. – Zunahme der Spezialisierung einer Art bedeutet bessere Anpassung an eine enge ökologische Nische. Dies führt zur Stenökie; somit nimmt die Anpassungsfähigkeit an sich verändernde Umweltbedingungen ab. Setzt sich der Vorgang fort, so kommt es zur »Überspezialisierung«. Überspezialisierte Arten werden schon bei geringen Umweltveränderungen aussterben (oder auswandern müssen).

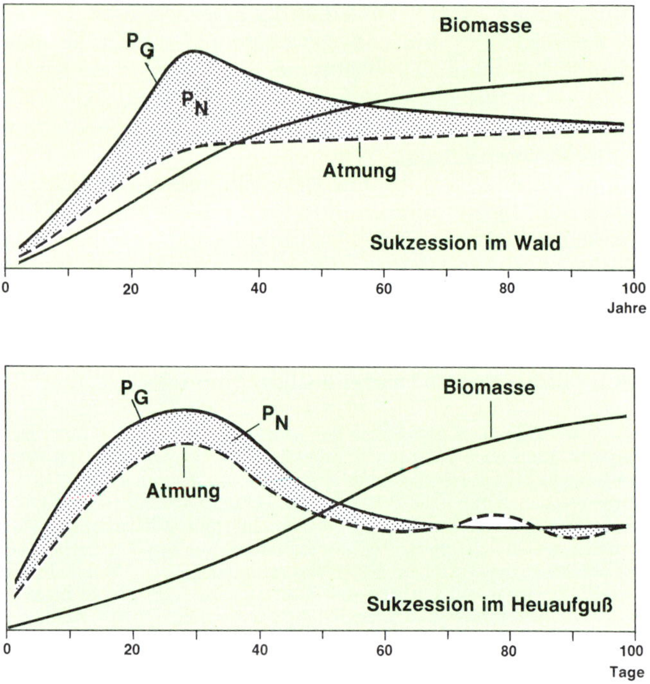

Bild 47: Vergleich der Energieverhältnisse im Verlauf der Sukzession zum Wald und im Heuaufguß. Man beachte den sehr unterschiedlichen Abszissenmaßstab.
P_G = Bruttoproduktion: P_N = Nettoproduktion (Stoffproduktion). Die angegebene Atmung ist die aufaddierte Gesamtatmung der Biozönose. Die Stoffproduktion steigt rasch an und nimmt dann wieder ab. Die Biomasse steigt zu Beginn langsam, später rascher an und erreicht in der Klimaxgemeinschaft ihr Maximum.
Versuchen Sie anzugeben, in welchem Zustand sich die jeweilige Sukzession etwa nach 10, 20, 40 und 100 Jahren bzw. Tagen befindet.

dert, aber eine intensive Forstwirtschaft verwandelte nahezu den gesamten Wald in Kulturforsten, die häufig aus riesigen Monokulturen (bes. Fichtenforsten) bestehen.

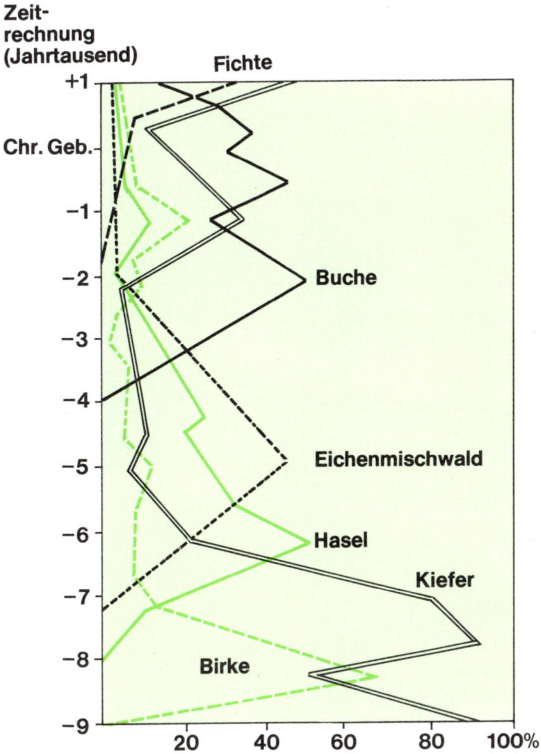

Bild 48: Pollendiagramm vom Ende der letzten Eiszeit bis heute. Die Prozentzahlen zeigen die relative Häufigkeit der wichtigen Baumarten zu verschiedenen Zeiten.

6.6 Das Eingreifen des Menschen in Ökosysteme

Der Eingriff des Menschen in die natürlichen Ökosysteme begann mit der Jungsteinzeit und bestand zunächst in Rodung, Beweidung und Ackerbau. Im Laufe der Zeit wurde mit der Zunahme der Zahl der Menschen und der Verbesserung der Methoden (Entwicklung der Technik) diese Einflußnahme immer intensiver, und es entwikkelte sich die Kulturlandschaft, die heute fast ausschließlich aus *Monokulturen* hochgezüchteter Nutzpflanzen besteht. Dazu gehören auch die naturfernen Forsten aus einer Baumart, die als richtige Holzplantagen anzusprechen sind. (Bild 49).

Bild 49: Unnatürlicher Holzacker. Einseitige Bodenausnutzung, rasche Vermehrung von Schädlingen.

Eine ökologisch sinnvolle Nutzung ist nur wenig umweltschädigend, wie z. B. die mitteleuropäische Kulturlandschaft mit dem hier seit rund 5000 Jahren betriebenen Ackerbau zeigt (Bild 50). Sehr viel komplexer werden die Verhältnisse in den Systemen der modernen Zivilisation mit Industrie und maschinell betriebener Land- und Forstwirtschaft. Am Beispiel des Kohlenstoffkreislaufes ließ sich zeigen, wie durch Erschließung der Rohstoff- und Energiequellen von Kohle, Erdöl und Erdgas die CO_2-Menge in der Atmosphäre ansteigen muß. Diese Energieträger sind im Verlauf der Erdgeschichte in einem Zeitraum von mehr als 500 Millionen Jahren durch Photosynthese entstanden. Nun verbraucht sie der Mensch in weniger als 1000 Jahren. Die auf diesen Rohstoffen aufbauende Industrie besteht seit knapp 200 Jahren und hat in dieser Zeit die Umwelt tiefgreifend beeinflußt. Viele neue, vom Menschen geschaffene Ökosysteme sind entstanden. In Intensivkulturen, die nur durch dauernde Zufuhr von industriell hergestellten Düngemitteln erhalten werden können, werden pflanzliche Nahrungsmittel erzeugt; in Industrieanlagen verbraucht der Mensch Rohstoffe aus der Natur für die benötigten Industrieprodukte. Der

Tabelle 4: Klima und Vegetation der Nacheiszeit in Mitteleuropa

Klima	Gliederung	vorherrschende Vegetation	Vorgeschichte
kühl, feucht	Nachwärmezeit (seit 500 v. Chr.) Kulturforstenzeit Buchenwaldzeit	Buchenwälder u. buchenreiche Mischwälder	Eisenzeit
kühler werdend, Abnahme der Niederschläge	Späte Wärmezeit (3000–500 v. Chr.) Buchen-Eichenwald-Zeit Jüngere Eichenmischwald-Zeit	Buchenwälder zunehmend	Bronzezeit
warm, feucht	Mittlere Wärmezeit (6000–3000 v. Chr.) Ältere Eichenmischwald-Zeit	Eichenmischwälder im Gebirge mit Nadelbäumen	Jungsteinzeit
warm, trocken	Frühe Wärmezeit (7700–6000 v. Chr.) Haselzeit Hasel-Kiefernwald-Zeit	Hasel stark vorherrschend Kiefernwälder mit Hasel	Mittel-Steinzeit
	Vorwärmezeit (8300–7700 v. Chr.) Birken-Kiefernwald-Zeit	Birken- und Kiefernwälder	
kalt, trocken	Jüngere subarktische Zeit (9000–8300 v. Chr.)	waldlose Tundra mit einzelnen Birken und Kiefern	
	Mittlere subarktische Zeit (10 000–9000 v. Chr.)	Birken- und Kiefernwälder	
	Ältere subarktische Zeit	waldlose Tundra mit einzelnen Birken und Kiefern	Altsteinzeit

Woher stammen Hinweise für die angegebenen Veränderungen des Klimas?
Können Sie eine Erklärung für die nochmalige Ausbildung einer waldlosen Tundra in der jüngeren subarktischen Zeit geben?

wichtigste Unterschied zwischen den beiden Gruppen von Ökosystemen liegt darin, daß bei den Intensivkulturen die Energie hauptsächlich aus der derzeitigen Sonnenstrahlung stammt, bei der Industrie dagegen aus fossilen Brennstoffen. Die Produktivität solch künstlicher Ökosysteme ist zwar viel höher als diejenige natürlicher oder naturnaher Systeme, doch werden dabei Neben- und Abfallprodukte angehäuft. Sie bestehen aus Stoffen, die na-

Bild 50: Ausgeglichene Kulturlandschaft (Vorland der Schwäbischen Alb). Eine gesunde Kulturlandschaft ist ein Mosaik aus Monokulturen und naturnahen Biotopen mit artenreichen Biozönosen (Wald, Sumpf, Uferzonen, Heide). Diese sind ökologische »Ausgleichszellen« zur Stabilisierung des Naturhaushalts.

türlichen Kreisläufen entzogen wurden (Vgl. Müllproblem, Abschnitt 6 des Umweltschutzes). Viele naturnahe Ökosysteme werden durch solche Vorgänge gestört, schließlich zerstört und durch künstliche Ökosysteme ersetzt. Eine Übersicht über diese Beziehungen gibt das Funktionsschema (Bild 51). Betrachten wir nun einige Fälle, wie der Mensch durch Nutzung Ökosysteme stören kann.

6.6.1 Flußregulierung, Bachbegradigung und Grundwasser

Der Wildlauf des Rheins verursachte in der Oberrheinischen Tiefebene bis ins vorige Jahrhundert immer wieder schwere Überschwemmungen. Man hat deshalb nach dem Plan des badischen Obersten TULLA ab 1838 den Rhein begradigt. Durch das Abschneiden der Flußschlingen verkürzte sich der Flußlauf, das Ge-

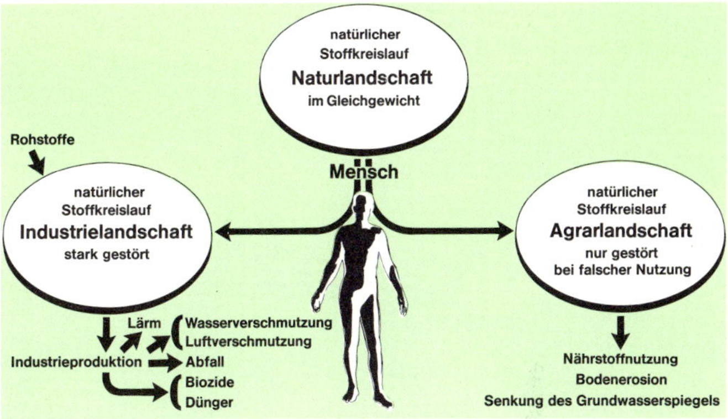

Bild 51: Funktionsschema Mensch – Naturlandschaft – Agrarlandschaft – Industrielandschaft
Geben Sie an, von wo negative Auswirkungen auf den Menschen ausgehen. Wann wird die Agrarlandschaft falsch genutzt? Wie könnten die Störungen des Stoffkreislaufes in der Industrielandschaft gemindert werden?

fälle nahm zu und damit gleichzeitig die Tiefenerosion. Sie beträgt z. B. unterhalb Basel bis heute rund 7 m. Die Folge war eine Absenkung des Grundwasserspiegels in der Talaue entlang des Rheins. Dadurch wurden die ursprünglich vorhandenen Auenwälder großenteils vernichtet, viele Feuchtbiotope verschwanden. Zu weiteren Eingriffen führte der Ausbau des Rheins als Schiffahrtsweg. In dem nach dem Absenken des Grundwassers in der Talaue gewonnenen Ackerland zeigen sich heute schwere Trockenschäden (»Versteppung«). Diese versucht man jetzt durch teure Flußbaumaßnahmen auszugleichen.

Eingriffe in den natürlichen Verlauf des Rheins

Ökonomische Ziele: Schutz vor Hochwasser,
Ackerbau in der Talaue
Gewinnung von Kraftstrom
Ausbau der Schiffahrt
Ökologische Folgen: Tiefenerosion mit Grundwassersenkung
Verlust natürlicher Biotope mit ihrer Pflanzen- und Tierwelt (Vernichtung der Auenwälder)
Austrocknung der Talauen (Versteppung)
Abwasserlast (Minderung der Selbstreinigungskraft)
Niedergang der Rheinfischerei

Bild 52: Natürlicher Zustand eines Flusses und begradigter Flußlauf. Natürlich: schlingenreicher Lauf, Gebüsch schützt die Ufer und bietet einer reichhaltigen Tierwelt Lebensmöglichkeiten, hohe selbstreinigende Kraft und Fischreichtum
Begradigt: abnehmende Fähigkeit zur Selbstreinigung. Verlust der Uferbiotope, Verarmung der Landschaft.

Trotz diesem warnenden Beispiel werden bis heute kleinere Flüsse begradigt, um verhältnismäßig kleine Flächen, wie etwa die Wiesen der Talauen, hochwasserfrei zu machen. Abgesehen von der Vernichtung wertvoller naturnaher Ufer-Biotope hat die Maßnahme einen rascheren Abfluß des Niederschlags zur Folge, der im Unterlauf zu erhöhter Hochwassergefahr führt. Daher macht die Begradigung nach einiger Zeit den Bau von Staubeckenketten im Ober- und Mittellauf erforderlich (vgl. Bild 52).

Wie die Flußregulierung wirkt sich auch die *Drainage*, d. h. die Entwässerung der Feldflur, in der Regel nachteilig auf die Grundwasserverhältnisse aus. Von den Marschen und Moorgebieten abgesehen, ist die Bewässerung eines Gebietes notwendiger als seine Entwässerung. So kann ein starker Verbrauch von Grundwasser z. B. bei Steigerung der Ernteerträge durch Düngung eintreten. Durch Bestimmung der Stoffproduktion (Abschn. 6.1.2) und der täglichen Transpirationsrate läßt sich errechnen, daß zur Produktion von 1 Tonne Pflanzentrockenmaße 250 bis 1200 Liter Wasser von den Pflanzen aufgenommen und transpiriert werden müssen. Die Produktion von 1 Tonne Zuckerrübensubstanz erfordert 580 m^3 Wasser!

6.6.2 Monokulturen

Die Reinkultur einer einzigen Pflanzenart, wie sie in Landwirtschaft und Forstbetrieb gehandhabt wird, ist stets unnatürlich.

Monokulturen auf großen Flächen erhöhen zwar zunächst die Erträge, begünstigen aber auch Vermehrung und Ausbreitung pflanzlicher und tierischer Schädlinge (Rost- und Brandpilze, Mehltau, Kartoffelkäfer) in katastrophaler Weise, während in naturnahen Ökosystemen jede Zunahme der Schädlinge durch die Vermehrung ihrer Feinde wieder ausgeglichen wird (vgl. Abschnitt 5.5). In den Monokulturen können sich Schädlinge ungehemmt vermehren, da ihre natürlichen Feinde oft keine geeigneten Lebensbedingungen vorfinden. Die ökologische Ursache liegt darin, daß durch Monokulturen eine bestimmte ökologische Nische über große Flächen hinweg allein vertreten ist und andere Nischen (diejenigen der Feinde) fast ganz fehlen. Hinzu kommt eine erhöhte Anfälligkeit hochgezüchteter Kulturpflanzen. Diesen schweren Störungen des natürlichen biologischen Gleichgewichts begegnet der Mensch dann dadurch, daß er gegen die Massenvermehrung der Schädlinge chemische Bekämpfungsmittel einsetzt. Über die Folgen dieses Vorgehens vgl. Abschn. 2.2 in Ökologie der Zivilisationslandschaft.

Ein eindrückliches Beispiel für die Verbreitung in und durch Monokulturen bietet der *Kartoffelkäfer.* Seine Heimat sind die US-Staaten Colorado und Neu-Mexiko. Dort lebte er auf wilden Nachtschattengewächsen. Seit 1859 verbreitete er sich in Nordamerika. 1874 erreichte er die Atlantikküste und wurde seit 1876 auf Schiffen aus den USA in europäische Häfen eingeschleppt. Er hat also die Verbreitungsschranke des Atlantiks ohne Zeitverzögerung überwunden. In Europa trat er zunächst nur örtlich auf, bis dann etwa seit 1920 die allgemeine Ausbreitung einsetzte (Bild 53). Erst durch das Anlegen von Kartoffelfeldern wurde der Kartoffelkäfer zum Nahrungskonkurrenten des Menschen und dadurch zum Schädling.

Ebenfalls aus Nordamerika wurde im 19. Jahrhundert die Reblaus eingeschleppt und entwickelte sich zu einem gefürchteten Schädling der Rebenwurzeln. Heute verwendet man deshalb reblausfeste Unterlagen-Reben (meist amerikanischer Herkunft), auf welche die Edelreben aufgepfropft werden.

Im Forstbetrieb haben die Reinkulturen einer Baumart und die damit in der Regel verbundene Erntemethode des Kahlschlags schwere Schäden verursacht. In den allenthalben verbreiteten Fichtenplantagen herrschen völlig unnatürliche Verhältnisse:

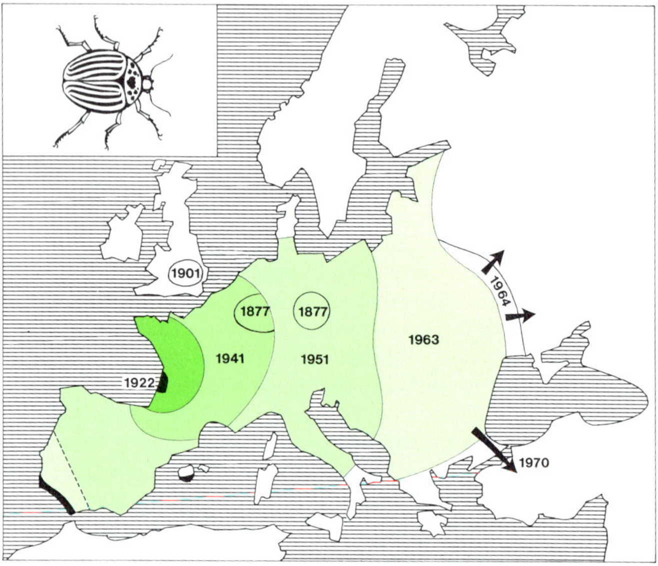

Bild 53: Vordringen des Kartoffelkäfers in Europa als Beleg für die Schädlingsgefährdung von Monokulturen. Bei Massenauftreten kommt es zu völligem Kahlfraß der Äcker und Ausfall der Ernte.

Strauch- und Krautschicht fehlen, der Boden ist von Nadelstreu bedeckt und versauert. Infolge der Verschlechterung des Bodens gehen mit der Zeit die Erträge stark zurück. In einem Fichtenbetrieb eines Waldgebietes in Oberschwaben sind 70jährige Bäume der sechsten Generation nur noch 5 bis 8 Zentimeter stark. Das Überhandnehmen der Schädlinge (Nonne, Kiefernspinner, Forleule, Borkenkäfer) führt zu Kahlfraß und zur Vernichtung ganzer Wälder. Der Kahlschlag (Bild 54) zerstört die Moos- und Humusschicht, läßt den Boden austrocknen und führt an Hängen zu starker Bodenerosion. Gleichmäßige Erträge und wenig Schädlingskalamitäten hat auf die Dauer nur ein Forst, welcher der natürlichen Biozönose eines standortgemäßen Waldes nahekommt. Welches der standortgemäße Wald ist, läßt sich aus Vegetationskarten entnehmen (vgl. Abschn. 2.2.2). In der Regel wird es in unseren Mittelgebirgen ein Mischwald sein.

Bild 54: Fichtenkahlschlag
Wie wirkt sich der Kahlschlag auf das vorhandene Ökosystem aus?

6.6.3 Einführung neuer Glieder in eine Lebensgemeinschaft

Viele Pflanzen- und Tierarten besiedeln nicht alle Gebiete, deren abiotische Faktoren für sie geeignet wären, weil natürliche Schranken (Meere, Gebirge) sie daran hindern. Doch hat der Mensch solche Arten oft in andere Biozönosen verpflanzt. In manchen Fällen ist dies ohne Schwierigkeiten vor sich gegangen (Fasan, Damwild, Amerikan. Roteiche, Douglasie). Nicht selten aber kam es zu empfindlichen Störungen des Gleichgewichts in den ursprünglichen Biozönosen und damit zu verhängnisvollen Folgen.

Ein Beispiel dafür ist das Verhalten des *Mungo* (Bild 55), eines in Ostindien heimischen Raubtiers von Mardergröße, auf Jamaika; er sollte die von Schiffen eingeschleppten Ratten vertilgen, weil sie an Zuckerrohrpflanzungen großen Schaden anrichteten. Die 1872 eingeführten Tiere vermehrten sich stark und verminderten die Zahl der Ratten. Mit deren Abnahme ging der Mungo aber dazu über, auch andere Tiere zu fressen: Wild, Geflügel, Kleinvögel und ihre Eier, Eidechsen, Schlangen und Lurche. Durch das

Bild 55: Mungo

Vertilgen von Insektenfeinden nahmen Schadinsekten verheerend zu, und 1890 war der Schaden durch den Mungo schon viel größer als sein Nutzen. Jetzt wurde die Verfolgung freigegeben, worauf sich allmählich ein neuer Gleichgewichtszustand einstellte, doch war dieser von anderer Art als zuvor. – In Mitteleuropa ist die aus Nordamerika stammende *Bisamratte* durch ihre Wühlarbeiten an Flußufern und Dämmen zu einem gefährlichen Schädling geworden. Sie wurde 1905 bei Prag ausgesetzt und hat sich seitdem nach allen Richtungen ausgebreitet (Bild 56). – Aus China stammt die Wollhandkrabbe, die über die Nordsee in Flüsse Mitteleuropas einwanderte und die Fischernetze beschädigt.

In den Tropen und Subtropen ist die *Achatschnecke* (Gehäuse tragend, ausgestreckter Körper bis 20 cm lang) eine große Gefahr geworden. Sie ist im tropischen Ostafrika beheimatet und lebt vorwiegend auf Bäumen, wobei sie sich von Knospen und jungen Trieben ernährt. 1847 kam sie nach Indien, 1900 nach Ceylon, 1928 nach Malaysia, 1935 ins jetzige Indonesien. In allen neubesetzten Gebieten richtet das Tier große Schäden an Bananen- und Kakaoplantagen sowie an Gummibäumen an. Bis heute gibt es keine wirksame Bekämpfung, da die Einfuhr natürlicher Feinde nicht zum Ziel geführt oder ihrerseits schädliche Wirkungen ausgelöst hat.

Als Beispiel aus dem Pflanzenreich sei die *Wasserhyazinthe (Eichhornia)* erwähnt. Diese Schwimmpflanze, die sich meist vegetativ fortpflanzt, ist im nordöstlichen Südamerika zu Hause. Als dekorative Zierpflanze verschleppte sie der Mensch über die ganzen Tropen; so hat sie sich in zahlreichen Flüssen und Seen ausgebreitet. Dadurch wurde die einheimische Flora zurückgedrängt, die Fischerei behindert und zeitweilig sogar die Schiffahrt unmöglich gemacht, bis man in großem Maß chemische Unkrautvertil-

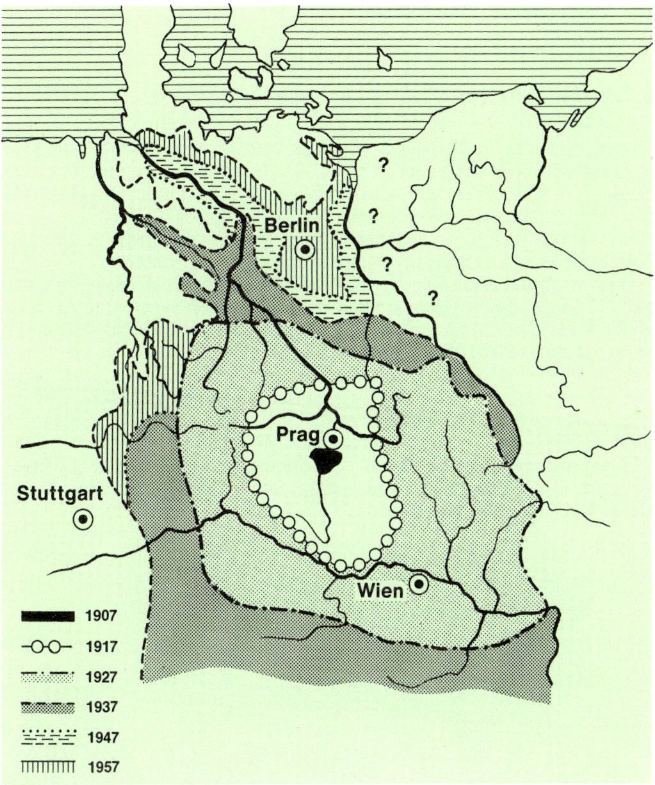

Bild 56: Die Ausbreitung der Bisamratte

gungsmittel einsetzte. Als Folge davon verpesteten die faulenden Pflanzenmassen das Wasser.

Die Einführung einer fremden Tierart zur Bekämpfung von Schädlingen erfordert eine sehr genaue Kenntnis der Lebensweise dieser Art, damit der Neubürger nicht an unerwarteter Stelle Schaden anrichtet. Geeignet sind Arten, die fast ausschließlich auf die Vertilgung des Schädlings spezialisiert sind.

Bedingt durch die Veränderung ökologischer Gegebenheiten in den vom Menschen stark beeinflußten Gebieten können auch Arten auftreten, die früher dort nicht vorkamen. So hat sich der *Girlitz* seit etwa 150 Jahren vom Mittelmeergebiet über Mitteleuropa ausgebreitet. In unserem Jahrhundert ist die *Türkentaube* vom Balkan her eingewandert.

6.7 Beispiele für Ökosysteme

6.7.1 Der mitteleuropäische Laubwald

Ohne Eingreifen des Menschen wäre der Wald die am weitesten verbreitete Landbiozönose der Erde. In ganz Mitteleuropa ist er an nahezu allen Standorten Klimaxvegetation, in der Regel als Laubmischwald. Die heutigen Wälder Deutschlands sind aber fast ausnahmslos Kulturwälder (Forsten). Dennoch sind insbesondere Laub-, aber auch manche Nadel- und Mischwälder relativ naturnahe und artenreiche Biozönosen.

Der Pflanzenbestand des Hochwaldes ist aus mehreren Schichten aufgebaut. In der *Baumschicht* wölben sich die Kronen der Bäume zu einem Blätterdach. Die *Strauchschicht*, zu der auch der Nachwuchs der Bäume zählt, ist im Laubwald nicht sehr ausgeprägt. Darunter folgt die *Krautschicht* mit den krautigen Waldpflanzen und die dem Boden unmittelbar auflagernde *Moosschicht*. Einjährige Pflanzen fehlen fast ganz. Der Boden, in den sich die Wurzeln der verschiedenen Schichten ebenfalls stockwerkartig teilen, führt außerdem die *Pilzschicht* (Bild 57).

Der Stockwerksbau entspricht den Lichtbedürfnissen und der Lichtversorgung. Die Baumschicht empfängt das Sonnenlicht unmittelbar; die anderen Schichten erhalten nur das vom Laubwerk durchgelassene Licht.

Bild 57: Der Aufbau des Hochwaldes
a) Welche im Hochwald zu beobachtenden Fakten sucht die Zeichnung darzustellen? Welche Feststellungen lassen sich zum Baumwuchs, zur Kraut- und Strauchschicht treffen? Sind einzelne Arten erkennbar dargestellt?
b) Wie ist die Nutzholzqualität randständiger Stämme zu beurteilen?
c) Warum finden sich Moose im Laubwald meist nur auf Baumstümpfen, Steinen und am Stammfuß und nicht wie im Nadelwald als Moosschicht auf dem Boden?
d) Was führt zum Absterben schwach belichteter Äste?
e) Durch welche Vorgänge vermorscht das Holz?

Schattenertragende Arten sind auch mit einem anspruchsloseren Platz zufrieden; sie entfalten sich aber wie die Sträucher und verschiedene Kahlschlagpflanzen beim Verschwinden der Baumschicht sofort üppig. Schattenbedürftige Pflanzen dagegen, wie der Sauerklee, gehen im vollen Sonnenlicht zugrunde.

Die *Frühlingsblüher* des Waldes nutzen die kurze Zeit vor der Belaubung zu einem großen Teil ihrer Entwicklung aus, da nach der Laubentfaltung nur noch eine geringe Lichtmenge den Boden erreicht. Sie sind dazu in der Lage, da sie in Knollen, Zwiebeln oder Wurzelstöcken Reservestoffe angehäuft haben, mit deren Hilfe sie rasch heranwachsen und Blätter ausbilden können.

Die Moosschicht erhält im Sommer oft nur ein Hundertstel des vollen Tageslichtes. Die geringe Größe der Moose, ihr langsames Wachstum und ihre Fähigkeit zur Trockenstarre ermöglichen ihnen auch unter ungünstigen Lichtverhältnissen noch ein Fortkommen. Eine längere Bedeckung mit Fallaub ertragen allerdings auch sie nicht, und deshalb gedeihen sie im Laubwald – im Unterschied zum Nadelwald – oft nur auf einer über den Waldboden emporragenden Unterlage wie Baumstümpfen oder Steinen.

Pilze sind unabhängig vom Licht, da sie nicht selbst assimilieren, sondern sich als *Saprophyten* von vermodernden Pflanzenstoffen ernähren. Einige höhere Pflanzen (Nestwurz, Fichtenspargel) zehren ebenfalls als Nutznießer vom Moder des Waldbodens. Die Schuppenwurz lebt als *Schmarotzer (Parasit)* auf Wurzeln von Waldpflanzen. Auch einige Pilze greifen lebende Bäume an und ernähren sich schmarotzend, so der Hallimasch und verschiedene Porlinge. Wieder andere Pilze gehen mit Bäumen *Symbiosen* ein. Bei verschiedenen Waldbäumen (Birke, Kiefer) umschließt ein feines Geflecht von Pilzfäden die Wurzelspitzen und dringt in sie ein; die vom Pilz aufgenommenen Stoffe kommen so dem Baum zugute, der mit den Wurzelpilzen besser gedeiht. Eine solche Symbiose wird als *Mykorrhiza* bezeichnet.

Das Maximum der pflanzlichen Stoffproduktion verschiebt sich im Laubwald während des Jahres in Abhängigkeit von den Lichtverhältnissen. Es liegt im Winter in der Moosschicht, im Frühjahr in der Krautschicht, im Frühsommer in der Strauchschicht und im Hochsommer bis zum Ende der Vegetationsperiode in der Baumschicht. Nur durch diese periodische Verlagerung der Stoffproduktion wird die Existenz so vieler Pflanzenarten ermöglicht, von denen wiederum eine reiche Fauna abhängig ist.

Die zersetzende Tätigkeit der Destruenten (Bakterien, Pilze) führt durch Vermoderung zum Abbau abgestorbener Pflanzenteile und des Fallaubes. So entsteht *Humus.* Hierdurch wird gleichzeitig der Boden gelockert, so daß Luft und Wasser eindringen können. Die Schicht von Moos und Fallaub saugt bei hohen Niederschlägen Wasser auf und gibt es dann allmählich in den Boden und den Luftraum ab.

Ein reiches Tierleben entfaltet sich in allen Schichten des Waldes. Von ungefähr 40 000 in Deutschland heimischen Tierarten kommen etwa 6800 im Buchenwald vor. Da der Wald durch sein Blätterdach Schutz vor Witterungseinflüssen und Feinden geben kann, wird er auch von Tieren aufgesucht, die außerhalb des Waldes ihre Nahrung finden. Die reichste Tierwelt weist er daher an seinem Rand und in kleinen Lichtungen auf (Übergangs- oder Saumbiozönosen).

Der Waldboden wird von einer großen Menge tierischer Kleinlebewesen bewohnt. Wurzelfüßler, Rädertiere, Fadenwürmer, Milben, Spinnen,

Insekten, Insektenlarven und Schnecken nehmen durch Ernährung, Verdauung und Atmung an der Zerkleinerung und Umsetzung (Mineralisierung) der organischen Stoffe teil. Regenwürmer, aber auch größere Tiere, wie z. B. Mäuse oder Wildschweine, lagern die Stoffe durch ihr Wühlen und Graben um und mischen sie bis in tiefere Schichten. Dieses Bodenleben lockert und durchlüftet den Boden und schafft damit günstige Verhältnisse für die Wurzeln der höheren Pflanzen.

Durchschnittliche Zahl von Bodentierchen in Wald- und Wiesenböden Mitteleuropas pro dm³.

Einzeller (Urtierchen und Algen)	1 000 000 000
Räder- und Bärtierchen	500
Fadenwürmer	30 000
Springschwänze	1 000
Milben	2 000
Kleine Spinnen, Krebse, Tausendfüßler, Insekten	100
Borstenwürmer	50
Regenwürmer	2

Die verschiedenen Schichten des Pflanzenwuchses vom Waldboden bis in die Baumkronen geben zahlreichen Tieren Wohnung und Nahrung. Auf dem Boden leben Wild, Mäuse, Spitzmäuse, Lurche, Schnecken, Insekten; im Buschwerk nisten Kleinvögel, in den Baumstämmen Höhlenbrüter wie Spechte, in den Baumkronen Krähen und Greifvögel. Alle Schichten beherbergen Insekten unterschiedlichster Art, die sich von den Wurzeln (Engerlinge), von Holz und Rinde (Borkenkäfer), Knospen, Blättern, Blüten und Früchten ernähren und dadurch zu gefährlichen Schädlingen des Waldes werden können. Viele Pflanzen haben Schutzeinrichtungen gegen das Gefressenwerden: Brennhaare, Dornen und Stacheln, schlechten Geruch und Geschmack (z. B. Gerbstoffe der Eichenblätter). Durch Einlagerung gerbstoffartiger Verbindungen wird auch das nicht mehr an der Wasserleitung beteiligte Kernholz der Waldbäume vor Fäule durch Mikroorganismen geschützt. Häufig ist diese Verkernung an der dunkleren Farbe zu erkennen (Kiefer, Eiche). Unterbleibt die Kernbildung, wie z. B. bei der Weide, so entstehen häufig hohle Stämme durch Faulen des Stamminnern.

Zwischen den Pflanzen und Tieren des Waldes bestehen auch Beziehungen, die beiden Teilen Vorteile bringen. Viele Pflanzen werden durch Tiere vermehrt und verbreitet. Die Bestäubung erfolgt bei den meisten Waldbäumen Mitteleuropas zwar durch den Wind; doch bestäuben auf der Suche nach Nektar und Pollen auch Insekten bestimmte Bäume (Linde, Wildkirsche, Weiden). Pflanzen der Krautschicht, die sich vor der Belaubung der Baumkronen entfalten, locken mit auffallenden Farben Insekten zur Bestäubung an. Samen nahrhafter Früchte werden von Tieren oft unverdaut ausgeschieden. Stachlige und klebrige Früchte und Samen bleiben an vorbeistreifenden Tieren hängen.

Auch innerhalb der Tierwelt des Waldes herrschen Konkurrenz- und Abhängigkeitsbeziehungen. Raubinsekten vernichten andere Insekten; so sind Ameisen starke Verbündete des Menschen gegen Schadinsekten. Schlupfwespen legen ihre Eier in die Larven anderer Insekten und töten diese dadurch.

Am stärksten wird die Insektenwelt von den Singvögeln in Schranken gehalten; Raubvögel wie die Eulen und Raubsäuger wie Marder und Fuchs nähren sich wieder von diesen und den Kleinsäugern des Waldes.

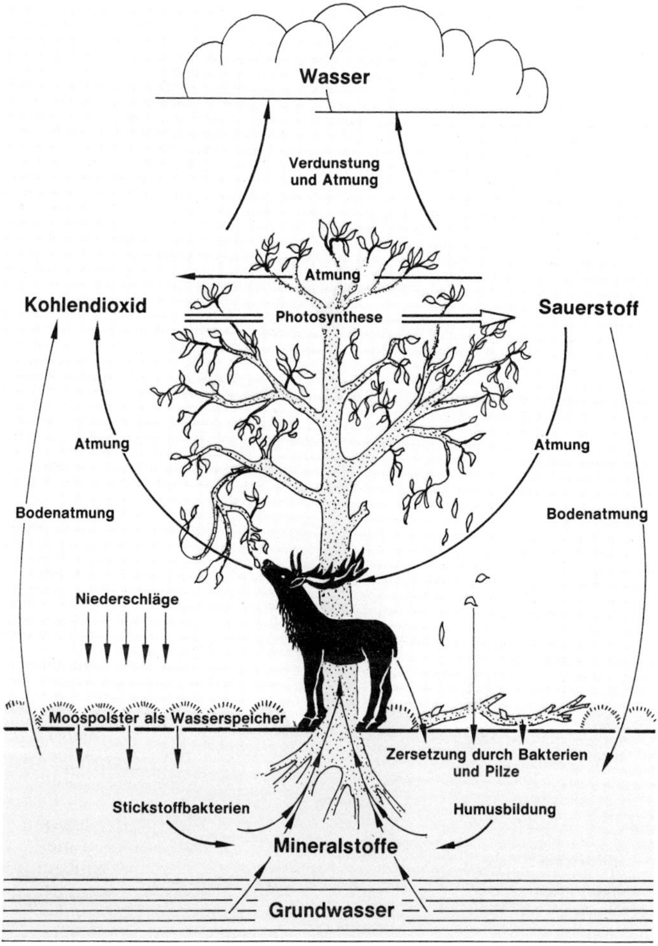

Bild 58: Die Lebensbeziehungen und der Kreislauf der Stoffe im Wald.

Alle die hier beschriebenen Beziehungen wirken an der Aufrechterhaltung des Gleichgewichts im Ökosystem Laubwald mit, das durch die Selbstregelung erhalten bleibt. Wie bereits in Abschnitt 6.3 ausgeführt, findet der Kreislauf der Stoffe ebenso wie der Energiefluß zu einem erheblichen Teil innerhalb des jeweiligen Ökosystems statt (Bild 58, vgl. auch Bild 35).

6.7.2 Der See

Die Gliederung des Sees in verschiedene Lebensräume zeigt Bild 59. Man unterscheidet eine Zone freien Wassers *Pelagial; gr. pelagos, offene See)* vom Seeboden *(Benthal; gr. benthos, Tiefe)*. Die Uferzone *(Litoral; gr. litus, Ufer)* des Seebodens ist der Bereich, in dem das Licht bis zum Grund reicht, so daß der Boden von grünen Pflanzen bewachsen ist. Im randlichen *Schilfgürtel* findet man Pflanzen, die aus dem Wasser ragen. Er beherbergt eine charakteristische Tierwelt (Rohrdommel, Rohrsänger, Schilfkäfer, Wasserfrosch) und die Nistplätze verschiedener Wasservögel (z. B. Enten). Der Boden im Schilfgürtel ist häufig von sauerstofffreiem Faulschlamm bedeckt. In etwas tieferem Wasser folgt die *Zone der Pflanzen mit Schwimmblättern.* Als Bewohner findet man regelmäßig Teichhühner und eine Vielzahl von Insekten. Noch tieferes Wasser ist gekennzeichnet durch untergetauchte Wasserpflanzen, wobei Armleuchteralgen und z. T. das Brachsenkraut neben einigen Fadenalgen besonders weit hinabreichen. Hier treffen wir vor allem Flohkrebse, Wasserasseln, Wasserflöhe, Hüpferlinge, Wassermilben, Rädertierchen, Moostierchen, Insektenlarven und Fischbrut verschiedenen Alters. Im ganzen Litoralbereich sind Libellen, Eintagsfliegen und andere Wasserinsekten, Schlammschnecke und Posthornschnecke, Süßwasserpolyp, Süßwasserschwamm und Protozoen zu Hause (s. auch Bild 44).

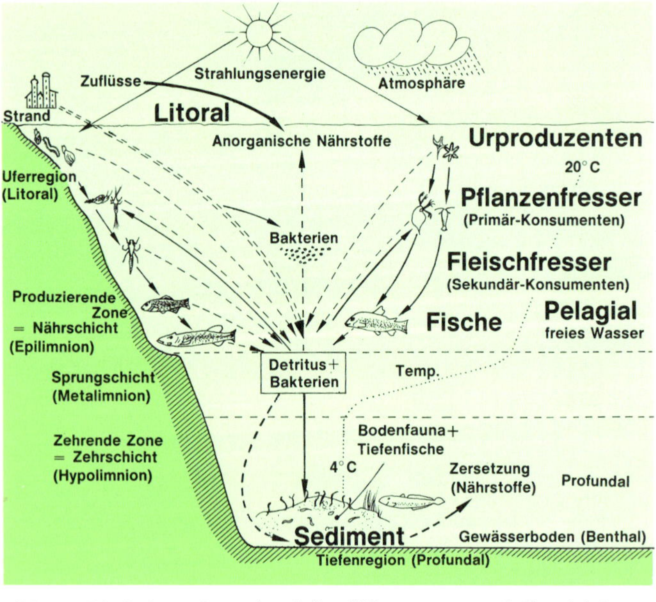

Bild 59: Die Lebensräume im tiefen Süßwassersee und die wichtigsten Vorgänge im Ökosystem.

Der Abfall des Sees zur lichtlosen Tiefe führt in die pflanzenfreie bodennahe Tiefenregion, das *Profundal (gr. profundus,* tief).

Das Pelagial des Sees weist eine deutliche Gliederung auf. Die obere, durchleuchtete und im Sommer warme *Deckenschicht (Epilimnion*; gr. epi, auf; limne, See;), beim Bodensee bis rd. 30 m Tiefe, wird durch eine *Sprungschicht (Metalimnion;* meta, zwischen), in der die Temperatur sprunghaft abfällt, von der kalten, nicht mehr durchleuchteten und sauerstoffarmen *Tiefenschicht (Hypolimnion;* gr. hypo, unter) getrennt. In der Tiefenschicht kommen nur heterotrophe Organismen (Konsumenten) vor, daher bezeichnet man sie auch als Zehrschicht und das Epilimnion (mit seinen Produzenten) entsprechend als Nährschicht. Die Temperatur der Tiefenschicht beträgt während des ganzen Jahres etwa 4° C, denn bei dieser Temperatur hat das Wasser die größte Dichte. Die Hauptmenge der Lebewesen im Pelagial lebt planktontisch. Im *Phytoplankton* findet man Kieselalgen, Geißelalgen, Grünalgen und Blaualgen, im *Zooplankton* zahlreiche Kleinkrebse und Rädertierchen. Als *Nekton* (gr. nektos, schwimmend) bezeichnet man die größeren Tiere, die sich gegen die Wasserströmung aktiv bewegen, also hauptsächlich Fische.

Für die Produktion im See ist vor allem das Phytoplankton verantwortlich, daneben die Pflanzen der Litoralregion. Bei der Photosynthese wird das im Wasser gelöste CO_2 und weiterhin das durch Umsetzung von Cal-

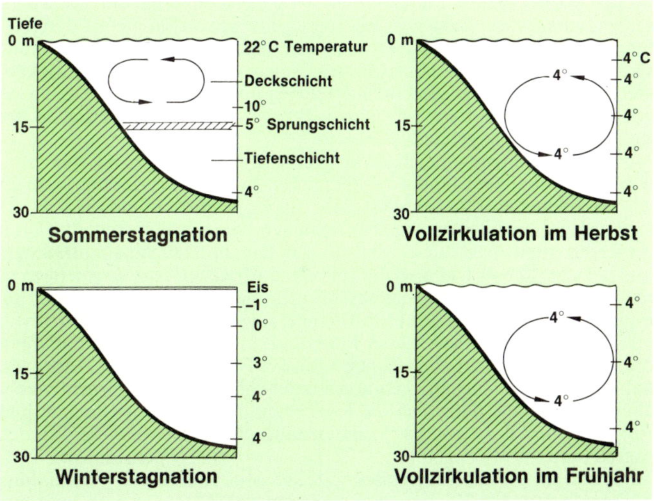

Bild 60: Zirkulation (Vertikalbewegungen) und Stagnation in einem See im Jahresgang. Im Sommer sinkt durch nächtliche Abkühlung das oberflächennahe dichter gewordene Wasser ab bis es auf gleich warmes (dichtes) Wasser trifft. Dafür steigt wärmeres Wasser zur Oberfläche, kühlt sich dort ab und sinkt u.s.f. Es kommt so zu einer Wasserdurchmischung in den oberen Wasserschichten. Unterhalb der Durchmischungszone sinkt dann die Temperatur innerhalb weniger Meter sprunghaft ab (Sprungschicht). Unter der Sprungschicht liegt die kalte Tiefenschicht.

ciumhydrogencarbonat zu Kalk gebildete CO_2 verbraucht. Der entstehende Kalk wird teils an Pflanzen niedergeschlagen (Laichkräuter, Armleuchteralgen), teils als »Seekreide« auf dem Boden abgelagert. Im obersten Teil der Deckschicht des Sees kann durch starke Photosynthese eine Verarmung an CO_2 eintreten, so daß die Planktonalgen in etwas tiefere Schichten absinken. Tägliche Vertikalwanderungen sind die Folge.

Während der Sommermonate erwärmt sich die durchsonnte Deckschicht; ihr Wasser ist deshalb spezifisch leichter als das der Tiefenschicht. Daher bleibt letztere von der Oberfläche abgeschnitten (*Stagnation*; beim Bodensee von April bis Januar). Mit der Abkühlung der Deckschicht im Herbst/Winter wird die Schichtung zunehmend abgebaut. Wenn sie auf 4° C abgekühlt ist, wird der ganze See durch Konvektionsströme umgeschichtet, das Tiefenwasser dringt bis zur Oberfläche (*Vollzirkulation*, Bild 61). Je kleiner der See ist, um so rascher wird im Herbst Vollzirkulation erreicht. In großen Seen erfolgt sie erst im Hochwinter. Sinkt aber die Temperatur des Oberflächenwassers unter 4° C ab, so nimmt seine Dichte wieder ab. Daher führt die Abkühlung in kleineren Seen zur Winterstagnation und während Frostperioden zur Eisbildung. In diesen Fällen tritt im Frühjahr eine zweite Phase der Vollzirkulation auf, bevor die Zeit der Sommerstagnation des Tiefenwassers beginnt. Jede Vollzirkulation führt zur völligen Durchmischung des Seewassers und der darin gelösten Stoffe.

Die gebildete organische Substanz muß nach dem Absterben der Organismen wieder mineralisiert werden. Dieser Prozeß kann von den Reduzenten, vorwiegend Bakterien, nur in Gegenwart von Sauerstoff durchgeführt werden. Die größte Menge an Bakterien findet man im Epilimnion; sie bauen abgestorbene Planktonorganismen, die sehr langsam absinken, sofort ab. Den tieferen Seeboden erreichen nur größere Organismenreste oder schwer angreifbare Substanzen. Sie werden an der Oberfläche des Bodensediments abgebaut.

Ein vollkommenes Gleichgewicht herrscht im Ökosystem See nur dann, wenn der Abbau vollständig ist. Bei starker Produktivität der Deckschicht wird viel Sauerstoff an der Wasseroberfläche produziert und auch an die Luft abgegeben. Gleichzeitig aber entstehen viel mehr Leichen, die durch die Reduzenten abgebaut werden müssen. Dies führt zu Sauerstoffmangel in der Tiefe. Dieser tritt also nur im nährstoffreichen *(eutrophen)* See mit reicher Produktion auf, nicht im nährstoffarmen *(oligotrophen)* See mit geringer Produktion. Der Sauerstoffmangel verursacht die Ablagerung von nicht abgebautem organischem Material und dadurch Faulschlammbildung. In oberflächennahen Zonen kann der Faulschlamm bei Zutritt von Sauerstoff durch Zuckmückenlarven und Schlammröhrenwürmer wieder abgebaut werden. Setzt sich die Faulschlammbildung über längere Zeit fort, so verliert das Gewässer sein biozönotisches Gleichgewicht. Werden saure Humusstoffe zugeführt, so ist dies Anlaß zum Wachstum von Torfmoos und einer Vertorfung vom Rande her. Mit zunehmender Verlandung bildet sich dann ein Flachmoor (Sukzession, vgl. Abschn. 6.5.1). Jedes stehende Gewässer unterliegt einer Sukzession, die schließlich zur Verlandung führen muß. Bei den künstlich angelegten Teichen verhindert man dies durch Ablassen und Ausräumen des angesammelten Schlammes in mehrjährigem Abstand.

Jeder See in unseren Breiten macht einen natürlichen Alterungsprozeß durch, in dessen Verlauf er vom oligotrophen in den eutrophen Zustand übergeht. Der Grund liegt darin, daß dem See im Laufe der Zeit durch Niederschläge und Staub Nährstoffe zugeführt werden, die zu einer langsamen Zunahme des Algenwachstums führen. Dieser normalerweise sich über viele Jahrhunderte hinziehende Prozeß der Eutrophisierung (Seen-Alterung) wird durch Zufuhr von Abwasser und aus den Feldern ausgewaschenem Dünger sehr beschleunigt.

Tabelle 5: Vergleich oligotropher und eutropher See

	Oligotropher See	Eutropher See
Wasser	blau, klar	grünlich, trüb
Sichttiefe	meist mehr als 5 m	meist weniger als 3 m
Nährstoffgehalt	nährstoffarm	nährstoffreich
O_2-Gehalt der Tiefenschicht im Sommer	ausreichend Sauerstoff	sauerstoffarm bis sauerstoffreich
Bodenschicht	mineralischer Schlamm	organischer Faulschlamm, Bildung von H_2S

Eine praktische Untersuchung des Ökosystems See (bzw. Teich) beginnt mit der Feststellung der Artenzusammensetzung und der Individuenzahl der vier Grundkomponenten. Planktonorganismen werden hierzu mit Planktonnetzen unterschiedlicher Maschenweite gefangen. Darüberhinaus kann man mit Hilfe eines besonderen Gerätes Wasserproben aus jeder gewünschten Tiefe entnehmen. Organismen des Benthals werden mit einem Greifer (nach dem Prinzip der Doppelschaufel-Bagger gebaut) aufgesammelt.

Unter den physikalischen Daten sind neben Temperaturen und Wasserströmungen die Gehalte des Wassers an CO_2 und O_2 besonders wichtig. Von Interesse sind vor allem die Veränderungen der Sauerstoffmenge im Tagesgang.

Die Messung geschieht in Hell- und Dunkelflaschen, die mit organismenhaltigem Wasser gefüllt werden, das zuvor aus der gewünschten Untersuchungstiefe entnommen wurde. Dann verbringt man die Flaschen in das Entnahmeniveau im See und mißt an einer weiteren Wasserprobe den Sauerstoffgehalt zu Versuchsbeginn. Das Absinken des Sauerstoffgehaltes in den Dunkelflaschen nach einer bestimmten Meßzeit zeigt die Atmungsrate an der Meßstelle an, die Veränderung in den Hellflaschen läßt auf die Nettophotosynthese-Rate schließen. Durch Addition beider Werte erhält man die Bruttoprimärproduktion.

6.7.3 Das Meer

Das Meer bedeckt rund 71% der Erdoberfläche und ist damit der größte Lebensraum der Erde. Seine Besonderheiten liegen in der großen Tiefe, der Ausdehnung und den dadurch sehr weiträumigen Nahrungsbeziehungen, seinem in engen Grenzen konstant hohen Gehalt an anorganischen Ionen und den großräumigen horizontalen und vertikalen Wasserströmungen. Die Fauna des Meeres ist artenreicher als die des Süßwassers, da es mehr ökologische Nischen gibt; auch hier sind die ökologischen Grundtypen Plankton und Nekton zu finden.

Zwei große Lebensbereiche, der Meeresboden (*Benthal*) und das freie Wasser (*Pelagial*) haben in Abhängigkeit vom Untergrund und der Tiefe

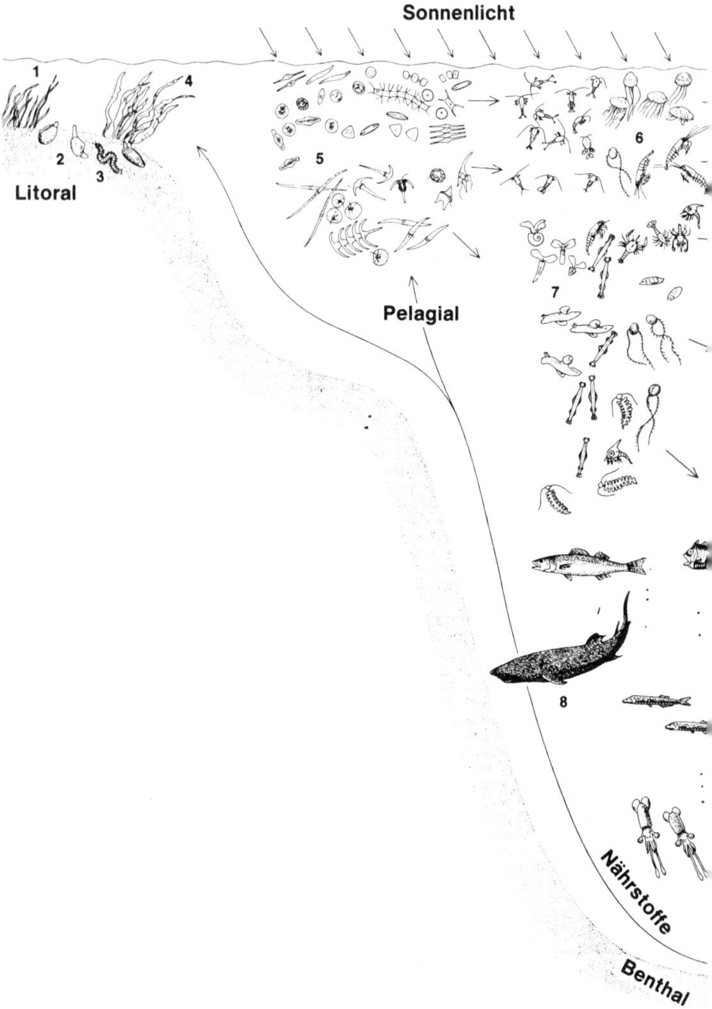

Bild 61: Die Lebensräume im Ozean und einige wichtige Nahrungsbeziehungen
Versuchen Sie, die eingezeichneten Organismen oder Organismengruppen

ihr eigenes Gepräge. Der Meeresboden gliedert sich in die Küstenzone (*Litoral*) und den Tiefseeboden. Das Litoral reicht von der Küste bis dorthin, wo noch photosynthetisch wirksames Licht in das Wasser eindringt. Häufig fällt diese Grenze mit dem Ende des Kontinentalsockels (Schelf) in et-

unter Heranziehung von Biologiebüchern zu identifizieren. Die Organismen sind in unterschiedlichen Maßstäben dargestellt. Welche Organismen sind nicht eingezeichnet?

wa 200 m Tiefe zusammen. Beim Pelagial werden das durchlichtete Gebiet (*euphotische Zone, Epipelagial*) und die Tiefsee mit einer Dämmerungszone (*Bathyal;* gr. bathys, tief; etwa bis 1000m Tiefe) und einer lichtlosen Zone (*aphotische Zone, Abyssal;* gr. abyssos, Abgrund) unterschieden. Die für die Stoffproduktion im Meer ausschlaggebende euphotische Zone gliedert sich in den vom Kontinent beeinflußten Bereich der Flachsee und den ozeanischen Bereich (*Hochsee*). Obwohl die Flachsee nur etwa 10% der gesamten Meeresfläche umfaßt, enthält sie etwa 50% der Lebewelt des Meeres. Sie wird von den einmündenden Flüssen mit Nährstoffen versorgt.

Für die Entwicklung des Phytoplanktons sehr wichtig sind vertikale Wasserströmungen, welche die von den Bakterien in den Tiefenzonen mineralisierte organische Substanz als Nährsalze wieder an die Oberfläche führen. In den Ozeanen außerhalb der Tropenzone entstehen im Spätwinter und Frühjahr Konvektionsströmungen; sie bringen Tiefenwasser an die Oberfläche, weil es wärmer ist, als das winterlich abgekühlte Oberflächenwasser. Dadurch entsteht ein Frühjahrsmaximum des Phytoplanktons, dem ein Maximum des Zooplanktons (Kleinkrebse, Larven) folgt. Das Zooplankton dient seinerseits dem Nekton als Hauptnahrung. In tropischen Ozeanen fehlt die Umschichtung des Wassers. Trotz günstigen Lichtverhältnissen gibt es daher keine Massenentfaltung von Plankton, das Wasser ist völlig klar und blau. Nur dort, wo kalte nährstoffreiche Meeresströmungen in die Tropen vorstoßen (Westränder der Südkontinente) gibt es reiches Planktonleben. Die Bereiche hoher Planktondichte sind aus der Karte Bild 26 zu entnehmen. Sie sind gleichzeitig die für die menschliche Ernährung so wichtigen Fischfanggründe.

Das Epipelagial ist durch den Regen absinkender toter Organismen (*Detritus*) die einzige primäre Nahrungsquelle für die *Tiefsee*. Diese ist daher ein unvollständiges oder abhängiges Ökosystem. Da in der Tiefsee nur heterotrophe Organismen vorkommen, herrscht in der Regel Nahrungsmangel und man findet Fische mit riesigen Freßapparaten. Infolge des hohen Wasserdrucks und des Fehlens von Druckschwankungen sind die Organismen zart gebaut und wasserreich, ihre Skelettelemente rückgebildet. Da die Temperatur der Tiefsee ziemlich konstant bei 4°C liegt, haben die dort lebenden Tiere infolge niedriger Körpertemperatur nur eine geringe Stoffwechselrate und wachsen langsam. In der Dämmerungszone finden sich Fische und Tintenfische mit riesigen Augen und Leuchtorganen. Die in vielen Farben auftretenden Leuchtmuster dienen wohl zum Erkennen des Geschlechtspartners, vielleicht auch zum Anlocken von Beute. Bei Tieren im Abyssal sind die Lichtsinnesorgane oft ganz zurückgebildet und ihre Hautpigmentierung verschwindet wie bei Höhlentieren.

Einer direkten Beobachtung sind Teile der Litoralzone zugänglich. Im Strandbereich findet sich ein Streifen, der infolge des regelmäßigen Gezeitenwechsels periodisch trockenfällt (Eulitoral); auch herrscht häufig Brandung. Die hier lebenden Organismen müssen daher einen starken Wasserdruck aushalten können. An der Felsküste treten derbe Grün- und Braunalgen (z.B. Fucus) sowie Seepocken, Napfschnecken und dickschalige Muscheln auf. Im Bereich flacher Sandstrände findet man in der Spritzwasserzone Blaualgen, in der Gezeitenzone die Gesellschaften des *Wattenmeeres*. Der Wattboden besteht aus *Schlick*, der etwa 10% organische Substanz enthält, oder aus *Schill* (hoher Gehalt an Schalentrümmern), oder aus Sand und Kies. Das ablaufende Wasser sammelt sich in *Prielen*, die auch bei Niedrigwasser nie ganz trocken fallen. Die meisten Tiere des Watts leben im Boden (viele Würmer, z.B. der Sandwurm Arenicola; Salzkäfer, Schlickkrebs). Die Wattbewohner bieten Nahrung für eine reiche Vogelwelt (Möwen, Austernfischer, Strandläufer). In den Prielen gibt es Miesmuschelbänke, in denen auch Polypen und Seerosen vorkommen. Daneben findet man See- und Schlangensterne, Seeigel, Krabben, Seepokken, Einsiedlerkrebse und Bohrmuscheln. Auf festem, schlickfreiem Boden können sich Austernbänke entwickeln. Diese sind mit Seepocken und Polypen bewachsen. Bei der Untersuchung von Austernbänken prägte MÖBIUS 1877 den Begriff der Lebensgemeinschaft.

Im Küstenbereich mischen sich das Süßwasser der Flüsse und das salzige Meerwasser zum *Brackwasser*. Dieses ist relativ artenarm, weil sich sowohl die meisten Meereswasserorganismen wie auch die meisten Süßwasserorganismen der Veränderung des Salzgehaltes nicht anpassen können, zumal der Salzgehalt je nach Wasserführung der Flüsse stark schwankt.

In warmen Meeren findet man in flachem Wasser die *Korallenriffe*. Trotz der Nährsalzarmut warmer Meere haben sie eine hohe Produktionsrate, da die Korallen, selbst zwar Konsumenten, in ihre Zellen Produzenten als Endosymbionten aufgenommen haben. Diese einzelligen Algen (*Zooxanthellen*) erhalten die notwendigen anorganischen Nährstoffe durch die Tätigkeit der Korallen, denen ihr Assimilationsüberschuß zugute kommt. So erhalten die Korallen bis zu mehr als 75 % ihres Nahrungsbedarfes. Außerdem wird durch den CO_2-Verbrauch der Algen die Kalkabscheidung gefördert (vgl. die Seekreidebildung, Abschn. 6.7.2), so daß die Korallenstöcke bis zu einigen Zentimetern im Jahr wachsen können. An der Kalkabscheidung im Riff beteiligen sich auch *Kalkalgen*. Das so aufgebaute Korallenriff bietet vielen Algen und einigen höheren Pflanzen (z. B. Seegras) Wachstumsmöglichkeiten und zahlreichen Tieren Unterschlupf und Nahrung. Besonders artenreich und spezialisiert sind die Fische des Riffs. Unter den in den Korallenverstecken lebenden Fischen gibt es viele auffällig gefärbte Arten mit einem Farbmuster, das zwischen den Korallen dazu führt, daß die Körpergestalt nicht mehr erkannt wird (»Somatolyse«).

Aufgaben zu Abschnitt 6

1. Was versteht man unter einem Ökosystem?
2. Was versteht man unter Biosphäre?
3. Welches sind die vier Grundkomponenten natürlicher Ökosysteme?
4. Was versteht man unter Brutto- und was unter Nettoprimärproduktion?
5. Weshalb gibt es einen Energie*fluß* durch Nahrungsnetze, aber einen Stoff*kreislauf*?
6. Welche Typen ökologischer Pyramiden gibt es und was stellen diese dar?
7. Welche experimentelle Möglichkeit gibt es, die Wirkung und die Wanderungsgeschwindigkeit eines Elementes im Kreislauf festzustellen?

8. Was versteht man unter dem »Biologischen Gleichgewicht«?
9. Worauf beruht die Erhaltung des biologischen Gleichgewichts im Ökosystem?
10. Was versteht man unter Sukzession? Wie heißt der weitgehend stabile Endzustand?
11. Wie könnte man Humanökologie definieren?
12. Nennen Sie die Lebensräume des Sees. Welche Organismen treten in den einzelnen Lebensräumen bevorzugt auf?
13. Was versteht man unter Eutrophierung der Gewässer?
14. Was ist Detritus?
15. Warum ist die Tiefsee ein abhängiges Ökosystem? Kennen Sie noch andere abhängige Ökosysteme?
16. Nennen Sie einige Ökosysteme aus Ihrer Heimat und geben Sie an, welcher Art die Komponenten darin sind.
17. Was versteht man unter einem offenen, was unter einem geschlossenen System?
18. Der abiotische Aufbau der Erdoberfläche kann gegliedert werden in Hydrosphäre, Lithosphäre (feste Bestandteile, Boden und Gestein) und Atmosphäre (Gasmantel der Erde). Was entnehmen die Organismen diesen drei Bereichen?
19. Geben Sie für die einzelnen Bestandteile einer Mahlzeit die jeweilige Nahrungskette oder das Nahrungsnetz an.
20. Was geschieht mit der Energie, die in die für Organismen unverwertbare Form der Wärmeenergie überführt worden ist?
21. Wieviel Körpersubstanz kann ein Mensch aufbauen, wenn er Heringe, wieviel, wenn er Thunfisch zu sich nimmt, die sich über das Nahrungsnetz von letztlich 1 t Phytoplankton ernährt haben?
22. Warum achtet man darauf, daß durch Raumsonden keine Mikroorganismen auf fremde Himmelskörper gelangen?
23. Wie wirkt sich die Düngung eines Fischteiches mit Mineralsalzen auf den Fischertrag aus?
24. Versuchen Sie, den Kreislauf (Teilkreislauf) des Kohlenstoffs im Ökosystem Teich zu konstruieren.

25. Was ist die Folge, wenn in einem Ökosystem plötzlich die Zahl der Organismen einer Art stark ansteigt? Macht es einen Unterschied, ob die explodierende Population ein Produzent oder ein Konsument ist?

26. Entwerfen Sie Versuche, mit denen man prüfen kann, ob bestimmte Algen fischgiftige Stoffe bilden.

27. Bilder 27 und 28 zeigen das Schema eines Ökosystems im Fließgleichgewicht (steady state). Wie gelangen die organischen Stoffe von den Produzenten zu den Destruenten? Warum spricht man von einem Fließgleichgewicht? Wie wirkt sich die Homöostase bei einer Zunahme der CO_2-Produktion durch verstärkte Dissimilation aus?

28. Warum ist Homöostase mit dem Begriff des Ökosystems untrennbar verknüpft?

29. Wo sind in der Bundesrepublik Deutschland noch einigermaßen natürliche Biozönosen zu finden?

30. Die Rentabilität der Baumarten unserer Wälder ist unterschiedlich. Was spricht dagegen, nur wenige rentable Baumarten anzupflanzen?

31. Die Wasserspende aus dem Wald für die Wasserläufe der Landschaft ist nicht nur gleichmäßiger, sondern auch von besserer Qualität. Können Sie diese Aussage begründen?

32. Definieren Sie: Forst, Wald, Urwald

33. Beantworten Sie mit Hilfe der Bilder 44 und 60 folgende Fragen:

    a) Welche für das Leben der Pflanzen wichtige Umweltbedingungen ändern sich mit der Wassertiefe?

    b) Welche Anpassungen zeigen Wasserpflanzen an die unterschiedlichen Lebensbedingungen?

    c) Welche Zone zeigt die größte Wüchsigkeit und welche Ursachen lassen sich dafür finden?

    d) Was fällt beim Gestaltvergleich der dargestellten Pflanzen auf?

34. Unterrichten Sie sich über die Lebensweise der verschiedenen Tierarten, die im Abschnitt 6.7.2 erwähnt werden.

35. Welche Rolle spielt die Sonne für die Gliederung der Ozeane in verschiedene Lebensräume?

36. Wie unterscheidet sich die Fauna und Flora der Küstenzone von derjenigen der Hochsee? Geben Sie Gründe an.

37. Nennen Sie kennzeichnende Eigentümlichkeiten von Tiefseetieren.

38. Welches sind die physikalischen Ursachen für eine vertikale Durchmischung im Meer? Wo und wann tritt sie auf?

39. Diskutieren Sie das Überfischungsproblem im Nordostatlantik. Welche Richtlinien für eine internationale Fischereipolitik wären vernünftig?

40. Untersuchung der Biozönose und des Ökosystems Laubwald. Ausführung: Grenzen Sie in einem Laubwald eine geeignet gelegene Untersuchungsfläche mit Holzpflöcken ab (Größe 20 × 20 m). Bearbeiten Sie die nachfolgend gestellten Aufgaben. Die Aufgaben b, d, f, g, h, p, s, t sind in Abständen von 2–3 Monaten erneut zu bearbeiten. Dadurch erfassen Sie Veränderungen im Jahreslauf.

a) Beschreiben Sie den Standort (Meereshöhe, geol. Untergrund, Hangneigung).
b) Welche Pflanzenarten finden sich in der Untersuchungsfläche? Gliedern Sie nach der Schichtung: Bäume, Sträucher, Kräuter und Gräser, Moose und Pilze.
c) Prüfen Sie, auch unter Benutzung der Literatur, ob Sie Wechselbeziehungen zwischen den Pflanzen feststellen können.
d) Welche Tierarten kommen in der Untersuchungsfläche vor?
e) Welchen Einfluß hat der Mensch auf das untersuchte Ökosystem?
f) Wie unterscheiden sich Frühjahrs- und Sommeraspekt des Laubwaldes? (Darstellung entsprechend Bild 43).
g) Führen Sie mit einem Luxmeter oder einem hochempfindlichen Belichtungsmesser in regelmäßigen Zeitabständen während eines Tages in der Untersuchungsfläche sowie am Waldrand und auf einer benachbarten Freifläche Lichtmessungen durch.

h) Ermitteln Sie an denselben Stellen jeweils die Temperatur. Die Meßstellen sollen in 1,5 bis 2 m Höhe im Schatten liegen. Führen Sie gleichzeitig und an denselben Meßpunkten mit einem Bodenthermometer Messungen in 5 cm Bodentiefe durch. Sofern Temperaturfühler zur Verfügung stehen, können auch Blatt-Temperaturen von Blättern in der Sonne und im Schatten gemessen werden (Messung jeweils an der Blatt-Unterseite).

i) Bestimmen Sie in regelmäßigen Abständen während eines Tages die relative Luftfeuchtigkeit im Wald und am Waldrand (mit Hygrometer oder Aspirations-Psychometer).

k) Bestimmen Sie ebenso die Transpiration einer Versuchspflanze durch Abtrennen eines Zweigs mit Blättern, sofortiges Wägen und erneutes Wägen nach 5 min. Die Gewichtsabnahme entspricht der Transpiration. Die Transpirationsrate wird auf die Blattfläche bezogen (Messen mit Millimeterpapier).

l) Untersuchen Sie die Bewurzelung einiger Pflanzen (vorsichtig ausgraben) in der Biozönose. Welche Beziehungen bestehen zur Wasserführung des Bodens?

m) Bestimmen Sie den Säurecharakter (pH-Wert) des Bodens mit Hilfe von Mischindikatorpapier. Lufttrockener Boden wird mit dem 2½fachen seines Gewichts an Wasser versetzt und das Filtrat geprüft.

n) Bestimmen Sie den Humusanteil des Bodens. Dazu glüht man abgewogene lufttrockene Bodenproben in Porzellantiegeln aus. Der Gewichtsverlust gibt den ungefähren Humusanteil des Bodens wieder (Ergebnis in % angeben).

o) Prüfen Sie den Kalkgehalt des Bodens. Man gibt dazu einige Tropfen verdünnter Salzsäure auf lufttrockenen Boden. Bei einem Kalkgehalt unter 1 % tritt keine Reaktion ein, unter 5 % eine schwache Reaktion, bei höherem Kalkgehalt eine langanhaltende Gasentwicklung ein.

p) Führen Sie an den Meßstellen der Aufgabe 6 mit einem Windmesser Messungen der Windgeschwindigkeit durch.

q) Welche Pflanzenarten der Biozönose sind Windbestäuber? Erläutern Sie die betreffenden Anpassungsmerkmale.

r) Bei welchen Pflanzenarten der Lebensgemeinschaft ist die Verbreitung der Samen und Früchte vom Wind abhängig?

s) Untersuchen Sie Proben von Boden, Moospolstern und Laubstreu unter dem Mikroskop auf Kleinlebewesen.

t) Versuchen Sie, die Urheber von Schäden an Pflanzen festzustellen (Fraßschäden, Schälstellen, Gallbildung).

7. Gesellschaftsbildung – Symbiose – Parasitismus

Die tabellarische Zusammenfassung der Abschnitte Gesellschaftsbildung bei Tieren, Symbiose und Parasitismus dient als Überblick und als Grundlage für Referate unter Benützung der angegebenen Fachliteratur.

Gesellschaftsbildung bei Tieren

A. Lockere Tiergesellschaften

1. Zufällige Ansammlungen an Orten reicher Nahrung oder günstigen Schutzes z. B. Schmetterlingsraupen, Asseln, Heringe (Nahrung); Nistgemeinschaften von Möwen, Reihern (Schutz); Fortpflanzungsgemeinschaft von Robben, Schlafgemeinschaften von Krähen, Staren, Zaunkönigen (Schutz); Überwinterungsgemeinschaften von Fledermäusen, Feuersalamandern (Schutz).
2. Wandergemeinschaften – Schwarmbildung – Jagdgemeinschaften (Funktionen: Schutz, Nahrungssuche, Klimawechsel, Fortpflanzung, Übervölkerung. Zeigen organisiertes Handeln, Anführer) z. B. Laichwanderungen von Fischen und Tintenfischen, Vogelzug, Züge von Lemmingen, Schwärme von Wanderheuschrecken und Schmetterlingen, Rudel von Wölfen, Löwen.
3. Familien, Verbände und Kolonien (Dauerverband zum Schutz und zur Brutpflege, oft differenziertes Sozialverhalten) z. B. Affen, Wale, Walrosse, Biber, Ratten, Pinguine.
4. Soziale Herden (engere intraspezifische Beziehungen, Rangordnung) z. B. Pferde, Schafe, Rentiere und andere Huftiere, Hühner, Dohlen, Wildherden Afrikas aus Antilopen, Zebras und Straußen (letztere überblicken scharfsichtig ein weites Gesichtsfeld, erstere besitzen gutes Gehör und Waffen zur Abwehr).

B. Stockbildung

Tritt auf, wenn sich die Abkömmlinge eines Individuums bei ungeschlechtlicher Fortpflanzung nicht voneinander trennen, z. B. Tierstöcke (Kolonien) von Glockentierchen (Einzeller), Schwämmen, Polypen, Korallen, Staatsquallen, Moostierchen und Seescheiden.

C. Insektenstaaten

Sicherung der Brutpflege. Staatenbildung verläuft in Stufen von nur einen Sommer existenten Familien bis zu Jahrzehnte bestehenden hoch organisierten Staaten aus zahlreichen Individuen mit Kommunikationssystem und Kastenbildung für spezifische Funktionen.

Lockerer Verband (als Vorstufe der Staatenbildung): z. B. Pelzbienen, bauen in Vielzahl ihre Röhren in Lehmwände, vertreiben gemeinsam Feinde

Einjährige Staaten

Z. B. Hummeln, Wespen, Hornissen, Kastenbildung: Königin ♀,Drohn ♂, Arbeiterin (♀ mit verkümmertem Eierstock)

Dauerstaaten

Honigbienen. Staat bis 70 000 Individuen. Strenge Arbeitsteilung, gut entwickelte Kommunikation, Vorratswirtschaft, Bautätigkeit, Regelung von Temperatur und Feuchtigkeit.

Ameisen. Staat bis zu mehreren Millionen Individuen. Noch höhere Stufe der Arbeitsteilung als bei Bienen, Pilzzüchtung, je nach Funktion verschiedene Typen von Arbeiterinnen.

Termiten. Staat bis zu mehreren Millionen Individuen, höchst organisierte Staatenbildung, Arbeiter ♂ und ♀ mit verkümmerten Keimdrüsen, starke Gestaltverschiedenheit der Arbeiter je nach Funktion.

Symbiose

Unter Symbiose versteht man ein Zusammenleben verschiedenartiger Organismen zu wechselseitigem Nutzen. Vielfach zeigen die Symbiosepartner (Symbionten) besondere Anpassung an das Zusammenleben.

Symbiose von Pflanzen mit Pflanzen.

Flechten als Symbiose von Alge mit Pilz. (Die Alge liefert Assimilate und Sauerstoff, der Pilz Wasser, CO_2 und Nährsalze, die er durch Ausscheiden von organischen Säuren aus dem Untergrund löst).

Mykorrhiza als Symbiose von höheren Pflanzen mit Pilzen.

Ektotrophe Mykorrhiza: Pilzhyphen dringen nur zwischen die Zellen der Wurzelrinde. Z. B. Kiefer und Butterpilz.

Endotrophe Mykorrhiza: Pilzhyphen wachsen in die Zellen der Wurzelrinde und werden dort »verdaut«. Z. B. Fichtenspargel oder Moderorchideen mit Wurzelpilz.

Symbiose von Pflanzen mit Bakterien. Beispiele: Schmetterlingsblütler mit Knöllchenbakterien. Alge Chlorella mit Luftstickstoff bindendem Azotobakter.

Symbiose von Pflanzen mit Tieren. Beispiele: Chlorella als intrazellulärer Symbiont von Süßwasserpolyp, einigen Schwamm- und Urtierchenarten. Insekten mit einseitiger Nahrung (Blut, Holz, Horn) und in deren Darm lebende Hefepilze (Endosymbiose). – Ameisen, Termiten und Ambrosiapilze.

Blütenpflanzen und bestäubende Insekten oder Vögel oder Fledermäuse.

Symbiose von Tieren mit Bakterien. Beispiele: Säugetiere und Darmbakterien. – Insekten und Darmbakterien. – Tiefseetiere und Leuchtbakterien.

Symbiose von Tieren mit Tieren: Beispiele: Wiederkäuer und Wimpertierchen. – Termiten und Geißeltierchen. – Einsiedlerkrebs und Seerose. – Ameise und Blattlaus. – Hai und Putzerfisch. – Nashorn oder Antilope und Madenhacker (Starenart). – Antilopen, Zebras und Strauße in Großherden der afrikanischen Steppe.

Sonderformen von Symbiose: Mensch und Haustier – Mensch und Nutzpflanze.

Parasitismus

Parasitismus ist eine Wechselbeziehung zwischen zwei verschiedenartigen Organismen zum einseitigen Vorteil des Parasiten auf Kosten des Wirts. Der Parasit lebt dauernd oder vorübergehend auf dem Körper oder im Körper seines Wirtes und schädigt ihn durch Nahrungsentnahme, Ausscheidungen oder Gewebezerstörung. Parasiten zeigen oft tiefgreifende Anpassungserscheinungen in Gestalt, Körperbau und Entwicklung (Sinnes- und Bewegungsorgane sind zurückgebildet, sie haben zahlreiche Nachkommen).

Ektoparasiten (Außenparasiten): Leben auf der Körperoberfläche des Wirts. Z. B. Flöhe, Läuse.

Endoparasiten (Innenparasiten): Leben im Körperinnern des Wirts. Z. B. Spulwurm, Bandwurm, Leberegel, Darmamöbe.

Fakultative Parasiten: Nur gelegentlich schmarotzend, sonst freilebend. Z. B. Goldfliegen.

Obligate Parasiten: Dauernd oder mindestens während einer Entwicklungsphase stets schmarotzend. Z. B. Trichine, Dasselfliege, Apfelwickler.

Humanparasiten: Auf Menschen schmarotzend. Z. B. Syphiliserreger, Spulwurm, Elefantiasis-Erreger, Medina-Wurm (Symbol für den Äskulapstab der Ärzte).

Zooparasiten: Auf Tieren schmarotzend. Z. B. Lungenwürmer, Kokzidien (Einzeller).

Phytoparasiten: Auf Pflanzen schmarotzend. Z. B. Schorfpilze, Schildläuse, Rübenälchen (Nematode).

Eine weitere Gliederung zeigt die nachfolgende Tabelle

Dauer des Aufenthalts auf dem Wirt \ Dauer der parasitären Lebensweise	Periodisch nur als Larve oder nur als erwachsenes Tier	Permanent (alle Entwicklungsstadien)
Temporär (nur kurzfristig)	Stechfliege (Erw. paras.) Herbstmilbe (Larve paras.)	Bettwanze Zecke
Stationär (für längere Zeit)	Dasselfliege (Larve paras.) Sandfloh (♀ paras.)	Räudemilbe Laus

Sonderformen des Parasitismus

Hyperparasitismus: Der Parasit schmarotzt auf einem Wirt, der selbst Parasit ist. Z. B. Erzwespen oder Zehrwespen, die ihre Eier in die Eier parasitärender Schlupfwespen legen.

Brutparasitismus: Z. B. Kuckuck; einige als »Ameisengäste« in Ameisennestern lebende Käferarten.

Pflanzengallen: Durch Tiere, Pilze oder Bakterien an Wirtspflanzen hervorgerufene geschwulstartige Bildungen.

Parasitismus nur bei einem Geschlecht: Z. B. sind nur die Weibchen von Stechfliegen Blutsauger, die Männchen leben von Pflanzensäften.

Die Botanik unterscheidet

Halbparasiten (Halbschmarotzer): Entnehmen nur einen Teil ihrer Nahrung dem Wirt. Z. B. Mistel.

Vollparasiten (Vollschmarotzer): Entnehmen alle benötigten Stoffe dem Wirt. Z. B. Sommerwurz, Mehltau.

Ökologie der Zivilisationslandschaft – Umweltschutz

1. Einleitung

1.1 Die Umwandlung der Naturlandschaft in die Zivilisationslandschaft

Der Mensch ist wie jeder andere Organismus Glied der Ökosysteme seiner Umwelt. Jedoch anders als alle übrigen Lebewesen vermag er seine Umwelt planvoll in einer ihm zusagenden Weise zu verändern; er paßt die belebte und unbelebte Umwelt seinen Bedürfnissen an: er züchtet Kulturpflanzen und Haustiere, schafft sich Wohnung und Kleidung zum Schutz gegen Klimaunbill und stillt seine Lebensbedürfnisse durch Nutzung aller Lebensräume der Erde für seine Zwecke. Der Mensch schaltet den Wettbewerb anderer, ihm nachteiliger Organismen aus und macht sich selbst zum Endglied biologischer Ketten: er vernichtet Raubtiere, Insekten, Schimmelpilze und Unkräuter, bekämpft Krankheiten, Infektionserreger und Parasiten. Er reguliert Flüsse, baut Dämme und Staubecken, er schützt sich einerseits vor Überschwemmung und

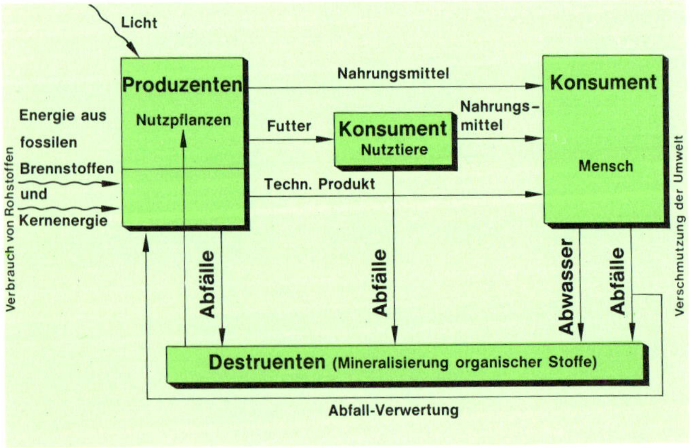

Bild 62: Hauptmerkmale eines auf den Menschen ausgerichteten Ökosystems: Verbrauch von Rohstoffen und Energie, Verschmutzung der Umwelt.

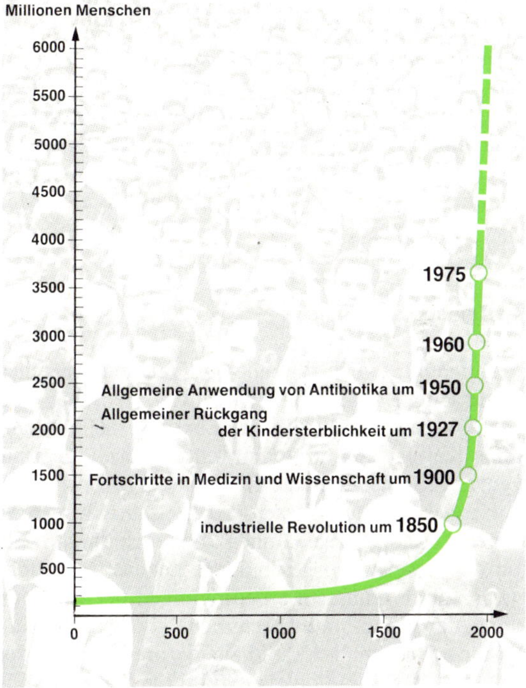

Bild 63: Das Wachstum der Weltbevölkerung seit dem Jahre 1. Die Fortschritte der Wissenschaft nutzten der Landwirtschaft, der Nahrungsmittelerzeugung, der Pflanzen- und Tierzüchtung. Die Technik als angewandte Wissenschaft verbesserte die Lebensverhältnisse. Gegenwärtig wächst die Weltbevölkerung täglich um 200 000 Personen. – Zur Schätzung der Bevölkerungszahl früherer Zeiten zieht man die Siedlungsdichte von Primitivkulturen heran sowie archäologische Funde über Zahl und Ausdehnung von Siedlungen in einer bestimmten Zeitepoche.

andererseits vor Wassermangel. Die mit der kulturellen Entwicklung der Menschheit wachsenden Fähigkeit, sich von belastenden Naturgegebenheiten weitgehend unabhängig zu machen, hat die Population des Menschen vor allen anderen Organismen in den Ökosystemen begünstigt und die Weltbevölkerung in den letzten zweihundert Jahren geradezu explodieren lassen (s. Bild 62 und 63).

In gleichem Maße haben sich die Eingriffe des Menschen in die natürlichen Biozönosen verstärkt, und heute machen sich die nachteiligen Folgen spürbar. Zu den seit jeher bekannten Bedrohungen der Menschheit, dem Krieg, dem Hunger und den Seuchen gesellt sich die Umweltverschmutzung. Von ihren Gefahren und Belastungen ist in den anschließenden Kapiteln die Rede.

Früher lebte der Mensch in einer wilden, ihm gefährlichen Natur. Heute ist er selber der Bedrohende und gefährdet überall das Natürliche seiner Umwelt und damit auch seine eigene Existenz.

Die Probleme der Wechselwirkung zwischen Mensch und Natur sind heute zu Überlebensfragen geworden. Ökologisches Wissen muß daher ein Bestandteil des Grundwissens aller Menschen sein.

1.2 Umwelt und Gesundheit

Es gibt letztlich nur zwei Gruppen von Krankheitsursachen: Erbanlagen und Umwelteinflüsse. Umwelt des Menschen ist all das, was ihn umgibt und auf ihn einwirkt. Nun ist der Mensch an die durch seine Kultur veränderte Umwelt genetisch nicht mehr genügend gut angepaßt. Durch die Tätigkeit des Menschen gelangen Schadstoffe in Nahrung, Wasser und Atemluft: Ihre Aufnahme führt zu Krankheiten. Diese können aber auch durch nicht materielle von der Gesellschaft geschaffene Lebensbedingungen entstehen (z. B. durch ungünstige Bedingungen der Erziehung, der Ausbildung, der Wohn- und Arbeitswelt).

Einige umweltbedingte Krankheitsfaktoren sind eindeutig zu erfassen: Umweltgifte, radioaktive Strahlung oder Erreger von Infektionskrankheiten. Weit schwieriger in der Wirkung zu beurteilen sind gesellschaftsbedingte Krankheitsfaktoren: übermäßiger Streß, Aufregungen in der Familie und im Beruf, Fehlernährung, Süchte, Bewegungsmangel (s. auch Abschnitt 10). Meist wirken mehrere solcher Faktoren gleichzeitig und oft über lange Zeit, auch sind die Menschen unterschiedlich anfällig für sie. Wegen dieser komplexen Verhältnisse ist die Wirkung der sozialen Umwelt auf die Gesundheit schwierig zu erfassen und wird deshalb vermutlich erheblich unterschätzt.

Die engen Beziehungen von Umwelt und Gesundheit lassen erkennen: **Umweltschutz ist Krankheitsschutz** und ist eigentlich weit mehr als nur die Reinhaltung von Boden, Wasser und Luft, er schließt die Vermeidung einer krankmachenden sozialen Umwelt mit ein.

2. Die Gefährdung des Bodens, der Pflanzenwelt und der Tierwelt

2.1 Die Belastung des Bodens

Bodennutzung. Der Boden ist ein wichtiger Bestandteil menschlicher Umwelt, aus dem der Mensch Nahrung zieht und Trinkwasser gewinnt. Boden und Luft bilden seinen Lebensraum. Die Verwendung und Nutzung des Bodens hat sich im Bundesgebiet in den letzten Jahrzehnten entscheidend verändert als Folge der höheren Bevölkerungsdichte, der weiteren Industrialisierung und des stark angestiegenen Kraftverkehrs. Die Einwohnerzahl betrug 1935 in Deutschland 167E/km^2, 1969 in der Bundesrepublik bereits 246E/km^2. Die je Einwohner zur Verfügung stehende landwirtschaftliche Nutzfläche sank in dieser Zeit um 40 %. Der Boden wurde für neue Wohnsiedlungen, Industrieanlagen, Straßen und Flugplätze gebraucht. Zwischen 1970 und 1978 sind 100 000 km Straßen und 23 000 km Hochspannungsleitungen gebaut sowie 360 000 Hektar Boden (= Fläche von 500 000 Fußballplätzen) für Siedlungsbedürfnisse betoniert worden.
Bezüglich der Bodennutzung wird folgende Entwicklung erkennbar:

Bild 64: Boden wird verbraucht durch Wohn-, Industrie- und Verkehrsbauten.

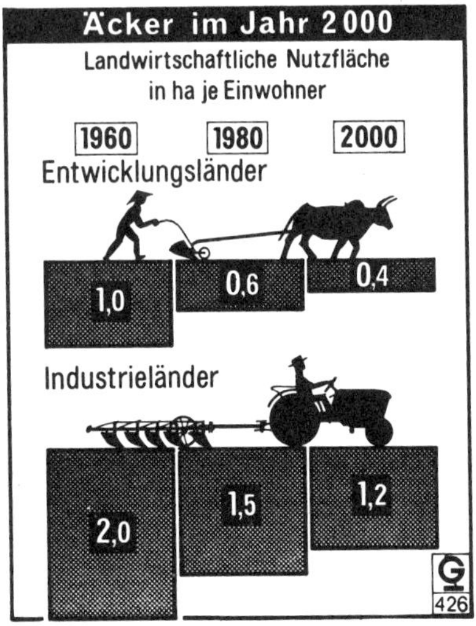

Bild 65: Voraussichtliche Entwicklung der für die Nahrungsmittelerzeugung je Einwohner verfügbaren Bodenfläche.

- Die Siedlungs- und Verkehrsflächen nehmen weiter zu, allerdings nicht mehr im bisher beobachteten Umfang.
- Die landwirtschaftlich genutzten Flächen nehmen ab. Böden mit geringem Ertrag werden landwirtschaftlich nicht mehr bearbeitet (Sozialbrache) und dann oft aufgeforstet.
- Der Flächenbedarf für Freizeitanlagen und Erholungszwecke steigt.

Tabelle 6: Nutzung des Bodens in der Bundesrepublik Deutschland (1977)

Landwirtschaft	54%
Wald	29%
Siedlungen, Straßen	12%
Gewässer, Ödland	5%

Bodenerosion. Mit der Abnahme der landwirtschaftlichen Nutzflächen geht einher die Verschlechterung der Bodenqualität. Die Motorisierung in der Landwirtschaft verlangt großflächige Bearbeitung. Die *Flurbereinigung* hat deshalb oft Anbauterrassen, Böschungen, Hecken und Feldgehölze beseitigen müssen. So wird die Feldflur heute stärker der *Erosion* durch Regen und Wind ausgesetzt. Die Terrassen hatten das Hanggefälle verringert, die

Bild 66: Verkarstung als Folge der Entwaldung im Mittelalter und zu Anfang der Neuzeit (Gebirge in Kreta). Zunächst noch Waldreste in Rinnen und Mulden, wo der Boden noch nicht abgeschwemmt ist, dann entsteht eine Steinwüste durch völlige Bodenabtragung.

Schutzhecken den abgespülten Boden aufgefangen und die Fließgeschwindigkeit des Wassers herabgesetzt. Im Weinbaugebiet Hessens sind 71 % der Rebfläche abtragungsgefährdet. Auch ebene, weiträumig gleichartig bewirtschaftete und vor dem Aufgehen der Saat bloßliegende Ackerflächen sind ungeschützt dem Bodenabtrag durch Wasser und Wind ausgeliefert. Dabei wird gerade die wertvolle oberste Bodenschicht, der humushaltige, mit Bodenorganismen belebte Mutterboden weggeführt. Messungen der Erntemenge ergaben, daß durch Erosion Ernteausfälle von 10–50 % entstehen (JUNG). Die Mindererträge gehen nicht nur auf den Boden- und Nährstoffverlust sondern auch auf die Verschlechterung wichtiger Bodeneigenschaften zurück (Krümelbildung, Wasserspeichervermögen).

Verschmutzung des Bodens. Die heute weithin schon eingetretene Verschmutzung des Bodens beeinträchtigt nicht nur den Pflanzenertrag, sondern beeinflußt auch die Bildung des Grundwassers und seine hygienischen Eigenschaften. Die filternde Wirkung des Bodens (gut bei Sand, geringer bei Kies und schlecht bei spaltenreichem Kalkgestein) zeigt sich an den Keimzahlen im Grundwasser. Sie fallen von mehreren Millionen Keimen je cm^3 an der Bo-

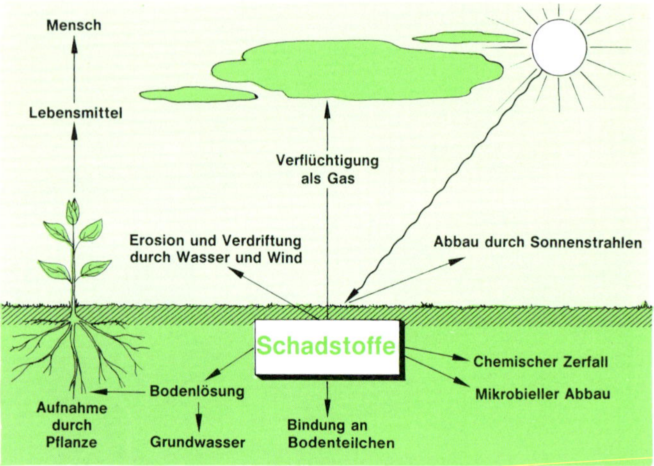

Bild 67: Verhalten und Auswirkungen von Schadstoffen im Boden. Manche Schadstoffe (z. B. Quecksilber und einige Biocide) können sich in die Luft verflüchtigen.

denoberfläche auf einige wenige Keime in 4 m Tiefe. Trotz Filterwirkung und Adsorptionsfähigkeit der Bodenteilchen gelangt ein Teil der Verunreinigung ins Grundwasser und mindert seine Qualität.

Eine große Gefahr für den Boden sind einsickernde Mineralöle. Schon geringe Mengen vergällen das Grundwasser und schädigen den Pflanzenertrag. Weil sie von den Bodenorganismen nicht oder nur sehr langsam abgebaut werden, bleiben sie oft jahrzehntelang im Boden. Im Umkreis von Straßen wird der Boden durch Reifenabrieb, und Motorenabgase verseucht. Abgase enthalten Feinstaub von Bleiverbindungen aus den Antiklopfmitteln des Treibstoffs.

Die Verwendung von Streusalz gegen Schnee- und Eisglätte hat erheblichen Schaden am Pflanzenwuchs und vor allem an Bäumen längs der Autobahnen und Bundesstraßen verursacht. In der Steinkohle findet sich das giftige Cadmium; wo Steinkohle verwendet wird, also auch beim Hausbrand, gelangt Cadmium in die Umgebung.

Gefährdet wird der Boden auch durch die verstärkte Anwendung von Schädlingsbekämpfungsmitteln (*Bioziden = Pestiziden*, von engl. *pest* Schädling). Giftstoffe verringern die Aktivität der im

Boden enthaltenen Mikroorganismen, die organische Abfall- Schmutz- und Schadstoffe zersetzen. Dies mindert die Belastbarkeit des Bodens mit solchen Stoffen.

In einem Gramm Boden können bis zu 10^9 Bakterien, 10^6 Strahlenpilze und 10^5 Pilze tätig sein.

2.2 Monokulturen und das Problem der Schädlingsbekämpfung

Jeder Eingriff in die Natur löst Kettenreaktionen aus, die oft nicht vorhersehbar sind. Entgegen der Absicht, dem Menschen zu nützen, können unerwartete Nachteile dem Eingriff folgen. Diese Erfahrung läßt sich am Beispiel der Schädlingsbekämpfung und ihrer Folgen verdeutlichen.

Die Schädlingsbekämpfung ist eine Maßnahme, die zwangsläufig mit der Nutzung der Natur durch menschengeschaffene Kulturen gekoppelt ist. In natürlichen Lebensgemeinschaften sind dem Überhandnehmen eines Schädlings durch Feinde, Parasiten, Konkurrenten enge Grenzen gesetzt. Ein ausbalanciertes biologisches System regelt Störungen rasch wieder aus. Anders steht es bei Monokulturen in der Landwirtschaft und in der Forstwirtschaft. Die Gleichförmigkeit der Vegetation auf den Äckern und im reinen Fichten- oder Kiefernwald löscht viele in der Naturlandschaft vorhandenen ökologischen Nischen aus und läßt die daran angepaßten Organismenarten verschwinden. Dafür kommt es bei den restlichen Arten leicht zu einer Massenvermehrung, denn die zuvor wenigstens partiell vorhanden gewesene Konkurrenz durch Arten der verschwundenen Nischen fällt weg. So werden einzelne Tierarten, die sich von den Kulturpflanzen ernähren, durch Massenvermehrung zu »Schädlingen« und manche Pflanzenarten, denen die Düngung zusagt, zu »Unkräutern«.

Die hauptsächlich verwendeten Mittel gegen Schädlinge sind *Insektizide* (gegen Insekten), *Fungizide* (gegen Pilze) und *Herbizide* (gegen Unkräuter). Wenn 20–25 Prozent der Welternte ohne Pflanzenschutz verloren gingen, kann man auf chemische Schutzmittel solange nicht verzichten, als noch die Hälfte der Weltbevölkerung hungert. Es müssen sogar ständig neue Mittel entwickelt werden, weil viele Schädlinge gegen die verwendeten Stoffe bereits resistent geworden sind. Die Unkräuter werden außerdem nicht nur deshalb bekämpft, weil sie den Nutzpflanzen Platz, Licht und Nahrung wegnehmen. Unkrautfreiheit der Felder ist vielmehr die Voraussetzung für den Gebrauch moderner Vollerntemaschinen (z. B. der Mähdrescher für Getreide). Rationalisierung und

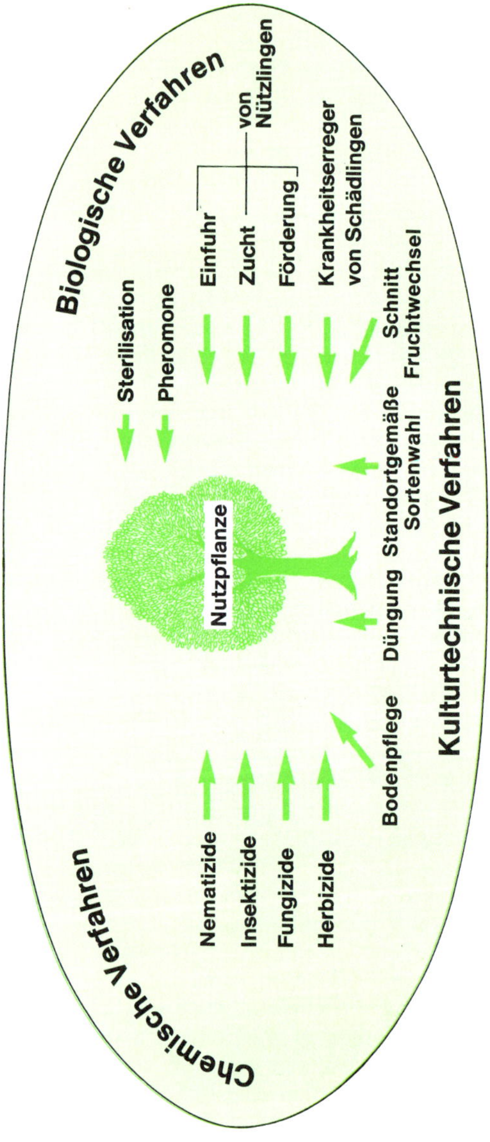

Bild 68: Wichtige Mittel und Methoden des integrierten Pflanzenschutzes. Nematizide: Mittel gegen Nematoden (Fadenwürmer).

Technisierung in der Landwirtschaft erleichtert die Arbeit.

Schädlingsbekämpfungsmittel vernichten nicht nur Schädlinge, sondern auch viele unschädlichen und nützlichen Lebewesen, ebenso wie die Bodenfauna, deren Tätigkeit für Humusbildung und Bodenlockerung bedeutsam ist. Zudem haben manche Biozide eine hohe Lebensdauer (*Persistenz*, z. B. DDT), d. h. sie werden erst nach längerer Zeit mikrobiell abgebaut.

Mögliche Veränderungen der Biocide nach der Anwendung

- Abbau durch Bakterien und Pilze,
- Umsetzung mit Bodenbestandteilen,
- Oxidation, photochemische Zersetzung.

Der integrierte Pflanzenschutz will die Verwendung der chemischen Mittel nach Möglichkeit auf rasch abbaubare, selektiv nur den Schädling treffende Stoffe beschränken, sodaß Nützlinge, wie z. B. Bienen geschont werden.

Unter integriertem Pflanzenschutz versteht man die Kombination von chemischer Bekämpfung, biologischer Bekämpfung und Pflegemaßnahmen (Düngung, Bodenbedeckung, Baumschnitt) zur Verbesserung der Widerstandsfähigkeit sowie Züchtung und Anbau schädlingsresistenter Sorten. Der biologischen Bekämpfung dient der Schutz und die Vermehrung der natürlichen Feinde der Schädlinge, so z. B. durch Anpflanzen von Hecken als Lebensraum für maus- und insektenfressende Säuger und Vögel, durch Aussetzen von Raubinsekten, Schlupfwespen, Raupenfliegen und durch Aussetzen gezüchteter Krankheitserreger (Viren, Bakterien) und Parasiten (Pilze, Protozoen, Nematoden). Als Beispiel sei die San Jose-Schildlaus genannt. Sie kam von Kalifornien zu uns und ist heute ein gefürchteter Schädling in allen gemäßigten Zonen der Erde, da die von ihr befallenen Kernobst- und Steinobstbäume absterben können. Eine winzige, 0,8 mm große Zehrwespe (Schlupfwespe) legt ein Ei unter den Schild der Laus, und die sich daraus entwickelnde Larve frißt sie auf. Auf Melonen vermehrte Schildläuse ermöglichen die Zucht der nützlichen Zehrwespe. Ähnlich wie die San José-Schildlaus sind auch andere Insekten, die aus ihrer ursprünglichen Biozönose in fremde Lebensräume eindrangen, zu einer Plage geworden, weil Ausgleichsvorgänge (Feinde, Wettbewerb) gegen den Fremdling nicht sofort einsetzen konnten. Auch die Schlupfwespe Trichogramma wird gezüchtet. Sie legt ihre Eier u. a. in die Eier des Apfelwicklers; ihre Larven vernichten die heranwachsende Raupe, die als Obstmade bekannt ist.

Ein biologisches *Selbstvernichtungsverfahren* (Autocid-Verfahren) ist der Großeinsatz von herangezüchteten und durch Bestrahlung sterilisierten Männchen der Schadinsekten. Jedes von einem sterilen Männchen begattete Weibchen legt seine Eier unbefruchtet, also nicht entwicklungsfähig, ab. Dadurch nimmt die Anzahl entwicklungsfähiger Eier stark ab und die Population wird drastisch vermindert. So verfährt man z. B. gegen die Schraubenwurmfliege, deren Made im südlichen Nordamerika unter der Haut der Rinder schmarotzt. Die Rinder leiden darunter, der Fleischzuwachs geht zurück, und das Fell läßt sich nicht zu Leder verwenden, weil es von den ausschlüpfenden Insekten durchlöchert wird.

Ein weiteres erfolgversprechendes *Autocid-Verfahren* zur Bekämpfung von Schadinsekten beruht auf folgendem: Besondere Duftdrüsen am Hinterleib der Weibchen erzeugen artspezifische Signalduftstoffe (*Pheromone*). Schon in Nanogramm-Mengen locken diese die Männchen aus kilometerweiten Entfernungen an. Man kann nun reusenartige Insektenfallen mit den Duftstoffen bestimmter Schädlinge ködern und so die Männchen aus weitem Umkreis anziehen. Die Schädlingspopulation geht daraufhin stark zurück.

Gegen Maikäfer-Engerlinge und Larven des Kartoffelkäfers hat man die Sporen gezüchteter insektenparasitischer Pilze ausgesprüht. Die infizierten Larven wurden vom Pilz durchwuchert und gingen zugrunde. Bacillus thuringiensis wird eingesetzt z. B. gegen Kohlweißlinge, Gespinstmotten und Eichenwickler; der Bacillus ist für Bienen ungefährlich.

Zur Bekämpfung der Kaninchenplage in Australien verwendete man das Myxomatose-Virus, das bei Kaninchen eine tödlich verlaufende Krankheit erzeugt und durch stechende Insekten übertragen wird. Das europäische Kaninchen war 1788 mit den ersten Siedlern nach Australien gekommen, hatte sich dort mangels natürlicher Feinde massenhaft ausgebreitet und wurde durch Auffressen der Feldkulturen ein verheerender Schädling. Man züchtete deshalb auf Hühnerembryonen das Myxomato-

Tabelle 7: Beispiele für die biologische Schädlingsbekämpfung von nach Europa eingeschleppten Schadinsekten durch Einbürgerung gebietsfremder Nützlinge

Schädling	Einbürgerungsland und Herkunft des Schädlings	Nützling
Australische Wollschildlaus und Schmierläuse	Mittelmeergebiet, südl. UdSSR (Australien)	Marienkäfer
Maulbeerschildlaus	Mittelmeergebiet, südl. UdSSR (Ostasien)	Erzwespe
San-José-Schildlaus	Mittel- und Osteuropa (Ostasien)	Erzwespe
Blutlaus	Mittel-, Süd- und Südosteuropa (Nordamerika)	Erzwespe
Weisser Bärenspinner	Balkan (Nordamerika)	Schlupfwespen, Raupenfliegen
Kartoffelkäfer	Mitteleuropa (Amerika)	Raubwanze, Raupenfliege

se-Virus und ließ es durch künstlich infizierte Kaninchen auf die Wildpopulation übertragen. Die Bekämpfung 1950 bis 1952 war mit 90% Sterblichkeit ein durchschlagender Erfolg. Durch überlebende, gegen das Virus immune Kaninchen erholten sich die Kaninchenbestände zwar wieder, aber nach Erreichen einer gewissen Populationsdichte breitete sich die Seuche erneut aus. Man beobachtete nämlich in den Folgegenerationen der immunen Kaninchen eine abnehmende Virusimmunität, andrerseits aber bei den Viren auch eine abnehmende *Virulenz* (krankmachende Aktivität). Als Endzustand in Australien ist ein Wirts-Erreger-Gleichgewicht zwischen Kaninchen und Virus zu erwarten. Die Kaninchenpopulation wird dann kleiner sein als vor der Einführung des als regulierender Begrenzungsfaktor wirkenden Virus.

Eine allgemeine Anwendung des integrierten Pflanzenschutzes verlangt allerdings noch weit bessere Kenntnisse über die Wechselbeziehungen zwischen Schädlingen, ihren Feinden und allen übrigen zur Biozönose gehörenden Organismen. Wie schwierig die Erforschung dieses komplizierten Zusammenspieles ist, erhellt die Tatsache, daß in einer Apfelpflanzung allein schon über tausend Insektenarten zu finden sind. Es bedarf daher noch intensiver ökologischer Forschung um die umweltfreundliche biologische Schädlingsbekämpfung in größerem Umfang durchführen zu können.

Ökonomisch nützliche Wirkungen durch Schädlingsbekämpfung, Düngung und Maschinisierung in der Landwirtschaft:
1. Steigerung der Ernteerträge auf der verfügbaren Bodenfläche
2. Minderung von Verlusten bei der Nahrungsmittellagerung
3. Geringere Arbeitsbelastung in der Landwirtschaft
4. Billigere Erzeugung von Nahrungsmitteln

Die ökologischen Vorteile sind oft nur kurzfristig wegen der langfristig ökologisch nachteiligen Folgen.

Ökologisch nachteilige Folgen der massierten Anwendung chemischer Produkte in der hoch technisierten Landwirtschaft:
1. Die versprühten, vernebelten und verstäubten Schädlingsbekämpfungs- und Unkrautmittel verschmutzen Luft, Boden und Wasser
2. Die chemischen Mittel vernichten oft auch unschädliche oder sogar nützliche Organismen (z. B. Bienen, humusbildende Bodenorganismen)

3. Rückstände der im Pflanzenbau und bei der Tierhaltung angewandten Stoffe können mit den Nahrungsmitteln in den menschlichen Körper gelangen und gesundheitsschädlich wirken

2.3 Die Bedrohung der Pflanzen- und Tierwelt

Artenverlust. In vorgeschichtlicher Zeit, so schätzt man, ging alle paar Tausend Jahre eine Art unter. In den letzten 300 Jahren verschwand dagegen alle 10 Jahre eine Art, gegenwärtig wird sogar jedes Jahr eine Pflanzen- und Tierart für immer ausgelöscht. Dies steht im Zusammenhang mit der zunehmenden Industrialisierung. Der wirtschaftende Mensch zerstört die natürlichen Lebensräume (*Biotope*) vieler Pflanzen- und Tierarten; ihre Populationen werden dann so klein, daß die Arten aussterben. Je mehr Wälder abgeholzt, Steppen kultiviert, Sümpfe trockengelegt und Biozide angewandt werden, desto schneller greift der Artentod um sich. Viele Pflanzen- und Tierarten werden sogar verschwinden, bevor wir überhaupt wissen, daß sie existieren. Dies gilt vor allem für die tropischen Wälder Asiens, Afrikas und Südamerikas, wo in feuchtwarmem Klima eine weit größere Artenvielfalt gedeiht als in gemäßigten und kalten Zonen. Seit 1970 sind 40% des gesamten Regenwaldes der Kultivierung zum Opfer gefallen. Dies ist die Folge des Zwanges, für eine rasch zunehmende Weltbevölkerung neue Nahrungsquellen und Siedlungsgebiete zu erschließen.
Folgen der Ausrottung einer Art. Die Auslöschung nur einer einzigen Pflanzenart kann bereits 10 bis 30 weitere Arten gefährden (von Insekten bis zu Vögeln und Säugern), weil die über eine Nahrungskette mit ihr zusammenhängen.
Eine ausgerottete Art kann nicht wieder entstehen. Das ist nicht allein deshalb zu bedauern, weil dadurch Formen verschwinden, die um ihrer Eigenart und Schönheit willen der Nachwelt erhalten bleiben sollten. Weit folgenschwerer ist der Verlust durch die Verarmung des Vorrats an Erbanlagen. Nur 1800 Pflanzenarten werden heute landwirtschaftlich oder gärtnerisch kultiviert. Niemand weiß, ob ihre jetzt aussterbenden wilden Verwandten nicht Erbanlagen enthalten, mit denen wir durch Einkreuzung die Qualität unserer Nutzpflanzen wesentlich verbessern könnten. 20000 Pflanzenarten auf der Erde sind vom Aussterben bedroht, ohne daß sie bisher daraufhin untersucht wurden, ob sie nicht Arzneistoffe oder technisch verwertbare Stoffe enthalten. Außerdem wissen wir von

keiner Art, die in Gefahr gerät, welche Auswirkungen ihr Verschwinden auf andere Organismen und auf das ganze Ökosystem haben wird.

Rote Listen. In den letzten Jahren begann man in vielen Ländern mit der Anlage von Verzeichnissen für gefährdete Pflanzen- und Tierarten. Diese »Roten Listen« geben einen Überblick über den Grad der Gefährdung der Arten und sind die Grundlage für die Durchführung von Artenschutzprogrammen.

Einschleppung fremder Arten. Der Mensch hat unbeabsichtigt durch Einschleppung von Samen über 300 fremde Pflanzenarten nach Mitteleuropa gebracht, die sich hier einbürgerten. Das Ausrotten, Aussterben, auch das Einbürgern wird in vielen Gebieten der Erde zu umwälzenden Veränderungen in den bisherigen Lebensgemeinschaften führen.

Wie viele **Tiere** durch unmittelbare oder mittelbare Einwirkung des Menschen ausgerottet worden sind, ist schwer zu schätzen. In den vergangenen 2000 Jahren sind zahlreiche Säugetier- und Vogelarten ausgestorben. Weitaus mehr Arten sind in ihrer Existenz bedroht. Dies gilt in der Bundesrepublik für rund 50 % aller Säugetierarten, 35 % der Vogelarten, etwa 60 % der Lurch- und Kriechtierarten, 32 % der Fischarten, 30 % der Großschmetterlinge (Ursache: Vergiftung oder Beseitigung ihrer ökologischen Nische).

Tabelle 8. Gefährdung der Pflanzen in der Bundesrepublik Deutschland (nach SUKOPP und MÜLLER 1976)

	Artenzahl	ausgestorben %	gefährdet %
Blütenpflanzen	2300	2,4	36
Farnpflanzen	80	2,5	39,5
Moose	1200	1	9
Flechten (s. auch 5.1)	2000	0,6	50

Ähnlich wie in der Pflanzenwelt beobachtet man auch in der Tierwelt als Folge gestörter Ökosysteme neben dem völligen Verlust vieler Arten eine auffallende Massenzunahme anderer, die dadurch zu Schädlingen werden (Feldmäuse, Stare, Amseln, Sperlinge, Möwen, Tauben).

Aufgaben zu Abschnitt 1 und 2

1. Nennen Sie Ursachen für den Rückgang der landwirtschaftlichen Nutzfläche in der Bundesrepublik Deutschland.
2. Was versteht man unter Bodenerosion, wodurch wird sie verursacht und welche Folgen hat sie?
3. Was ist Sozialbrache?
4. Wodurch wird der Boden verschmutzt?
5. Nennen Sie Verfahren zur biologischen Bekämpfung von Schädlingen.
6. Störungen der Ökosysteme können zur Ausrottung oder Massenvermehrung von Organismen führen. Erklären Sie.
7. »Gesundheit ist der Zustand vollkommenen körperlichen, geistigen und sozialen Wohlbefindens und nicht nur das Fehlen von Krankheit«. Hygiene versteht sich als Wissenschaft von der Erhaltung der Gesundheit. Womit also hat sie sich zu beschäftigen?
8. Welche Gesichtspunkte sind bei der Aufforstung von brachliegenden Grenzertragsböden zu beachten?
9. Nennen Sie eine Reihe von Einflüssen, die zur Ausrottung von Pflanzenarten führen können.
10. Durch welche Maßnahmen könnte man versuchen, Verkehrsunfälle durch Wild zu verhindern?
11. Man beobachtet nicht selten, daß nach chemischer Bekämpfung eines Schadinsektes neue Kalamitäten (Schäden großen Ausmaßes) auftreten.
    Wie erklärt sich das?
12. Welche Gefahren kann die Einbürgerung neuer Arten zur Bekämpfung von Schädlingen mit sich bringen und wie begegnet man ihnen?

3. Die Gefährdung des Wassers

Wasser ist nicht nur ein unentbehrlicher Grundstoff aller Lebewesen, sondern auch ein unerläßliches Produktions- und Transportmittel. So werden unsere Gewässer genutzt für

- Trinkwasserversorgung
- Brauchwasserversorgung der Industrie und Landwirtschaft
- Wasserkraft (Gewinnung von elektrischem Strom)
- Schiffahrt
- Fischerei
- Erholung (Wassersport)

3.1. Die Verschmutzung von Grund- und Oberflächenwasser

Der Bedarf an Trinkwasser sowie an Betriebswasser für die Industrie und für die künstliche Bewässerung in der Landwirtschaft steigt (wie in der ganzen Welt, so auch in der Bundesrepublik Deutschland) ständig an. Oft ist die verfügbare Menge Wasser nicht nur für die Landwirtschaft, sondern auch für Bergbau und Industrie der begrenzende Faktor geworden.

Wir rechnen in der Bundesrepublik Deutschland mit einem Gesamtwasserbedarf von über 46 Milliarden m^3 jährlich. Davon benötigt die Industrie (1975) etwa 12, die Elektrizitätswerke 30, die Haushalte 3, Landwirtschaft und Gewerbe 1 Mrd. m^3. Für die Trinkwasserversorgung reicht das **Grund**- und **Quellwasser** nicht aus. Vielmehr muß in zunehmendem Maße auch Oberflächenwasser (Flüsse, Seen, Trinkwassertalsperren) für die Wasserversorgung herangezogen werden. In der Bundesrepublik Deutschland

Tabelle 9: Wasserbedarf (1972)

Täglicher Wasserbedarf je Einwohner	
USA	800 Liter
Bundesrepublik Deutschland	300 Liter
Entwicklungsländer	15 Liter
Wasserbedarf der Industrie zur Erzeugung von	
1 Tonne Stahl	18 000 Liter
1 Auto	100 000 Liter
1 Tonne Rübenzucker	120 000 Liter
1 Tonne Papier bis zu	500 000 Liter
1 Tonne Zellwolle	650 000 Liter

werden bereits 30% des *Oberflächenwassers* genutzt, und in Ballungsräumen gäbe es eine fühlbare Wasserverknappung, wenn der Bedarf nicht durch eine *Fernwasserversorgung* aus andern Gebieten befriedigt würde.

Trinkwasser darf nach den Forderungen der Hygiene keine Krankheitserreger und keine gesundheitsschädlichen Stoffe enthalten. Es soll appetitlich, klar, kühl und ohne fremdartigen Geruch oder Geschmack sein. Wasser solcher Qualität steht uns aus natürlichen Gewässern kaum mehr zur Verfügung, obwohl man den Einzugsraum einer Wassergewinnungsanlage zum *Wasserschutzgebiet* erklärt und damit Nutzungsbeschränkungen unterwirft, um die Grundwasserqualität nicht zu gefährden. Das Wasserschutzgebiet soll frei sein von allen Anlagen, aus denen Verunreinigungen ins Grundwasser einsickern können (bestimmte Gewerbebetriebe, Stallungen, Parkplätze, Zeltplätze, Müllplätze, Öltanklager); es soll eine geschlossene Vegetationsdecke ohne Kiesgruben und Steinbrüche aufweisen, Schädlingsbekämpfungsmittel und Kunstdünger dürfen hier nicht verwendet werden und Öltankwagen nicht durchfahren. Oft reicht das faßbare Grundwasser für den Bedarf an Trink- und Brauchwasser nicht aus, man muß zusätzlich Wasser aus Flüssen und Seen entnehmen. Die Aufbereitung dieses Oberflächenwassers kann durch Uferfiltration oder künstliche Grundwasseranreicherung erfolgen. Bei der *Uferfiltration* zapft man das im Flußbett versickernde Wasser in der Nähe des Flusses an und nützt dabei die Filterwirkung des Flußuntergrundes. Bei der *künstlichen Grundwasseranreicherung* läßt man das dem Fluß entnommene Wasser in einen gut filternden Boden versickern und füllt damit den Grundwasserspeicher. Um die reinigende Wirkung des Bodens zu nutzen, wird das Wasser dann erst in einiger Entfernung vom Versickerungsfeld wieder gehoben. Die Aufbereitung von Meerwasser zu Trink- und Brauchwasser wäre zwar technisch möglich (Destillation, Ausfrieren, Ionenfiltration, Elektrodialyse), verursacht jedoch noch verhältnismäßig hohe Kosten. Das aus dem Grundwasser, den Quellen, Flüssen und Seen bezogene Wasser ist *Rohwasser*, das mehr oder weniger stark vom Boden und von Abwässern verunreinigt ist und zuvor in Wasserwerken zu Trinkwasser aufbereitet werden muß. In diesen Anlagen wird das Wasser durch Sieben und Filtern gereinigt und durch absorbierende Aktivkohle geschickt. Zusätze von Oxidationsmitteln (Ozon, Chlor, Fluor) zersetzen organische Stoffe, vernichten Krankheitskeime und fällen die in den Rohrleitungen störenden Eisen- und Manganverbindungen als Oxidhydrate aus.

Selbstreinigung des Wassers. Nun gelten die Gesetze der Öko-

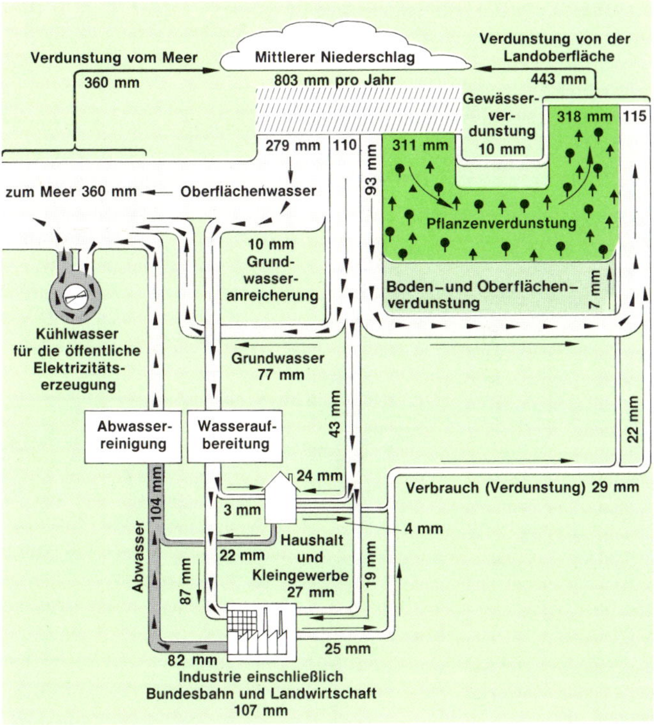

Bild 69: Schema des Wasserkreislaufs

systeme auch für den Lebensraum Wasser. In einem natürlichen Gewässer herrscht ein biologisches Gleichgewicht. Die *Konsumenten* (Wassertiere) können sich nur in dem Maße vermehren, wie die *Produzenten* (Algen und andere Wasserpflanzen) organische Stoffe durch die Photosynthese erzeugen. Diese wiederum sind auf das CO_2 und die Mineralsalze angewiesen, die durch die Tätigkeit der Konsumenten und *Reduzenten* entstehen. Gelangt Abwasser mit organischen Schmutzstoffen in ein natürliches Gewässer, so werden sich Lebewesen, die von diesen Stoffen zehren (Bakterien, Protozoen, Würmer, Kleinkrebse, Insektenlarven) darin stark vermehren. Sie bauen die organischen Schmutzstoffe zu geruchlosen niedermolekularen Stoffen ab. Diese dienen dann Algen als Nährstoffe, die durch ihre Photosynthese Sauerstoff für die Atmung der Wassertiere und Bakterien erzeugen. Das Zusammenwirken aller Organismen im Wasser führt nach einiger Zeit zur

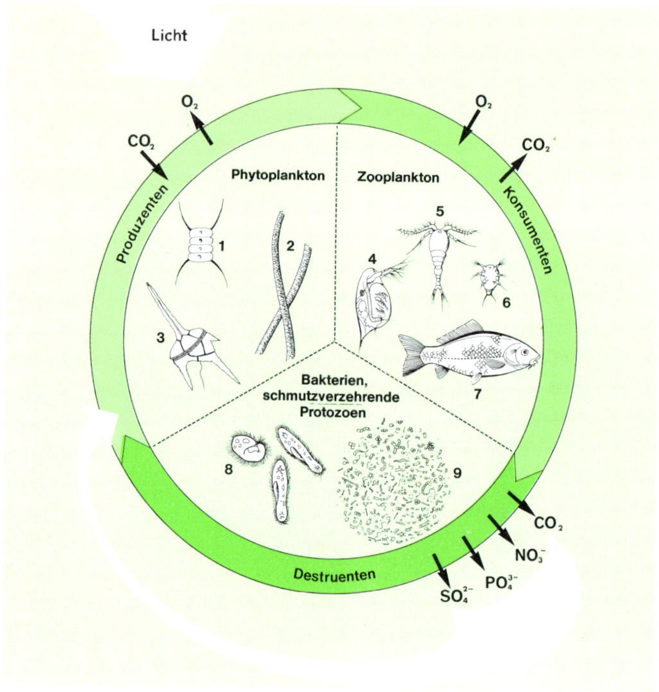

Bild 70: Lebensbeziehungen und Stoffkreislauf im Wasser. 1 Grünalgenkolonie Scenedesmus, 2 fadenförmige Blaualgen, 3 Geißelalge Ceratium, 4 Wasserfloh, 5 Hüpferling, 6 Nauplius (Larve des Hüpferlings), 7 Karpfen, 8 Wimpertierchen, 9 Bakterien und Schmutzteilchen. Die von den Destruenten freigesetzten Ionen stehen den Produzenten zum Aufbau der Biomasse wieder zur Verfügung.

Selbstreinigung des Gewässers. Die Lebensgemeinschaft im Wasser hat also durch Selbstregelung ihr natürliches Gleichgewicht wiederhergestellt.

Verunreinigung des Wassers. Bei Zufuhr einer sehr großen Menge organischer Schmutzstoffe nimmt das Nahrungsangebot für die Reduzenten beträchtlich zu; sie vermehren sich überaus stark. Da die meisten Arten dieser abbauenden Mikroorganismen aber Sauerstoff brauchen, nimmt der Sauerstoffgehalt in übermäßig verschmutzten Gewässern rasch ab. Nur in schnellfließenden Gewässern wird der Sauerstoffgehalt durch die Wasserturbulenz bald wieder ersetzt. In langsamfließenden Gewässern oder Seen kann die Sauerstoffzehrung jedoch so stark werden, daß die meisten Lebewesen an Sauerstoffmangel zugrundegehen. Dann können die Schmutzstoffe nur noch über *Fäuleprozesse* durch *anaerobe* Bakterien abgebaut werden; dabei entstehen Kohlendioxid und Methan sowie die übelriechenden Gase Schwefelwasserstoff und Ammoniak, was ein Massensterben der Wasserorganismen auslösen kann. Industriereiche und dichtbewohnte Gebiete leiten aber ständig stark verschmutztes Abwasser in Bäche, Flüsse und Seen, so daß deren biologische Selbstreinigungskraft bei weitem überfordert wird. Das Wasser bleibt mehr oder weniger verunreinigt und vergiftet. Abwässer aus Gewerbebetrieben können Blei, Arsen, Chrom, Cadmium, Quecksilber und Zyanide enthalten. Die Metalle wirken als Zellgifte oder sind krebserzeugend (*kanzerogen*), ebenso wie die aus den Motorenabgasen ins Wasser gelangenden polyzyklischen aromatischen Kohlenwasserstoffe (z. B. Benzpyren). Aus Gärten und landwirtschaftlich genutzten Flächen kommen Biozide in die Gewässer. All diese toxisch wirkenden Stoffe

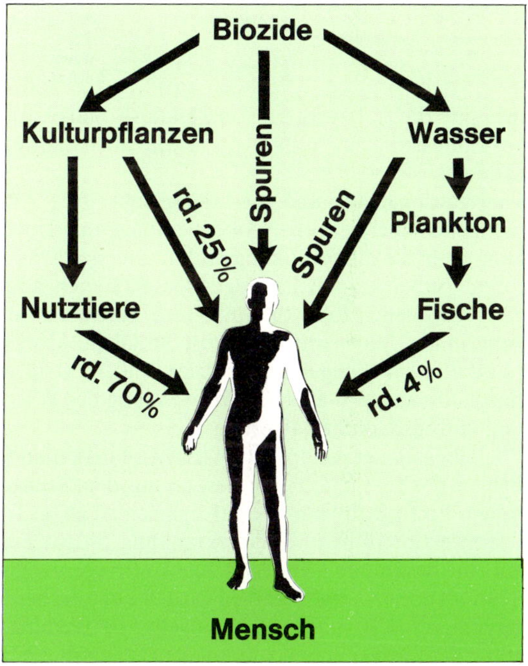

Bild 71: Herkunft der giftigen Schädlingsbekämpfungsmittel im menschlichen Körper über biologische Ketten.

können über die biologischen Ketten auch in den menschlichen Körper gelangen.

Die Beurteilung eines ins Wasser gelangenden Stoffes richtet sich nach folgenden Eigenschaften:

- Giftigkeit (Toxizität)
- Langlebigkeit (Zeitdauer bis zum Abbau in ungiftige Stoffe)
- Anreicherung (im Wasser, Bodenschlamm und in Organismen)

Die in die Gewässer geleiteten Haushaltsabwässer enthalten u.a. *Fäkalien*, *phosphathaltige Waschmittelreste* und *Detergenzien*, die Spül- und Waschmitteln zugesetzt werden. Sie setzen die Oberflächenspannung des Wassers herab und erhöhen die Reinigungswirkung, bilden aber Schaum. Soweit es sich um naturfremde Stoffe handelt, können sie oft nicht abgebaut werden, da den Mikroorganismen die Enzyme dafür fehlen. Solche nicht zersetzbaren Stoffe reichern sich dann in den Gewässern an und müssen deshalb durch biologisch abbaubare Detergenzien ersetzt werden.

Biologischer Eiweißabbau:

Protein → Polypeptide → Aminosäuren → **Ammoniak** → **Nitrit → Nitrat**

Aminosäuren → **Fettsäuren** → **Wasser**, **Kohlendioxid**

Welches sind die Abbaustufen von Zellulose, Stärke und Fett?

Warum kann sich beim Abbau von Eiweiß auch Schwefelwasserstoff bilden?

Gewässerverschmutzung und Infektionsgefahr. Alle Abwässer mit menschlichen oder tierischen Ausscheidungen sind infektiös – auch dann, wenn sie die Reinigungsstufen üblicher Kläranlagen durchlaufen. Außer krankheitserregenden Bakterien und Viren können sich darin auch Eier von Spulwurm, Peitschenwurm und Bandwurm finden. Bäche und Flüsse, in die solche Abwässer gelangen, sind also seuchengefährlich. Dies schließt nicht nur das Baden darin aus, sondern auch die Verwendung des Wassers zur Fischzucht und zur Landbewässerung.

Die Überlebensdauer von Infektionserregern in Freilandgewässern hängt von der Temperatur, der Besonnung, dem Sauerstoffgehalt und dem Einfluß anderer Wasserorganismen ab (s. Tabelle). Nicht jede Infektion führt zu einer Erkrankung. Sie tritt erst dann auf, wenn eine bestimmte Mindestmenge an Erregern – die minimale Infektionsdosis – aufgenommen wird. Sie beträgt bei Typhus und Paratyphus etwa 10^5 und bei Cholera etwa 10^8 Bakterien. Eine Vernichtung der Erreger in den Kläranlagen ist nur durch eine besondere Behandlung des Wassers mit Hitze oder Chemikalien möglich.

Tabelle 10: Überlebensdauer wichtiger Infektionserreger im Abwasser

Erreger	Erkrankung	Überlebensdauer
Bakterien		
Salmonella typhi	Typhus	bei 5°C 7 Wochen bei 18°C 4 Wochen
Salmonella paratyphi	Paratyphus	3–4 Wochen
Shigella disenteria	Bakterielle Ruhr	5 Tage
Mycobakterium tuberculosis	Tuberkulose	3 Monate
Vibrio cholerae	Cholera	11 Tage
Viren		
Poliomyelitis-Virus	Spinale Kinderlähmung	180 Tage
Hepatitis-Virus	Infektiöse Gelbsucht	180 Tage

Eutrophierung der Gewässer. Eine weitere Ursache der Gewässerverunreinigung ist der hohe Verbrauch von *Düngemitteln* zur notwendigen Steigerung der landwirtschaftlichen Erzeugung. Durch Auswaschung des Mineraldüngers aus dem Boden dringen Nitrate und Phosphate in die Gewässer ein und begünstigen das Wachstum von Phytoplankton und anderen Wasserpflanzen. Auch die phosphathaltigen Waschmittel-Reste sowie die menschlichen Fäkalien in den Haushaltsabwässern wirken sich düngend aus. Das ursprünglich nährstoffarme (*oligotrophe*) wird zu einem nährstoffreichen (*eutrophen*) Gewässer. Sterben die in Massen gewachsenen Wasserpflanzen dann ab, so mindern die erhöhten aeroben (sauerstoffbedürftigen) Abbauprozesse den Gehalt des für Wassertiere und Bakterien notwendigen Sauerstoff oder führen gar zu anaeroben Vorgängen mit Vergiftungsfolgen.

Massenvermehrung des Phytoplanktons durch Eutrophierung bringt ein weiteres Problem. Manche Planktonalgen scheiden giftige Stoffe aus (Phytoplanktontoxine). Sie können sich im Wasser zu kritischen Konzentrationen anreichern und verursachen dann beim Menschen Hautentzündungen, beim Genuß solchen Wassers Schleimhautentzündungen im Mund- und Rachenraum sowie im Magen-Darm-Kanal; auch Leberschäden und Atmungsstörungen treten auf. Aus dem Trinkwasser müssen diese in den Industrieländern immer häufiger auftretenden Algengifte beseitigt

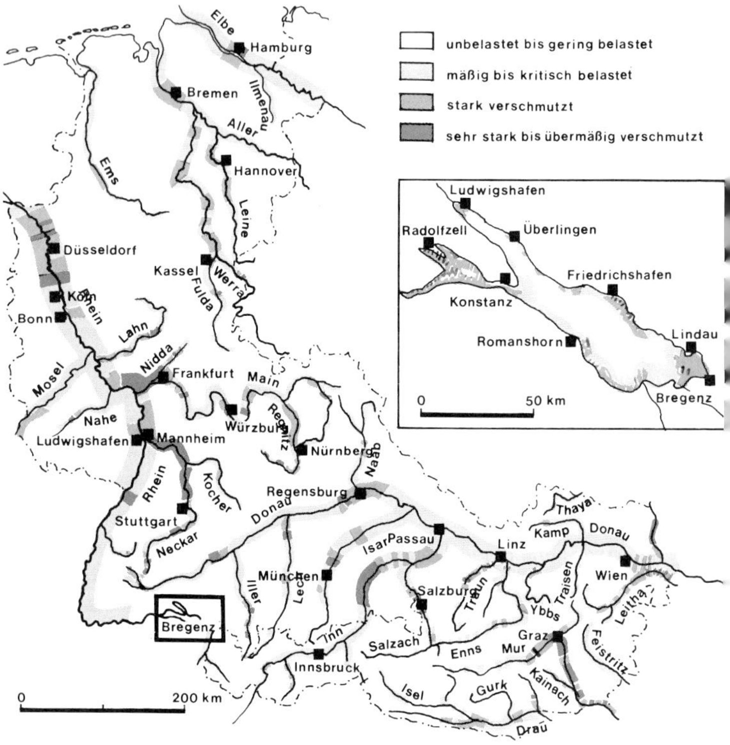

Bild 72: Verschmutzungsgrad der Flüsse und des Bodensees

werden. In Fischen und Muscheln, die vom Algenplankton leben, reichern sie sich an und machen sie für den Verzehr ungenießbar.

Belastung der Gewässer durch Abwärme. Die bei der Stromerzeugung in den Kraftwerken abfallende Wärme wird über das erwärmte Kühlwasser in die Flüsse geleitet. Warmes Wasser nimmt aber weniger Sauerstoff auf; andrerseits erhöht es den Stoffwechsel und den Sauerstoffverbrauch der Organismen und beschleunigt zudem die Vermehrung der Bakterien so stark, daß der noch vorhandene Sauerstoff zu schnell verbraucht wird. Die thermische Belastung senkt also die biologische Selbstreinigungskraft der Gewässer. Auch die Fische leiden unter der Wassererwärmung, ihre Winterruhe wird gestört und die Laichzeit verschoben. Wärmeempfindliche Fischarten (Aal, Hecht, Plötze) sterben ganz aus; denn jede dieser Fischarten ist optimal an ihre spezifische ökologische Nische angepaßt, die durch die Gesamtheit aller natürlicherweise darin herrschenden biotischen und abiotischen Faktoren bestimmt wird. Mit der Änderung der Temperaturverhältnisse verschwinden nun die ursprünglich vorhanden gewesenen Nischen mit den geschilderten Folgen.

Um die Gewässererwärmung in Grenzen zu halten, führen Kühltürme von Kraftwerken und Industriebetrieben die Wärme vorwiegend in die Atmosphäre ab. Zum Teil wird die Wärme auch in Fernwärme-Netze gespeist, um Gebäude damit zu heizen.

3.2 Abwasser und seine Klärung

Biologische Kennzeichnung der Wassergüte. Abwasserbelastete Gewässer bieten je nach Art und Menge der Abfallstoffe spezifische ökologische Bedingungen für die Lebewesen im Wasser. Entsprechend bilden sich auch unterschiedliche Biozönosen, so daß man den Grad der Verschmutzung und der Wassergüte an kennzeichnenden Organismen erkennen kann (*biologische Wasseranalyse*). Man nennt die Bewohner verschmutzter (faulender) Gewässer *Saprobien* (gr. *sapros* faul, *bios* Leben): ein sehr stark verschmutztes Gewässer wird als *polysaprob,* ein mäßig verschmutztes als *mesosaprob* und ein nur wenig verschmutztes oder durch die Selbstreinigung wieder reingewordenes Gewässer als *oligosaprob* (gr. *oligos* wenig) bezeichnet. Wird in ein Fließgewässer Abwasser eingeleitet, so gedeihen in der sehr stark verschmutzten Zone nur Polysaprobier. Sie sind die ersten, die in der Kette der Organismen bei der Selbstreinigung mitwirken. An ihrem Lebensort findet sich wenig O_2, oft dagegen H_2S. Solchen extremen Lebensbedingungen sind nur wenige Organismen angepaßt. Dafür treten sie bei üppigem Nahrungsangebot und fehlendem Wettbewerb in hohen Individuenzahlen auf. Bild 73 zeigt die je nach Verschmutzungsgrad aufgestellten Wassergüteklassen mit ihren kennzeichnenden Leitorganismen.

In oligosaproben Gewässern findet man weniger als 1000 Bakterien je cm^3, in polysaproben dagegen über 1 Million Bakterien je cm^3. Bei starker Verschmutzung ist die *Sauerstoffzehrung* durch die Massen schmutzabbauender Bakterien sehr hoch, deshalb erlaubt auch der Sauerstoffgehalt des Wassers eine Aussage über die Wasserqualität. Man wählt den *biochemischen Sauerstoffbedarf* in 5 Tagen bei 20° C als Maß für den Verschmutzungsgrad eines Wassers und bezeichnet diesen Wert als BSB_5-Wert.

Während physikalisch-chemische Analysen des Wassers (Temperatur, Gehalt an chemischen Stoffen) nur den Zustand der jeweils gemessenen Faktoren zum Untersuchungszeitpunkt zeigen, geben Organismen als *biologische Indikatoren* die in einem längeren Zeitraum vorherrschenden Wasserverhältnisse wieder. Die

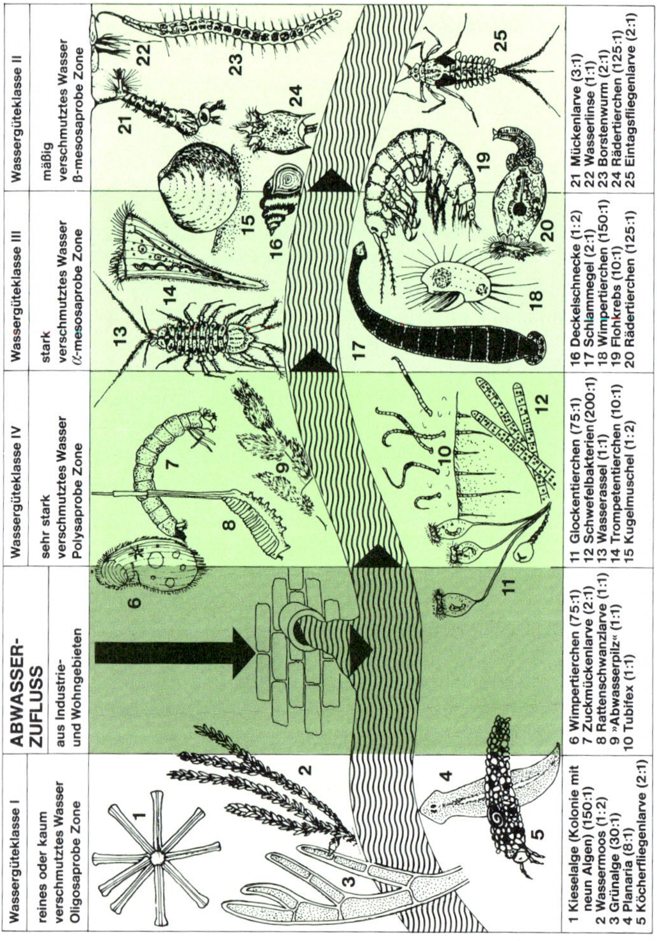

Bild 73: Die Wassergüteklassen und das Saprobiensystem. Oligosaprob (Wassergüteklasse I) sind Bergseen und Bergbäche. β-mesosaprob (II) sind viele große Seen und Teile mäßig verschmutzter Flüsse. α-mesosaprob (III) sind Tümpel und viele Flüsse. Polysaprob (IV) sind die stark verschmutzten Gewässer.

biologische Wasseranalyse erfaßt alle biologisch wirksamen Faktoren in ihrer Gesamtheit und ist weniger aufwendig als die fortlaufende Überwachung des Gewässers mit Hilfe physikalisch-chemischer Analysen.

Von Bedeutung für die Artenzusammensetzung einer Süßwasserbiozönose ist allerdings nicht nur der Grad der Verschmutzung durch das zufließende Abwasser, sondern auch seine chemische Beschaffenheit. In besonderem Maße biozönoseverändernd wirken sich Biozide und toxische (giftige) Chemikalien aus. Je nach Substanz, Konzentration und Dauer der Zufuhr führen sie zum Tode einzelner Glieder oder der gesamten Biozönose. Ist die Zufuhr der Giftstoffe nur vorübergehend, so verliert sich ihre Wirkung durch allmähliche Verdünnung und die ursprüngliche Biozönose wird wieder regeneriert. Ungestört gebliebene Reste der früheren Biozönose sorgen für die Wiederbesiedlung; das zeigt die

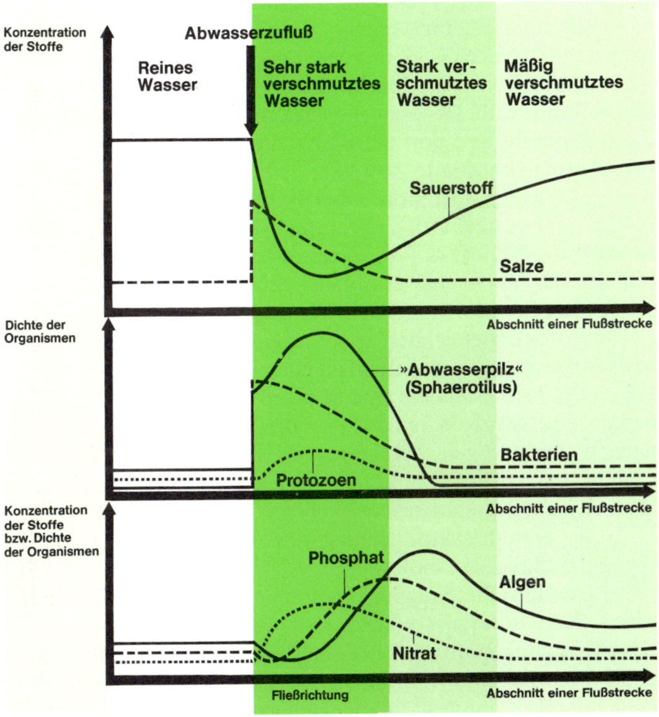

Bild 74: Veränderungen bei der Selbstreinigung des Wassers.

Wichtigkeit von »Regenerationszellen« in belasteten Lebensräumen. Freilich können auch unerwünschte Arten einwandern, wenn eine akute Giftwelle die Biozönose verarmen läßt.

Wirkungen der Eutrophierung

- Positive Wirkung: Steigerung des Fischertrags; die starke Zunahme des Planktons erhöht das Nahrungsangebot für die Fische, sie vermehren sich stärker und wachsen rascher.
- Negative Wirkungen: Massenvermehrung der Algen behindert Wasserkraftwerke, Wassersport, verstopft Filter der Trinkwasseraufbereitung, erzeugt Geruchs- und Geschmacksstoffe. Starke Sauerstoffzehrung durch faulende Algenmassen (Gefahr von Fischsterben).

Klärung des Abwassers. Um der übermäßigen Verschmutzung der Gewässer zu wehren, müssen die Abwässer von Wohnsiedlungen und Industrieanlagen vor dem Einleiten in Bäche, Flüsse und Seen geklärt werden. Die *Kläranlagen* ahmen auf kleinem Raum den natürlichen Reinigungsvorgang nach. Das Abwasser wird zunächst durch einen Grob- und Feinrechen von gröberen Verunreinigungen befreit. Anschließend im Absetzbecken setzen sich Schwebestoffe ab. Der entstehende Schlamm wird in einen Faulraum gepumpt und dort einer Methangärung unterworfen. Das mechanisch vorgeklärte Abwasser fließt in Lüftungsbecken. Hier wird es entweder über große Oberflächen (z. B. Koks, Steine) verrieselt, oder es wird Luft eingeblasen. Dabei entstehen Schlammflocken aus Bakterien, Protozoen und organischen Schmutzstoffen, in denen ein intensiver Abbau (Mineralisierung der Schmutzstoffe) stattfindet. Diese Intensivierung aerober Kleinlebewesen (Reduzenten) bezeichnet man als *Belebungsverfahren.* Die Schlammflocken werden dann im Nachklärbecken abgeschieden. Da dieser *Belebtschlamm* eine Massenkultur abbauender Mikroben darstellt, wird ein Teil davon in die Belüftungsanlage zur Förderung der dortigen Abbauprozesse zurückgeführt (Rücklaufschlamm). Der Überschußschlamm gelangt in den Faulraum. Das Wasser des Nachklärbeckens fließt in den Vorfluter (Bach oder Fluß). Es enthält allerdings noch die ursprünglich vorhandenen sowie die durch den biologischen Abbau entstandenen Mineralsalze. Um eine Überdüngung (Eutrophierung) der natürlichen Gewässer zu verhindern, schaltet man häufig noch eine dritte, chemische Reinigungsstufe nach, in der vor allem Nitrate und Phosphate entfernt werden. Man fällt sie chemisch aus (z. B. Phosphate durch Kalk oder Aluminiumsulfat) oder leitet das Abwasser in Teiche, in denen üppig wachsende Wasserpflanzen (z. B. Binsen, Algen) dem

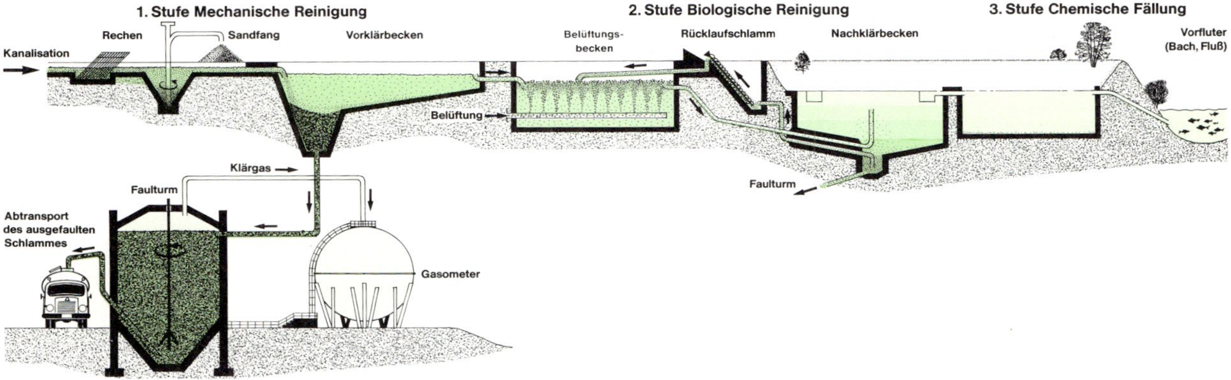

Bild 75: Schema einer mechanisch-biologischen Kläranlage nach dem Belebungsverfahren.

Tabelle 11: Belastung der Gewässer und ihre Folgen

Ursache	Herkunft	Folgen
Giftstoffe (As, Se, Cd, Cr, Pb, Hg u. a.)	Abfälle aus Industrie, Gewerbe, Haushalt, Kohle	Vernichtung der Wasserorganismen, Hemmung der Selbstreinigung, Wasser wird untrinkbar
Radioaktive Stoffe	Abfälle aus Industrie, Gewerbe	Gesundheitsschäden; Stoffe nicht abbaubar
Mineralöl	Rohrbrüche in Ölleitungen, Ölabfälle, Öltankschäden, Tankerunfälle, Teer im Straßenbau	Verschmutzung der Gewässer u. Strände; 1 l Mineralöl macht 1000 m^3 Wasser für viele Jahre ungenießbar; Vernichtung von Wasserorganismen
Versalzung	Abraumsalze des Bergbaus, Streusalze	Beeinträchtigung des Grundwassers, Schädigung der Wasserorganismen und der Pflanzenwelt in der Nähe der großen Fernstraßen
Biocide	Landwirtschaft, Gartenbau	Gesundheitsschäden
Krankheitserreger (z.B. Salmonellen, Tuberkulosebakterien, Viren, Hautpilze, Eier von Eingeweidewürmern)	Fäkalien, Jauche, Mist	Gesundheitsschäden
Organische Schmutzstoffe	Industrie, Haushalt, Gewerbe	Bakterienvermehrung und Sauerstoffverarmung, Minderung der Selbstreinigung, Bildung von Faulschlamm und Gerüchen
Phosphor- u. Stickstoffverbindungen	Waschmittel, Düngung	Eutrophierung
Erwärmung	Einleitung von Kühlwasser	Sauerstoffverarmung, Vernichtung ökologischer Nischen
Schwer zersetzbare Stoffe (Kohlenschlamm, Glasstaub, Papier-Textilfasern)	Abfälle aus Industrie, Gewerbe	Wasser unverwendbar

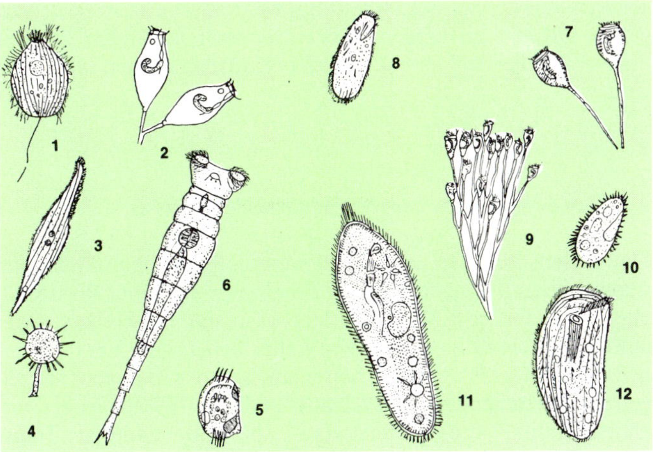

Bild 76: Biozönose einer Belebtschlammflocke. 2, 7, 9 Glockentierchen, 6 Rädertierchen, übrige Wimpertierchen.

Wasser die Mineralsalze entziehen. Enthält das Abwasser Giftstoffe (z. B. Schwermetalle, Phenole) schädigen diese die in der Kläranlage tätigen Mikroorganismen und setzen ihre Reinigungswirkung erheblich herab –die Belebungsanlage »kippt um«. Der Abwasserschlamm wird nach Ausfaulen und Kompostieren zu Dünger verarbeitet. Seine bakterielle Zersetzung beim Kompostieren kann zu einer Selbsterhitzung bis 70° C führen; sie vernichtet Infektionserreger und die Eier parasitischer Würmer. Das Abflußwasser der Kläranlage ist in seiner Beschaffenheit β-mesosaprob, seuchenhygienisch aber noch nicht einwandfrei; darin enthaltene Krankheitserreger lassen sich nur durch Desinfektion (Chlor, Ozon, Hitze) vernichten.

Bis 1974 hatte sich der Gütestand der Gewässer in der Bundesrepublik Deutschland ständig verschlechtert. Ursachen dafür waren:

1. Zunahme der Bevölkerung
2. Steigerung des Lebensstandards und damit verbunden höherer Wasserverbrauch und Abwasseranfall
3. Zunahme der Industrialisierung

Danach wirkten sich gesetzliche Auflagen zum Kläranlagenbau deutlich aus. 1978 waren bereits 70 % der Abwässer an vollbiologische Kläranlagen angeschlossen. Die Gewässerbelastung geht seitdem langsam zurück. Allerdings werden viele Jahrzehnte vergehen, bis die im Schlamm der Gewässer lagernden giftigen Schwermetalle auf unbedenkliche Konzentrationen verdünnt sind.

3.3 Der Bodensee als Beispiel für stehende Gewässer

Der Bodensee ist Trinkwasserlieferant für 3 Millionen Menschen seiner weiteren Umgebung. Der Erholungswert seiner Wasserfläche ist für jährlich 1 Million Urlaubsgäste und die Freizeit Vieler aus der näheren Umgebung von hoher Bedeutung. Veränderungen des Sees haben deshalb beträchtliche Auswirkungen; sie zeigen sich in folgender Weise: Haus- und Industrieabwässer, Verkehrsschmutz von den Uferstraßen, Abfälle der Motorschiffahrt verunreinigen Seewasser und Seegrund. Biozide und Kunstdünger aus Gärten und Feldfluren kommen über die Zuflüsse in den See. Der Phosphatgehalt des Sees hat sich in den letzten Jahrzehnten verzehnfacht, und die eingetretene Eutrophierung hat zu einer wesentlichen Veränderung der artenmäßigen Zusammensetzung des Planktons geführt; die Planktondichte stieg auf das 30- bis 100fache. Mit weiter zunehmender Eutrophierung droht folgende Gefahr: Die Sonnenstrahlen dringen nicht mehr bis zu den unteren Planktonschichten durch; die durch Eutrophierung produzierten großen Pflanzenmassen sterben ab; ihr Abbau verbraucht Sauerstoff, und bei starker Sauerstoffzehrung erstickt fast alles Leben – der See »kippt um«, das Wasser stinkt durch einsetzende, anaerobe Prozesse unter Bildung H_2S und Faulschlamm. Gefährdet sind besonders die flachen Teile des Bodensees. Die dem See zugeführten organischen Stoffe der Abwässer würden bei sofortigem mikrobiellen Abbau etwa 4000 t Sauerstoff im Jahr verbrauchen. Die beim Abbau entstehenden anorganischen Stoffe, vor allem die Phosphate und Nitrate, führen aber zur Vermehrung des Planktons und die von diesem aufgebaute organische Substanz benötigt nach dem Absterben 80 000–100 000 t Sauerstoff. Durch den Umweg über den Stoffkreislauf erhöhen sich also die durch das Abwasser bedingten Sauerstoffverluste um den 20- bis 25fachen Betrag. Die Sekundärbelastung des Sees durch Eutrophierung ist also weit stärker als die Primärbelastung durch die Abwasserstoffe selbst.

Der Blaufelchen, beliebter Speisefisch des Bodensees, hat zunächst von der Vermehrung der Planktonalgen und Planktontiere profitiert. Er wuchs bei der reichlicheren Nahrungsmenge schneller heran. Aber mit der Zunahme organischer Reste in der Tiefe des Sees sinkt dort der Sauerstoffgehalt unter die Konzentration, welche die Felcheneier für ihre Entwicklung brauchen. Schlüpfende Jungfische zeigen nun häufig Mißbildungen als Folge ihrer ungünstigen Umwelt. Die Massenvermehrung der kleinen Dreiecksmuschel, die in Trinkwasser-Pumpstationen und Rohrleitungen Verstopfungen verursachte, geht inzwischen wieder zurück. In jüngster Zeit breitet sich der Katzenwels aus. Dieser Fisch ist ein gefährlicher Laichräuber und bedroht die Felchenfischerei.

Die Bakteriendichte an der Oberfläche des Seebodens ist im Ablagerungsbereich der Zuflüsse und der Kanalisation um so höher, je mehr Schmutzstoffe zugeführt werden; sie ist also ein Kennzeichen für die Belastung des Seebodens durch Zufuhr fäulnisfähiger Sinkstoffe. Auch die Schlammröhrenwürmer (*Tubifex*) vermehren sich überall dort, wo größere Mengen Abwasserstoffe auf den Seeboden sinken. Im Mündungsbereich des Alpenrheins in der Bregenzer Bucht stieg die Zahl der Tiere von 3000 je m^2 im Jahre 1936 auf 480 000 je m^2 im Jahre 1972. Die Kenntnis des Auftretens der Schlammröhrenwürmer liefert ein Bild über die Verunreinigung des Seebodens.

Hauptursachen der Belastung des Bodensees

1. Verkrautung und Veralgung der Uferzone, dadurch Hemmung des Wasseraustausches mit dem freien See und bedenkliche Anreicherung von Schmutzstoffen und Darmbakterien.
2. Massenentwicklung von Blaualgen, die giftige Stoffe absondern.
3. Anaerobe Fäulnisprozesse nach Aufzehren des Sauerstoffs im Tiefwasser – Freisetzung von H_2S und NH_3.
4. Giftige Abwasserbestandteile aus Industrie, Gewerbe und Landwirtschaft (Schwermetalle, Biozide).
5. Ölverluste aus Schiffen und Motorbooten, Reifenabrieb von Autos auf den ufernahen Straßen, Öl aus Autoabgas über die Luft.

Durch den Bau von Sammelkläranlagen mit mechanischer und biologischer Reinigung sowie chemischer Ausfällung der Phosphate hat sich in den letzten Jahren die Qualität des Bodenseewassers erkennbar gebessert. Alle Uferstaaten bemühen sich nunmehr gemeinsam – durch Klärung der Abwässer vor der Einleitung – um die weitere Sanierung des Bodensees. Eben weil die Reinhaltung des Bodensees und auch die vieler Fließgewässer eine Aufgabe aller beteiligten Staaten ist, wird sie zum internationalen, d. h. zum politischen Problem.

3.4 Der Rhein als Beispiel für große Fließgewässer

Der Rhein ist Trinkwasserreservoir für 8 Millionen Menschen. Die Brauchwasserversorgung Nordrhein-Westfalens entnimmt 50% ihres Wasserbedarfs dem Rhein. Auch Frankreich, Luxemburg und die Schweiz sind wie die Bundesrepublik Deutschland und die Niederlande auf Rheinwasser angewiesen und sie sind als Anlieger für seinen Zustand mitverantwortlich. Die internationale Verflechtung der Probleme der Wasserreinhaltung wird am Beispiel des Rheins ebenso deutlich wie beim Bodensee.

Das Wasser der Rheinquellen ist klar und enthält nur einen geringen Gehalt gelöster Stoffe aus dem Gestein. Flußabwärts steigert sich jedoch die Menge an gelösten Stoffen und an mitgeführten schwebenden Teilchen bis zu einer ausgesprochenen Versalzung im Unterlauf des Stromes. Abwässer von Industrie und Bergbau verschmutzen den Rhein in einem Maße, daß die Säuberung

Bild 77: Abwasserkanal

seines Wassers in Klär- und Aufbereitungsanlagen jährlich mehrere Milliarden DM kostet.

Die Abwässer enthalten auch Giftstoffe. So führte der Rhein 1977 aufs Jahr gerechnet 3100 Tonnen Chrom, 1500 Tonnen Kupfer, 12000 Tonnen Zink, 120 Tonnen Cadmium, 70 Tonnen Quecksilber und 3500 Tonnen Arsen. Die elsässischen Kaliwerke entließen täglich 20000 Tonnen Abfallsalze in den Rhein. Salz greift die Anlagen der Wasserwerke und die Wasserleitungen an, es schädigt auch den Obst- und Gemüsebau zu beiden Seiten des Rheins. An Stellen besonders starker Verschmutzung treten geradezu abiotische Zustände mit völligem Erlöschen des Tier- und Pflanzenlebens auf. Was das Ausfallen der natürlichen Selbstreinigung eines Gewässers aber bedeutet, zeigt folgende Berechnung: Wollte man die natürliche Selbstreinigungsleistung einer Niederrheinstrecke von 100 km Länge durch eine Reinigung über technische Kläranlagen ersetzen, wären dafür etwa 7 Milliarden DM erforderlich. Wenn nun heute dieses Selbstreinigungsvermögen des Niederrheins durch Zufuhr von Giften (As, Hg, Industriechemikalien) um nahezu ein Drittel herabgesetzt wird, entspricht dies einem Wert an öffentlichem Kapital von etwa 2 Milliarden DM (Bundesanstalt für Gewässerkunde), die bei der Entnahme von Rheinwasser für seine technische Reinigung aufzuwenden sind.

Die Verunreinigung des Rheinwassers spiegelt sich auch in der Entwicklung der Rheinfischerei. Zu Beginn unseres Jahrhunderts lebten zahlreiche Familien, ja ganze Dörfer am Rhein nur von der Fischerei. Der besonders beliebte Rheinsalm (Rheinlachs) verlor schon bei der Rheinkorrektur einen Teil seiner Ablaichplätze in den Überschwemmungsgebieten. Die Industrieabwässer haben ihn vollends ausgerottet. Wie schnell aber eine Regeneration eintreten kann, zeigten die Jahre nach dem Zweiten Weltkrieg, wo der Rheinsalm sich bis zum Wiederaufbau der zerstörten Industrie wieder überraschend stark vermehrte, aber schon 1952 fast wieder verschwunden war. Auch der Fang der gegenüber Verschmutzung weniger anfälligen Speisefische (Aal, Brassen, Hecht, Karpfen, Zander) ist heute unbedeutend.

Seit 1974 hat sich die Abwasserkonzentration des Rheins gemindert. Ob dies nur auf die hohe Wasserführung zurückzuführen ist oder ob sich der gesetzliche Zwang zur Abwasserklärung durch die Verunreiniger des Wassers bereits auswirkt, bedarf noch der Klärung.

3.5 Die Belastung der Küstengewässer

Das charakteristische Landschaftselement der *Nordseeküste* ist das *Watt.* Es ist Nahrungsquelle für zahlreiche Vogelarten, unentbehrlich auch für die zahlreich durchziehenden nordischen Zugvögel. Das Watt ist zugleich Aufwuchsort für wichtige Speisefische (z. B. Scholle, Seezunge, Hering) und für die Garnele. Eine Verschmutzung der Küstenregion hätte deshalb erhebliche Auswirkungen.

Die Belastung des Watts und der Küstengewässer der Nordsee durch organische Schmutzstoffe ist erträglich. Der Anfall giftiger Chemikalien durch die zunehmende Industrialisierung zwischen Ems und Hamburg ist großräumig noch nicht bekannt. Eine Gefahrenquelle sind Unfälle auf den Ölbohrfeldern der Nordsee.

Die *Ostseeküste* ist im bundesdeutschen Abschnitt seit dem Bau biologischer Kläranlagen nur mäßig belastet. Allerdings ist die Ostsee selbst stark verschmutzt.

3.6 Die Verschmutzung des Meeres

Das Meer wird verschmutzt durch ungeklärte Abwässer der Küstenorte, durch die Abwasserfracht der einmündenden Flüsse und durch Schmutzteilchen, die mit der Luftströmung auf das Meer hinaus gelangen.

Ein schlimmer Meeresverschmutzer ist das Auto. Seine ölbeladenen Abgase gelangen mit Windströmungen und Flüssen in die Ozeane und führen ihnen jährlich acht Millionen Tonnen Mineralöl und 200 000 Tonnen Blei zu.

Eine besondere Gefahr ist der Transport von Erdöl in Tankern und Pipelines, durch Förderung von Erdöl aus dem Meeresgrund, durch Ölabfälle des Schiffsverkehrs und des bei Schiffsunfällen auslaufenden Öls (*Ölpest*). Die einschneidendste Wirkung der Verschmutzung durch Öl, giftige Schwermetalle und Biozide, besteht in der Störung des biologischen Gleichgewichts im Meer. Die Giftstoffe gefährden das Phytoplankton, das als Sauerstofferzeuger und als erste Stufe der Meeres-Nahrungsketten von großer Bedeutung ist. Wale und Robben sterben durch die Ölpest, weil sich die Nasenlöcher verstopfen und die Augen entzünden. Seevögel verenden durch verklebtes Gefieder oder Vergiftung beim Putzen. Der Ölfilm behindert den Gasaustausch des Wassers mit der Luft und die Sauerstoffaufnahme der Tiere, so daß sie ersticken.

Besonders empfindlich sind Keimzellen und Jugendstadien der

Meerestiere. Der Ausfall eines Nährtieres in der Jugendentwicklung eines Fisches kann zum Aussterben der Art führen. Über die Nahrungsketten erreichen die Giftstoffe im Wasser auch den Menschen. Die Aufkonzentrierung (*Akkumulation*) der Giftstoffe in der Nahrungskette haben Messungen an der Meeresküste der USA gezeigt. Bereits das Zooplankton einer Meßstelle wies im Vergleich zum umgebenden Wasser die 10000fache Menge DDT auf, in Fischen fand sich schon eine über 100000fache Menge, und große fischfressende Wasservögel und Wale enthielten sogar eine millionenfache Konzentration an DDT. Die Vorgänge bei der Anreicherung von Schadstoffen in der Nahrungskette und schließlich im Körper des Menschen haben deshalb in vielen Ländern zum Verbot der DDT-Anwendung geführt.

Aufgaben zu Abschnitt 3

1. Welche Anforderungen werden an Trinkwasser gestellt?
2. Was versteht man unter Selbstreinigung der Gewässer?
3. Welche belastenden Stoffe enthält Abwasser?
4. Was versteht man unter biologischem Abbau von Stoffen im Wasser oder im Boden? Kann ein Abbau auch auf andere Weise erfolgen?
5. Was sind Saprobien? Warum kann man sie zur Kennzeichnung der Güteklasse eines Gewässers benutzen? Wie kann die Wasserqualität sonst noch bestimmt werden?
6. Worin liegt die Bedeutung von »Regenerationszellen« für eine gestörte Biozönose?
7. Was versteht man unter »umkippen« einer biologischen Kläranlage oder eines Gewässers?
8. Nennen Sie schädliche Folgen der Ölpest.
9. Fertigen Sie eine Zeichnung entsprechend Bild 63 (Wasserkreislauf in der Bundesrepublik Deutschland) an, in der Wolken, Regen, Ozean, Fluß, Boden und Pflanzen bildlich dargestellt sind, und tragen Sie die Wasseranteile in Prozenten des mittleren Niederschlags in die Zeichnung ein.

10. Wie unterscheidet sich Regenwasser von destilliertem Wasser? Ist Regenwasser hygienisch einwandfrei?

11. Im Grundwasser finden sich nur wenige Organismen (einige Arten Kleinkrebse, Schnecken und Strudelwürmer, keine Einzeller außer Bakterien). Was sind die wesentlichen Eigentümlichkeiten dieses Lebensraumes? Warum ist dieser Lebensraum sehr arten- und individuenarm? Welche Gruppe von Organismen ist im Grundwasser keinesfalls zu erwarten?

12. Man kann die Forderung aufstellen, daß Siedlungen und Industrieanlagen das entnommene Wasser in dem Zustand wieder abgeben, in dem sie es entnommen haben. Könnte dann nicht der Verbraucher sein eigenes geklärtes Abwasser ständig wieder benützen, also für jeden Wasserverbraucher ein geschlossener Kreislauf Wasser – Abwasser – Wasser geschaffen werden? Diskutieren Sie diese Möglichkeit.

13. Den Gewässern werden durch Abwasser verschiedenartige Stoffe zugeführt. Geben Sie in einer Tabelle deren Auswirkungen auf die Lebensgemeinschaften und auf die Maßnahmen bei der Wasseraufbereitung an.

Zugeführte Stoffe	Auswirkungen
↓ ↓	↓ ↓

14. Welche hygienisch bedenklichen Bestandteile müssen bei der Aufbereitung von Rohwasser in Trinkwasser entfernt werden?

15. Welche Faktoren könnten die Wirksamkeit des biologischen Teils einer Kläranlage verbessern?

16. Entwerfen Sie zu Bild 70 ein einfaches Funktionsschema der Kläranlage, indem Sie statt der gezeichneten Teile ihre Bezeichnungen schreiben.

17. Die Kosten für die Aufbereitung verschmutzten Wassers müssen letztlich vom Verbraucher getragen werden. Welche verschiedenen Möglichkeiten zur Kostendeckung bestehen? Welche halten Sie für die gerechteste?

18. Welche positiven und negativen Auswirkungen auf die Selbstreinigung des Wassers kann eine Bachbegradigung haben?

19. Unterrichten Sie sich über die bei uns vorkommenden Süßwassermuscheln und die Art ihrer Nahrungsaufnahme. Die Muscheln filtrieren dabei das Wasser. Wie ließe sich wohl die

Klärwirkung der Muscheltätigkeit im Wasser ungefähr bestimmen?

20. In Pinguinen der Antarktis wurde DDT festgestellt, obwohl es weder dort noch im Meer verwendet wurde. Wie erklärt sich dies?

21. Welche Vor- und Nachteile brächte es, das Plankton des Meeres statt der Fische als Nahrung zu nutzen?

22. Die Geschichte des Walfangs ist ein Musterbeispiel für die Folgen der Mißachtung ökologischer Beziehungen. Großherden von Walen wurden durch Massenfang selten. Durch immer raffiniertere Fangeinrichtungen versuchte man Einzeltiere zu jagen. Jetzt sind die Großwale fast ausgerottet, und den Kleinwalen droht ein gleiches Schicksal. Es bot sich also folgende Alternative an: Freiwillige Begrenzung des Walfangs zur Sicherung eines ausreichenden Walbestandes und damit eine Walfangindustrie ohne Wachstum oder aber ständige Ausweitung des Walfangs bis zur Ausrottung der Wale und Zusammenbruch der Walfangindustrie. Suchen Sie weitere Beispiele mit ähnlichen Alternativen.

23. Woher kommt das Trinkwasser Ihres Heimatortes? Muß es aufbereitet werden? In welcher Weise?

24. Wählen Sie ein heimatliches Gewässer (Teich, See, Bach, Fluß) aus und stellen Sie Überlegungen und Untersuchungen an über Art, Umfang und Herkunft von Verunreinigungen und von Möglichkeiten ihrer Beseitigung (vgl. Biologie-Praktikum von Knodel/Bäßler/Haury)

25. Diskutieren Sie:
Wasser ist seit der Frühzeit der Menschheit die billigste Müllabfuhr.
Strahlend weiße Wäsche zwingt zu aufwendiger Abwasserklärung.
Umweltschutz beginnt zu Hause, denn die Hälfte aller Umweltverschmutzung kommt daher, daß jedermann froh genießt und über die schädlichen Folgen seines Tuns nicht weiter nachdenkt.

4. Das Problem der Umweltchemikalien

Eine große Zahl von Prozessen hinterläßt Stoffe, ob es sich nun zum Beispiel um die Herstellung von Stahl oder Kunststoffen, um das Fahren eines Autos, das Heizen der Wohnung oder das Waschen von Wäsche handelt. Die Stoffe aus diesen Prozessen gelangen in die Umwelt, d. h. in die Luft, ins Wasser, in den Boden und schließlich dann auch in die Lebewesen. Wir bezeichnen solche Stoffe als »Umweltchemikalien«. 1979 befanden sich 60 000 verschiedene chemische Stoffe auf dem Markt und jedes Jahr kommen Hunderte hinzu. Sie finden sich vor allem in folgenden Produktgruppen:

Schädlingsbekämpfungsmittel
Kunststoffe und Kunstfasern
Detergentien
Weichmacher, Lösungsmittel, Treibmittel in Sprühdosen
Arznei-, Geruchs- und Geschmacksstoffe, Düngemittel.

Werden die Umweltchemikalien in Boden und Wasser nicht zersetzt und in einfache, unschädliche Stoffe – z. B. in H_2O, CO_2, Sulfate, Phosphate – umgewandelt, so reichern sie sich an. Pflanzen und Tiere nehmen sie auf, und mit der Nahrung, dem Trinkwasser und der Atemluft gelangen sie unbeabsichtigt und durchaus unerwünscht in den menschlichen Körper; auch hier reichern sie sich an, bis schließlich Gesundheitsschäden auftreten.

In solchen Fällen sucht man nach Ersatz durch mikrobiell abbaubare Stoffe oder nach Katalysatoren, deren Zusatz die Zersetzung von Plastikstoffen beschleunigt oder man züchtet Mikroorganismen, die bisher beständige (persistente) Stoffe abbauen können (z. B. ölabbauende Bakterien und Hefen).

Nach den gesetzlichen Bestimmungen müssen neu in den Verkehr gebrachte Chemikalien zuvor auf krankheitserregende oder umweltbelastende Eigenschaften überprüft werden. Allerdings ist von den bereits auf dem Markt befindlichen Umweltchemikalien nur ein kleiner Bruchteil auf ihre gesundheitliche und Umwelt-Unbedenklichkeit untersucht worden.

Die Giftigkeit von Umweltchemikalien prüft man an Versuchstieren. Weil aber Giftigkeit und Toleranzdosis artspezifisch verschieden sind, liefern diese Ergebnisse höchstens Hinweise. Zur Prüfung krebserregender Eigenschaften eines Stoffes untersucht man seine mutagene Wirkung zuerst bei Bakterien, dann bei Zellkulturen und schließlich bei Säugetieren. Mutagene Stoffe sind oft auch karzinogen (s. Studienband Genetik).

Weltweit gelangen große Mengen Fluor-Chlor-Kohlenwasserstoffe in die Luft, die als Treibgase in Spraydosen Verwendung finden. Sie werden angeschuldigt, die in 20 km Höhe liegende Ozonschicht anzugreifen. Ihre Zerstörung hätte schlimme Folgen für das Leben auf der Erde, denn sie absorbiert den größten Teil des lebensgefährlichen UV-Anteils der Sonnenstrahlung.

Gefährdung durch Fremdstoffe in der Nahrung. Die notwendige ständige Steigerung der Nahrungsmittelerzeugung zwingt zu Mineraldüngung, Schädlingsbekämpfung, industrieller Herstellung, Haltbarmachung und zu weiten Transportwegen. Dies alles sind Ursachen für den Fremdstoffgehalt unserer Nahrungsmittel. Hinzu kommen noch die über Boden- und Luftverschmutzung in die Ernteprodukte eindringenden Schadstoffe. So werden Blei und Quecksilber (dieses verwendet zur Saatgutbeizung von Getreide) aus verseuchtem Boden aufgenommen. Ebenso wandern Schädlingsbekämpfungsmittel über die Nahrungskette in die Nahrungsmittel, wobei die Neigung des Verbrauchers, äußerlich makelloses Obst und Gemüse vorzuziehen, die Anwendung von Bioziden noch verstärkt. In manchen Ländern werden zur Haltbarmachung *Konservierungsstoffe* verwendet, die nicht unbedenklich sind (Hexamethylentetramin, Benzoesäureester, Salizylsäure). Übersteigerte Stickstoffdüngung zur Erhöhung der Ernte kann in manchen Pflanzen (z. B. Spinat) zur Anreicherung von Nitrat führen, das durch bakterielle Reduktion zu Nitrit für Säuglinge gefährlich wird.

Als Masthilfe für Schlachttiere werden oft Antibiotika, Hormone und Beruhigungsmittel verabreicht. Ihre chronische Zufuhr in den menschlichen Körper durch den Fleischgenuß kann unerwünschte Folgen haben, z. B. im Krankheitsfall die Herabsetzung der Wirkung von Antibiotika, gegen die sich bereits resistente Erreger gebildet haben; Kunststoffverpackungen von Lebensmitteln enthalten oft »Weichmacher«, welche die Elastizität des Verpakkungsmaterials erhalten. Solche Weichmacher sind giftig. Bei längerer Lagerung dringen sie allmählich in die Lebensmittel ein, insbesondere, wenn es sich um fetthaltige Erzeugnisse handelt.

Zum Schutze der menschlichen Gesundheit sind in der Regel *Grenzwerte* festgelegt für die höchstzulässige Dosis von Fremdstoffen in Lebensmitteln, deren Überschreiten das deutsche Lebensmittelgesetz streng bestraft. Die Bestimmung der Grenzwerte ist allerdings schwierig; dies zeigt die infolge neuer Erfahrungen immer wieder notwendig werdende Herabsetzung der Werte. Außerdem führt die Bundesrepublik große Mengen Lebensmittel aus dem Ausland ein, das nicht überall die gleichen strengen Bestimmungen kennt und bei uns verbotene Mittel zum *Schönen, Bleichen* und *Konservieren* noch erlaubt. Eine Überprüfung der Importe ist nur in Stichproben möglich. Bei der Beurteilung der Gefährlichkeit von Spurenstoffen ist zu beachten, daß sie sich im Laufe von Jahren anhäufen können oder im Stoffwechsel des Körpers giftige *Metabolite* (Produkte des Stoffwechsels) entstehen lassen. Das in einigen Ländern zum Beispiel als Zusatz zum Pökelsalz zugelassene Nitrit kann im Körper zusammen mit Eiweiß giftige Nitrosamine bilden und dadurch Nukleinsäuren schädigen (karzinogene Wirkung). Schließlich entstehen oft Erkrankungen auch durch gleichzeitiges Zusammenwirken verschiedener Schadstoffe, obwohl jeder von ihnen nur in unterschwelliger Dosis vorliegt (*Synergismus*), zumal da die Empfindlichkeit des menschlichen Organismus individuell stark variiert. Man versteht unter Synergismus (Kombinationswirkung) ein sich gegenseitig steigerndes Zusammenwirken von Faktoren, so daß die Gesamtwirkung größer ist als die Summe der Einzelwirkungen.

Den Fremdstoffzusätzen in den zubereiteten Nahrungsmitteln läßt sich wenigstens z. T. durch *Frischkost* begegnen.

Herkunft gesundheitsschädlicher Fremdstoffe in Nahrungsmitteln
1. Reste von Schädlingsbekämpfungsmitteln
2. Reste von Tierarzneimitteln und Futterzusätzen
3. Konservierungs- und Schönungsmittel
4. Umweltchemikalien aus den Verunreinigungen von Boden, Wasser und Luft
5. Gifte infolge Bakterien- oder Pilzbefall.

5. Die Belastung durch Luftverschmutzung

5.1 Ursachen und Folgen der Luftverschmutzung

Der Mensch macht täglich etwa 26 000 Atemzüge. Daraus kann man ersehen, welche Bedeutung die Luftverschmutzung für ihn hat. Unsre Luft wird von drei Emissionsquellen verunreinigt: dem Verkehr, den Haushalt- und Kleingewerbefeuerungen und der Industrie (z. B. Hüttenwerke, chem. Industrie, Zementwerke, Elektrizitätswerke, Mineralölraffinerien). Als **Emissionen** (lat. emittere aussenden) bezeichnet man im Umweltschutz die von einer Anlage ausgestoßenen luftverunreinigenden Stoffe, Geräusche oder

Strahlen. So kann z. B. der Emittent ein Industriewerk und Rauch der emittierte Stoff sein. In der Luft nachweisbare Verunreinigungen, Strahlen oder Geräusche bezeichnet man als **Immissionen** (lat. immittere hineinsenden). Emissionen führen also zu Immissionen (zur Luftverunreinigung); sie wirken beim Überschreiten gewisser Grenzwerte schädlich auf Mensch, Tier und Pflanze. Die noch tolerierbare *maximale Immissionskonzentration* (MIK) ist für jeden Stoff besonders zu ermitteln. Auch hier gilt die Regel von PARACELSUS, daß allein die Dosis es macht, ob ein Ding Gift ist oder nicht.

Für den Menschen in der Atemluft des Wohnbereichs	**MIK**
Nitrose Gase (als NO_2)	1,0 mg/m³
Chlor	0,3 mg/m³
Schwefelwasserstoff	0,15 mg/m³
Schwefeldioxid	0,4 mg/m³

Die Verschmutzung der Luft durch Staub ist in Großstädten und Industriegebieten besonders zu spüren. Der Staub enthält Flugasche, Ruß, Bleirückstände aus Motoren, Abrieb von Autoreifen und Asphaltbelägen sowie Metallverbindungen aus Betrieben, die Erze und Mineralien verarbeiten.

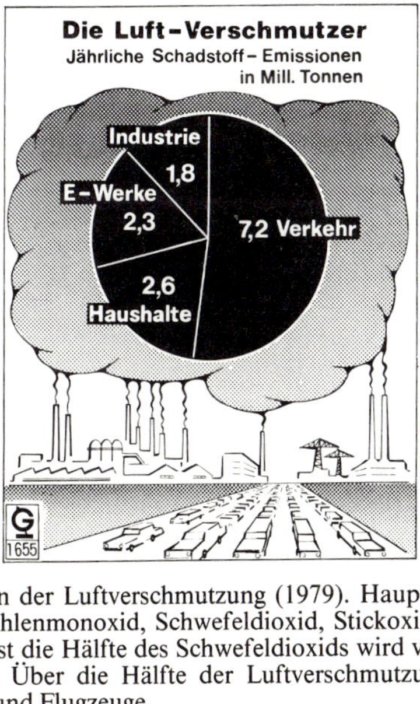

Bild 78: Quellen der Luftverschmutzung (1979). Hauptschadstoffe der Abgase sind Kohlenmonoxid, Schwefeldioxid, Stickoxide und Kohlenwasserstoffe. Fast die Hälfte des Schwefeldioxids wird von Elektrizitätswerken erzeugt. Über die Hälfte der Luftverschmutzung verursachen Kraftfahrzeuge und Flugzeuge.

Typische Werte der Staubkonzentration ($\mu g/m^3$)

Reinluft (siedlungs- und verkehrsarme Gebiete)	30
Ländliche Gebiete	60
Ballungsgebiete	200

Ähnliche Unterschiede zeigen auch die gasförmigen Luftverunreinigungen

Wie wirken sich Luftverunreinigungen nun aus? Sie gefährden die körperliche Gesundheit und die Erbgesundheit, setzen den Ertrag von Land- und Forstwirtschaft herab und greifen Bauwerke an. Bei Einwirkung über lange Zeiträume können auch geringe Konzentrationen von Schadstoffen Organerkrankungen hervor-

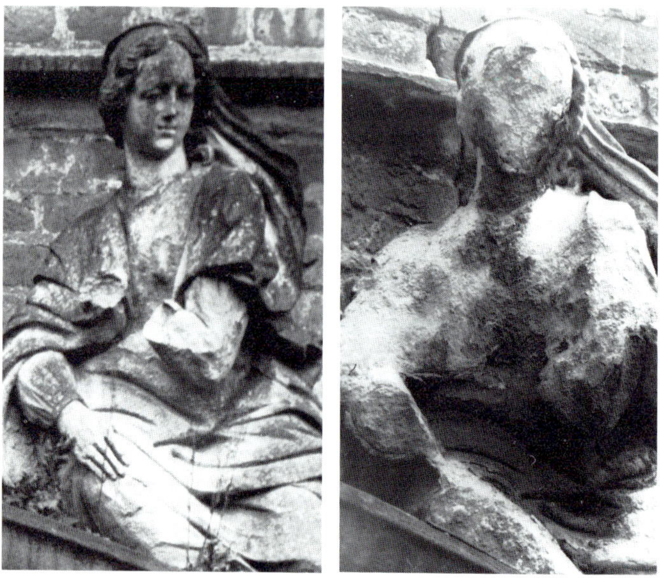

Bild 79 und 80: Verfall von Bau- und Kunstwerken durch Schadstoffe in der Luft. Die Abbildung zeigt die 280 Jahre alte Skulptur am Schloßportal Herten/Recklinghausen; linkes Foto aufgenommen 1908, rechtes 1969. Außer Stein werden auch Putz, Beton und Drahtzäune durch Luftimmissionen angegriffen. Erschütterungen durch Lastverkehr und Düsenknall beschleunigen die Abwitterung. Hauptursache der Verwitterung ist die Schwefelsäure, die aus Schwefeldioxid und Luftfeuchtigkeit unter Oxidation entsteht.
Wie konnte es zu diesem Verfall der Steinskulptur und des Mauerwerks kommen?

rufen; so vermutet man eine Mitwirkung der Luftverschmutzung bei chronischer Bronchitis und bei Lungenkrebs.

Besonders gefährlich ist der über industriereichen Ballungsgebieten drohende **Smog**, eine Mischung aus Rauch (smoke) und Nebel (fog). Smog kann bei bestimmten winterlichen Hochdruckwetterlagen auftreten und hat folgende Ursachen: Normalerweise nimmt die Lufttemperatur von unten nach oben ab. Bodennahe, wärmere und deshalb leichtere Luft steigt auf und führt die in ihr enthaltenen Verunreinigungen unter Verwirbelung und Verdünnung in die Höhe ab. Lagert nun warme Luft über einer wenig mächtigen Bodenkaltluft, so steigt die Lufttemperatur in der Grenzzone, d.h. in wenigen Hundert Metern Höhe, wieder an. Vom Boden aufsteigende Luft trifft in der Zone der Temperaturumkehr (*Inversion*) auf warme Luft, ist schwerer als diese und kann deshalb die Inversionsschicht nicht durchstoßen. Der fehlende Luftaustausch zwischen bodennaher und höherer Luftschicht bei solchen Inversionswetterlagen führt zur Anreicherung der Verunreinigungen. Diese bilden Kondenskerne für die Luftfeuchtigkeit und verstärken die Nebelneigung. Die Untersuchung von Smog-Perioden in amerikanischen Städten ergibt stets folgendes charakteristische Bild: Dauer 2–7 Tage; Anstieg der Krankheitshäufigkeit und der Sterblichkeit; Häufung von Todesfällen bei älteren Menschen mit Erkrankungen der Atemorgane, des Herzens und des Kreislaufs.

Mehrere Bundesländer haben inzwischen Smog-Verordnungen

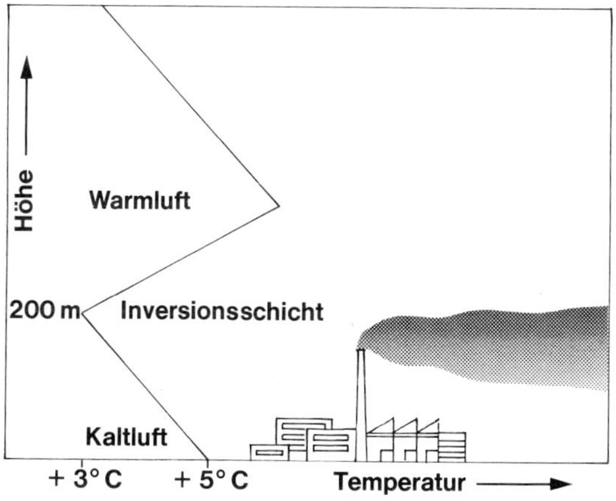

Bild 81: Temperaturschichtung der Luft bei einer Smog-Wetterlage.

erlassen, sie bezwecken eine Minderung der Emissionen beim Verursacher um Smog-Katastrophen vorzubeugen.

Die über Ballungsgebieten häufig sich bildenden *Dunstglocken* absorbieren einen Teil der Sonnenstrahlung und besonders stark deren UV-Anteil. Mangel an UV-Strahlung führt durch Herabsetzung der keimtötenden Wirkung zu erhöhter Infektionsgefährdung und setzt auch die Bildung von Vitamin D in der Haut herab. Stäube mit Teilchen unter 5 µm sind *lungengängig*, gelangen also in die Lungenbläschen. Sie sammeln sich dort an (Staublunge) oder treten ins Blut über, dringen in die Körperzellen ein und schädigen deren Stoffwechselenzyme. Kommen – was oft der Fall ist – mehrere Schadstoffe gleichzeitig in der Luft vor, so sind synergistische Wirkungen möglich.

Schäden am Pflanzenwuchs. Die Belastung der Vegetation durch chronische Luftverschmutzung äußert sich im Zuwachsverlust; er wird in den Wäldern des Bundesgebiets auf 30 Mio DM jährlich geschätzt. Laubhölzer sind in der Regel rauchhärter als Nadelhölzer, deren Nadeln ganzjährig den giftigen Luftbeimengungen ausgesetzt sind und schließlich abfallen. Die Bäume gehen dann ein. Laubbäume hingegen erneuern jedes Jahr ihre Blätter, die zunächst staubfrei und gesund sind. Besonders empfindlich sind Pflanzen gegen SO_2 und Fluorwasserstoff (Abgase von Hüttenwerken, Ziegel-, Glas- und Keramischer Industrie).

Flechten als Zeichen der Luftqualität. Der Flechtenbewuchs auf Baumrinden, Dachziegeln, Steinen und Häuserwänden nimmt von den Randbezirken einer Stadt zum Zentrum hin fortlaufend ab. Zuerst verschwinden die Laubflechten, dann die größeren Krustenflechten und schließlich auch ihre Kümmerformen – in Übereinstimmung mit der Zunahme der Luftverschmutzung. Der Flechtenbewuchs läßt sich deshalb als *Bioindikator* für den Grad der Luftverschmutzung benutzen. Der Kernbereich von Großstädten ist flechtenfrei (»Flechtenwüste«).

Schutzmaßnahmen gegen Luftverunreinigung. Verunreinigtes Wasser läßt sich klären, infiziertes Material desinfizieren, verschmutzte Luft aber kann praktisch nicht mehr gereinigt werden. Daher müssen wir die Luftverschmutzung am Ort des Entstehens bekämpfen, z. B. durch Nachverbrennen und Entgiften der Motorenabgase, durch Kontrolle und Verbesserung der Verbrennungsvorgänge in den Heizungsanlagen, durch Umstellung der Haushalte auf emissionsarme Gas-, Elektro- oder Fernheizung, durch Verwendung emissionsarmer Rohstoffe und Produktionsverfahren, durch Filteranlagen zum Auffangen von Stäuben und Abgasen in der Industrie. Auch mit baulichen Maßnahmen kann man der Luftverschmutzung begegnen, etwa mit hohen Kaminen zur Verdünnung und Ableitung der Emissionen in bewegtere Luftschichten, mit Frischluftschneisen, die bei der Bebauung ausgespart, frische Luft ungehindert ins Stadtinnere führen, mit Wohnsiedlungen außerhalb des Einflußbereichs luftverschmutzender Betriebe. Nicht zuletzt dienen lockere, vom Wind durchblasbare Schutzpflanzungen aus Hecken und Gehölzen zur Filterung der Luft. Von großer Bedeutung ist die schmutzfilternde Wirkung des Waldes. Der Regen wäscht die Schmutzteilchen wieder ab und regeneriert das Filter »Wald«.

Das *Bundesimmissionsschutzgesetz* von 1974 zum Schutze von Menschen, Tieren, Pflanzen und Sachgütern gegen schädliche Einwirkungen durch Luftverschmutzung gibt Emissionsgrenzwerte für nahezu 200 staub- und gasförmige Stoffe. Durch die Herabsetzung des Bleigehalts im Benzin und des Schwefelgehalts im Heizöl und im Dieselöl ist die Luftverschmutzung in den Ballungsgebieten deutlich zurückgegangen (s. nachfolgende Tabelle und Bild 82).

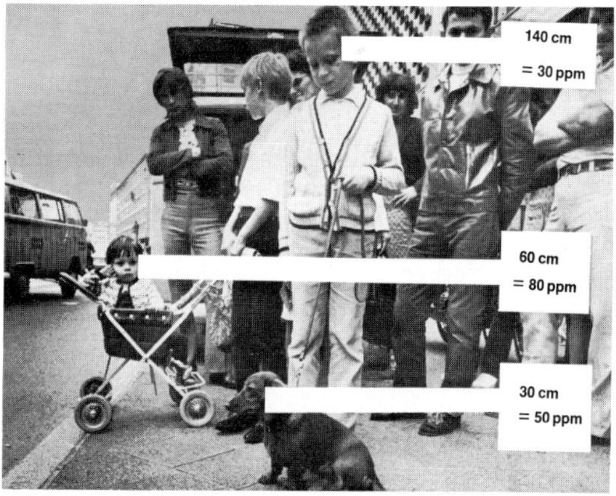

Bild 82: Die Konzentration der Immissionen ist am stärksten in »Kinderhöhe«. ppm = parts pro million = Teilchen pro Million Luftteilchen.

Wird künftig mehr Energie über Kohlekraftwerke gewonnen, steigt der SO_2-Gehalt der Luft allerdings wieder an (s. Energieversorgung und Umweltschutz).

Höhe der Gesamtschäden durch Luftverunreinigungen in den USA (1970) 16 Milliarden $

Davon Krankheitskosten	6 Milliarden $
Schäden an Gebäuden	5,2 Milliarden $
Schäden an sonstigen Sachwerten	4,7 Milliarden $

Tabakrauch als Umweltverschmutzer. Die gesundheitsschädlichen Stoffe des Tabakrauchs (Nikotin, CO, Benzpyren, Teerteilchen) schaden in erster Linie dem Raucher selbst, vor allem, wenn er den Rauch inhaliert. Auch beim Passivrauchen, d.h. beim Atmen in ständig rauchgeschwängerter Luft, gelangen die schädlichen Bestandteile des Tabakrauchs in die Lunge. Das Tabakrauchen ist deshalb ein Umweltproblem für alle. Man nimmt heute an, daß Zigarettenrauch unter allen vom Menschen erzeugten Umweltgiften die größten gesundheitlichen Schäden anrichtet, u.a. chronische Bronchitis, Arterienverkalkung mit Herzinfarkt und Mangeldurchblutung der Beine (Raucherbeine), Risiko von Lungenkrebs und Magen-Darmgeschwüren.

Tabelle 12: Herkunft und Wirkungen wichtiger Schadstoffe der Luft

Schwefeldioxid (SO_2). Entsteht bei der Verbrennung von Kohle und Erdöl. Wird in der Luft zu SO_3 oxidiert und bildet mit Wasserdampf Schwefelsäure, die mit dem Regen niederfällt. Zersetzt Steine und Mauerwerk von Gebäuden, korrodiert Metallteile. Schädigt die Atmungsorgane.
Kohlenmonoxid (CO). Entsteht bei unvollständiger Verbrennung in Kraftfahrzeugen und Heizanlagen. Reichert sich in der Atmosphäre an. Verbindet sich mit Hämoglobin und blockiert den Sauerstoff-Transport, deshalb schon bei geringen Konzentrationen Beeinträchtigung der Organfunktionen.
Stickoxide (NO, NO_2). Entstehen bei allen Verbrennungsvorgängen, stammen also hauptsächlich vom Kraftverkehr und den Heizungen. Wirken oxidierend und können mit Wasserdampf Salpetersäure bilden. Stickoxide schädigen die Atmungsorgane.
Stäube. Entstehen aus Asche oder bei industrieller Verarbeitung von Stoffen. Sie enthalten giftige Metalle (Hg, Cd, Pb), Ruß, Gummiabrieb, Asbest u.a. Schädigen Augen, Atmungsorgane (Staublunge) und Haut (Ausschläge),
Kohlenwasserstoffe (z.B. Benzpyren). Entstehen bei unvollständiger Verbrennung in Kraftfahrzeugen und Heizungen. Können Mutationen und Krebs erzeugen.
Chlor-Fluorkohlenwasserstoffe. Verwendet als Treibmittel in Sprühdosen. Zerstörende Wirkung auf die Ozonschicht der oberen Atmosphäre, welche die schädliche UV-Strahlung von der Erde abhält.
Schwefeldioxid, Stickoxide und Stäube mindern die Produktionsleistung von Pflanzen und Nutztieren und damit die Erträge in Gartenbau, Land- und Forstwirtschaft.

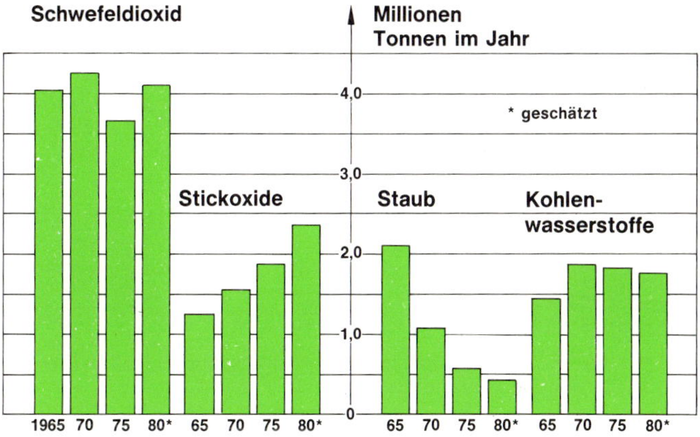

Bild 83: Schadstoffemission in der Bundesrepublik Deutschland. Trotz steigender Zahl der Kraftfahrzeuge hat die Emission von Kohlenwasserstoffen und Schwefeldioxid nicht mehr zugenommen (Folge der gesetzlichen Maßnahmen zur Minderung von Schadstoffen in den Abgasen); sie ist aber immer noch zu hoch.

5.2 Das Kohlendioxid-Problem

Der Mensch ist nach wie vor in hohem Maße vom Klima abhängig. Schon kleinste Klimaänderungen wirken sich auf die landwirtschaftliche Erzeugung, den Energieverbrauch (Heizung, Kühlung) und die Wasserversorgung erheblich aus. Klimaverändernde Eingriffe in den Naturhaushalt verdienen deshalb große Aufmerksamkeit, wie das nachfolgend geschilderte »Kohlendioxid-Problem« erkennen läßt.

Die Verbrennung von Holz, Kohle, Erdöl und Erdgas läßt den Kohlendioxidgehalt der Atmosphäre ständig ansteigen. In 100 Jahren erhöhte sich der CO_2-Gehalt von 0,029 % auf heute 0,033 % und wird im Jahr 2000 auf über 0,04 % geschätzt. Die gegenwärtige jährliche Zufuhr von CO_2 in die Atmosphäre soll zwischen 2 und 3 Mrd Tonnen Kohlenstoff betragen. Ursache des CO_2-Anstiegs ist aber nicht allein die Verbrennung fossiler Brennstoffe, sondern auch der weltweite Verlust von Waldbeständen. Wälder (vor allem die tropischen Wälder) nehmen durch Photosynthese viel CO_2 aus der Atmosphäre. Werden sie gerodet, fallen sie nicht nur als CO_2-Verbraucher aus, der nackte Waldboden liefert sogar zusätzliches CO_2 in die Luft, weil seine Humusschicht nun rasch oxidiert.

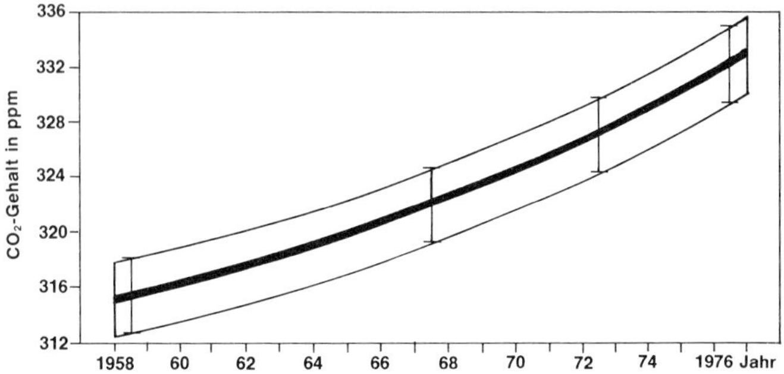

Bild 84: Der Kohlendioxidanstieg in der Atmosphäre seit 1958 (mit der Schwankungsbreite während eines Jahres).

Ursprünglich waren etwa 40 % der Landoberfläche mit dichtem Wald bedeckt, heute sind es nur noch 20 %. Weitere 10 % sind offenes Waldland mit lichtem Baumbestand. Und noch immer gehen in Südamerika, Afrika und Asien jährlich etwa 11 Millionen Hektar Wald verloren. Die wachsende Bevölkerung dort benötigt Akkerland und Brennholz.

Das sich in der Atmosphäre anreichernde CO_2 wirkt, wie wenn sich eine Glasglocke um die Erde legte. Das CO_2 läßt zwar die von der Sonne kommende kürzerwellige Strahlung (Licht) durch, hält jedoch die von der Erde kommende langwellige Strahlung (Wärmestrahlung) zurück und reflektiert sie wieder zur Erde; die Folge ist eine Erwärmung. Man rechnet mit folgenden Auswirkungen:

- Stärkere Erwärmung an den Polen und Abschmelzen eines Teils ihrer Eiskappen;
- Überflutung nieder gelegener Küstengebiete;
- Änderung der globalen Luftströmung, der Wolkenbildung und der Niederschläge,
- Ausdehnung der Trockengebiete polwärts, Ausbreitung der Wüsten, Sinken der landwirtschaftlich nutzbaren Fläche (bei zunehmender Weltbevölkerung!), Schwierigkeiten bei der Trinkwasserversorgung, Plankton- und Fischgehalt sinken.

Aufgaben zu den Abschnitten 4 und 5.

1. Aus welchen Gründen finden sich Fremdstoffe in unseren Nahrungsmitteln?
2. Was versteht man unter Synergismus?
3. Nennen Sie die wichtigsten Emittenten und ihre Schadstoffe, welche die Luft verschmutzen.
4. Nennen Sie Wege zur Luftreinhaltung.
5. Sind bestimmte Organe des menschlichen Körpers durch Luftverunreinigungen besonders gefährdet? Welche?
6. Bestimmen Sie die ungefähre Zahl der Autos, die im Jahresdurchschnitt eine verkehrsreiche Straße befahren, und rechnen Sie die tägliche Bleibelastung der Luft über einem Straßenstück von 1 km Länge aus. Nehmen Sie einen Benzinbedarf von 1/10 Liter an.
7. Bleibenzin erscheint dem Autofahrer nur so lange billiger als Nichtbleibenzin, als er nicht sofort die Kosten für die Schadensfolgen bezahlen muß, die er durch die Verwendung von Bleibenzin verursacht. Was meinen Sie dazu?
8. Der Kraftfahrzeugverkehr veranschaulicht die Vielschichtigkeit der Interessenkollisionen: Die Allgemeinheit hat Vorteile von der Vervielfältigung der wirtschaftlichen und gesellschaftlichen Wechselbeziehungen durch Personen- und Güterbeförderung, leidet aber zugleich unter der Umweltbelastung durch den Verkehr. Der einzelne gewinnt zwar individuelle Beweglichkeit zur besseren Befriedigung von Bedürfnissen ebenso wie zur Pflege menschlicher Beziehungen, leidet jedoch unter den Folgen des Verkehrs. – Sehen Sie Möglichkeiten zur Umweltentlastung und Eindämmung der Verkehrsgefahren (bestimmte Fahrverbote, andere Verkehrsmittel, andere Kfz-Besteuerung)? Überlegen Sie auch die Schwierigkeiten, die sich aus Ihren Vorschlägen ergeben.
9. Können Sie angeben, wodurch Staub und Rauchgase schädlich auf Pflanzen wirken und wie sich ein Schaden äußert?
10. Welche Baumarten sind für die Ausfilterung von Luftverunreinigungen besonders wirksam?

11. Ist bei den Maßnahmen zur Reinhaltung der Luft ebenso eine internationale Zusammenarbeit erforderlich wie beim Problem der Wasserreinhaltung?

12. Eine Erniedrigung der Durchschnittstemperatur der Erde um nur 2°–3° C würde eine Eiszeit auslösen. Eine Erhöhung der Temperatur um diesen Betrag hätte eine fast eisfreie Erde zur Folge. Dies beweist die tiefgreifenden Wirkungen nur geringfügiger Veränderungen in der Biosphäre. Durch welche Vorgänge könnte die Temperatur der Atmosphäre steigen und welche Folgen wären zu erwarten?

13. Untersuchen Sie den Flechtenbewuchs an Bäumen, Masten, Steinen im Stadtinnern und am Stadtrand (Größe der Flechten, Flächenbedeckung). Durch welche Einflüsse könnten die feststellbaren Unterschiede bewirkt worden sein?

14. Untersuchen Sie den Staubbelag an verschiedenen Stellen Ihrer Umgebung (Fenstersims, Mauer, Blätter von Straßenbäumen u. a.). Legen Sie ein durchsichtiges dünnes Stück Klebeband auf die staubhaltige Oberfläche und kleben Sie dann das Band faltenfrei auf einen Objektträger. Zählen Sie unter dem Mikroskop die Zahl der Staubteilchen je Gesichtsfeld. Trennen Sie unter Benutzung des Okularmikrometers in Grobstaub (über 10 µm) und Feinstaub (unter 10 µm). Diskutieren Sie feststellbare Unterschiede.

6. Die Belastung durch Müll (feste Abfälle)

6.1 Anfall und Beseitigung von Müll

Mit zunehmendem materiellen Wohlstand steigen die Anschaffung und der Verbrauch von Gütern. Noch gebrauchsfähige Güter werden oft sogar vorzeitig erneuert (Wegwerfmentalität). Entsprechend steigt der Müllanfall. Der kommunale Müll (Hausmüll, Sperrmüll, Straßenkehricht) und der gewerbliche Müll (Industriemüll, Altöl, Autowracks, Altreifen, Bauschutt, Abraum) ist in der Bundesrepublik Deutschland auf jährlich über 250 Millionen m^3 angewachsen. Zum Verladen dieser Abfallmenge wären über 3 Millionen Güterwagen erforderlich.

Bild 85: Zunahme des Hausmülls

Tabelle 13: Bestandteile des Hausmülls in Prozent des Trockengewichts

Küchenabfälle	10 . . . 16%
Druck- und Packpapier	30 . . . 40%
Kunststoffe	3 . . . 5%
Textilien, Holz, Leder	3 . . . 6%
Glas, Keramik, Steine	15 . . . 17%
Metalle (davon über 90% Eisen)	3 . . . 10%
Asche, Erde, Sand, Staub usw.	10 . . . 36%

(Batelle Inst. Frankfurt 1973)

Abfallbeseitigung. Drei Wege der Müllbeseitigung werden heute beschritten:

1. die *Ablagerung* in einer *geordneten Deponie* (Abdichtung des Untergrunds, Aufbau von unten nach oben im Gegensatz zur Müllkippe, maschinelle Müllverdichtung und schichtenweise Abdeckung durch Erdaushub oder Bauschutt, um zu starke Gasentwicklung und Selbsterhitzung zu verhindern; abführen des Sickerwassers aus dem Müll zur Kläranlage (s. Bild 87).

Die Beseitigung des Abfalls stellt uns vor schwierige Probleme. Es geht nicht an, den Müll einfach in Erdgruben zu füllen oder auf Halden zu kippen. *Wilde Müllplätze* sind Brutstätten für Ungeziefer und belästigen zudem die Umgebung durch Staub, Schwelbrände, Rauch und Gestank. Die von Niederschlägen aus dem Müll ausgeschwemmten Stoffe verunreinigen das Grundwasser.

2. die *Müllkompostierung* soweit der Müll keine giftigen Stoffe enthält; nicht verrottbare Stoffe (Metall, Glas und durch Mikroben nicht abbaubare Kunststoffe werden zermahlen oder in einer geordneten Deponie abgelagert. Der gewonnene Müllkompost, häufig vermischt mit Klärschlamm aus den Abwasserkläranlagen, ist ein wertvoller Humusdünger.

3. die *Müllverbrennung* und Lagerung der Verbrennungsrückstände in einer geordneten Deponie (die wirksamste, wenn auch teuerste Methode). Die Tatsache, daß im Müll alle Abfälle bunt gemischt vorliegen, erschwert seine Wiederverwertung infolge des aufwendigen Sortierens außerordentlich.

Die Müllverbrennung ist ein weiteres Beispiel für die Notwendigkeit, Nutzen und Schaden gegeneinander abzuwägen: Luftbelastung durch Ab-

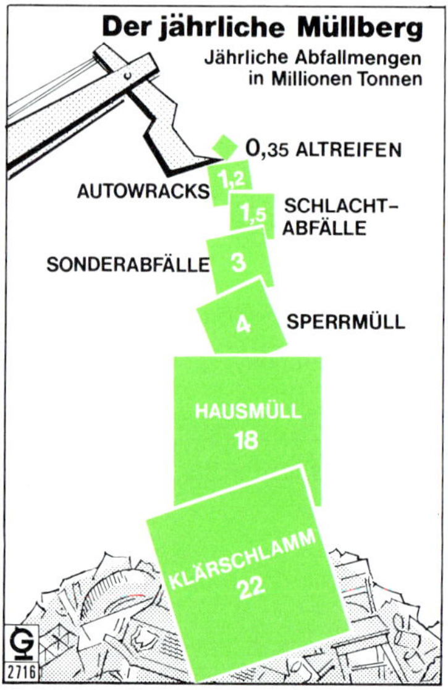

Bild 86: Zusammensetzung des in einem Jahr anfallenden Mülls in Millionen Tonnen (1977).

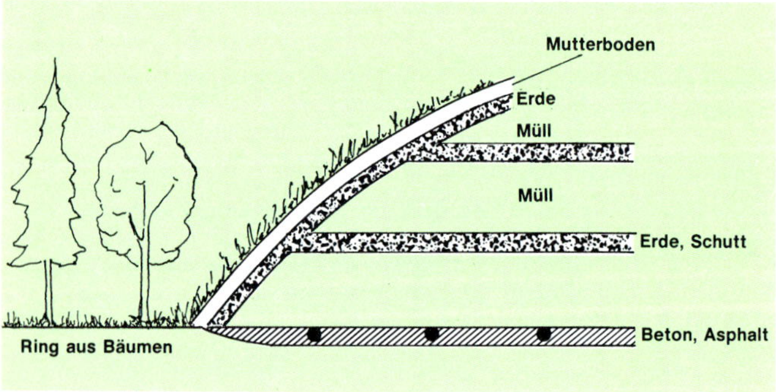

Bild 87: Schema einer geordneten Deponie. Zur Bepflanzung besonders geeignet sind Pappeln, Ahorn, Esche und Grauerle. Die Rekultivierung kann auch der natürlichen Vegetationsentwicklung überlassen werden.

gase einerseits, Gewinnung von Heizwärme und Verringerung des Müllvolumens andrerseits.

Als *Sonderabfälle* bezeichnet man gesundheitsschädliche oder in der Natur nicht abbaubare Abfälle, z. B. Ölabfälle, Altreifen, Kunststoffabfälle, Tierkörper u. a. Solche Sonderabfälle werden verbrannt oder so behandelt, daß man sie deponieren kann.

Das Müllproblem ist ein weiteres Beispiel für den Konflikt zwischen Umweltqualität und hohem Lebensstandard.

Arbeitsschritte bei der Müllkompostierung:

Sammlung des Mülls → Sortierung (Aussondern von Metallen, Glas) → Zerkleinern → Zusatz von Wasser u. Klärschlamm → Verrottung ↓ Kompost

6.2 Abfallverwertung (Recycling)

Der Mensch verwendet Naturstoffe zur Herstellung von Bedarfsgütern. Bei der Produktion und beim Verbrauch dieser Güter entstehen Abfälle, die sich in der Natur anhäufen – oft mit schädlicher Wirkung. Solche Abfälle wieder zu verwerten, dient deshalb einem doppelten Zweck:

1. Rückgewinnung verwendeter Rohstoffe zur Schonung der Naturreserven.
2. Entlastung der Umwelt von schädlichen Abfällen.

Bei ökologischen Stoffkreisläufen, an denen Produzenten, Konsumenten und Destruenten beteiligt sind, geht kein Stoff verloren. Genau so wird auch bei der Herstellung und beim Ver-

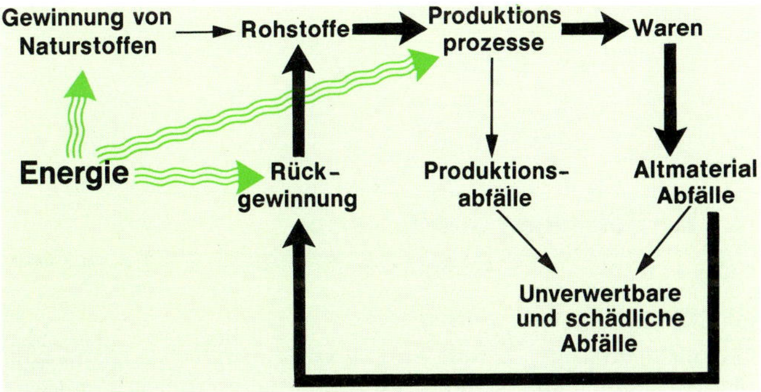

Bild 88: Stoffkreislauf bei Herstellung und Verbrauch von Waren. Ein geschlossener Kreislauf ohne Zufuhr von aus der Natur gewonnenen Rohstoffen ist nicht möglich. Die Zerstreuung der Abfälle und die z. T. sehr hohen Kosten des vollständigen Recyclings selbst kleinster Mengen verhindern es. Wann einmal die natürlichen Rohstoffreserven erschöpft sein werden, hängt von der Technologie ab; sie bestimmt, ob ein sehr geringes Vorkommen (z. B. im Weltmeer) noch wirtschaftlich nutzbar ist.

brauch von Waren kein Grundstoff vernichtet. Der ursprüngliche Einsatz an Material findet sich in den Abfällen aus der Herstellung und den verbrauchten Gütern vollständig wieder. Es ist deshalb eine wichtige Aufgabe der Technik, durch Wiederverwertung des Abfalls Stoffkreisläufe herzustellen, wie die Natur sie seit jeher kennt. Man bezeichnet die Wiedergewinnung der Grundstoffe und ihre Rückführung in die Produktion als **Recycling.**

Allerdings kann nur ein Teil des Abfalls mit einem vertretbaren Aufwand an Zeit und Kosten wieder aufbereitet werden, denn jede Verwertung von Abfall verlangt sein Sammeln und Sortieren und anschließend die Rückgewinnung der Ausgangsstoffe. Deshalb wird bei der Abfallverwertung nur ein kleiner Teil der Kosten durch den Nutzwert der zurückgewonnenen Stoffe gedeckt. Das ideale Ziel der Abfallbeseitigung – die Entwicklung geschlossener Rohstoff-Kreisläufe – ist deshalb nur zum Teil erreichbar.

Die Abfallwirtschaft bemüht sich gegenwärtig um die Entwicklung von

1. Verfahren zur Sammlung und Aufbereitung von Abfällen und Altmaterial,
2. Verfahren, bei denen weniger Abfall entsteht
3. Verfahren, welche die Verwertbarkeit des Abfalls verbessern oder seine Schädlichkeit herabsetzen.

Anteil von Altmaterial bei der Produktion 1977 (aus Umwelt 62)

Papier 45%	Zink 25%
Stahl, Kupfer, Zinn, Blei 40–45%	Glas 15%
Aluminium 30%	

7. Die Belastung durch Lärm

Schall kann gemessen werden, nicht aber Lärm; dieser ist eine subjektive Empfindung. Schall wird zu Lärm, wenn er stört, belastet oder gar schmerzt (er ist ein Abfallprodukt der Zivilisation). Lärm ist also ein psychologischer, kein physikalischer Begriff. Gemessen werden kann nur der Druck der Schallschwingungen (Schalldruck). Ob der Schalldruck (die Lautstärke) störend, also als »Lärm« empfunden wird, ist individuell verschieden und abhängig vom Lebensalter, vom Gesundheitszustand, von abstumpfender Gewöhnung oder zunehmender Sensibilisierung (Empfind-

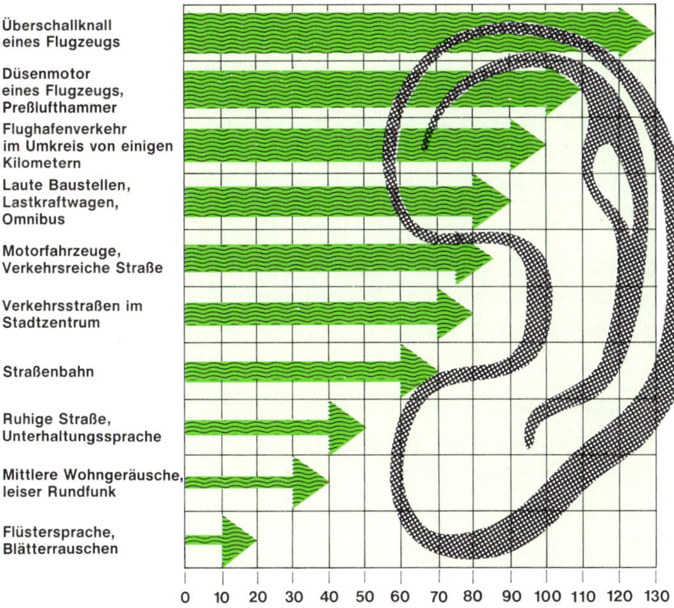

Bild 89: Lautstärke von Alltagsgeräuschen in dB(A). Ein Dezibel (dB) ist der zehnte Teil eines Bel (nach dem Erfinder Bell) und ein akustisches Maß (A) für den Druck der Schallgeschwindigkeit (also für die Lautstärke). Jede Zunahme um 10dB entspricht einer Verdoppelung der Lautstärke.
Lärmwirkungen: Schlafstörungen ab 40 dB(A)
Beeinträchtigung der Arbeitsfähigkeit oft ab 65 dB(A)
Lärmschwerhörigkeit bei häufiger Einwirkung von 90 dB(A)
Schmerzschwelle 130 dB(A)

lichkeit). Die Geräuschempfindlichkeit hängt auch ab von der inneren Einstellung zur Geräuschquelle. Von andern verursachte Geräusche sind lästiger als selbsterzeugte; Naturgeräusche (Rauschen des Windes, Prasseln des Regens, Pfeifen der Vögel) stören weniger als Motorenlärm, vertraute Geräusche weniger als ungewohnte (Tropfen des Wasserhahns).

Lästig werden kann Verkehrslärm, Betriebslärm, Nachbarschaftslärm (Bauarbeiten, Motorrasenmäher, landschaftliche, gewerbliche und Freizeitgeräte, Hundegebell) und Wohnungslärm (Haushaltgeräte, Musikinstrumente, Rundfunkgeräte u. a.). Lärm ist eine der Folgen der fortschreitenden Technisierung, der Bevölkerungsverdichtung und des Wohlstands. Auf vierspurigen Autobahnen rollen innerhalb von 24 Stunden 60000–90000 Fahrzeuge vorbei, darunter sind viele Schwerlaster, die auch nachts fahren. Unter dem beim Starten und Landen von Düsenflugzeugen auf Flugplätzen verursachten Lärm leidet nicht nur das Betriebspersonal, sondern auch die in weitem Umkreis lebende Bevölkerung. Einem mit Überschallgeschwindigkeit fliegenden Flugzeug folgt der Knall auf der ganzen Flugstrecke, er bedeckt als Bauwerke erschütternder Knallteppich eine Landschaftsfläche von 80–130 km Breite.

Lärmschutzmaßnahmen. Trennung von Wohn- und Gewerbegebieten bei der Bauplanung, Bündelung von Verkehrswegen, Lärmschutzwälle, Schalldämmung von Maschinen, Motoren, Kraftfahrzeugen durch Festlegung höchstzulässiger Geräuschpegel; Schalldämmende Wände, Decken und Fenster in Häusern. Jeder Lärmerzeuger sollte sich bewußt sein, daß er auch Lärmbetroffener ist, es also in seinem eigenen Interesse liegt, wenn er sich so rücksichtsvoll als möglich verhält.

8. Die Gefährdung durch Strahlen

Lebewesen sind einer ständigen Einwirkung durch die natürliche Umgebungsstrahlung ausgesetzt. Sie besteht aus der *kosmischen Höhenstrahlung* und der *Bodenstrahlung* von natürlichen radioaktiven Stoffen (z. B. den natürlichen *Radionukliden* von Kalium, Calcium, Kohlenstoff). Künstliche, vom Menschen geschaffene Strahlenquellen sind *Kernexplosionen, Kernreaktoren* sowie die in Technik, Medizin und Forschung verwendeten *Röntgengeräte* und radioaktiven Substanzen. Bei oberirdischen Kernexplosionen werden radioaktive Spaltprodukte in die Atmosphäre geschleudert und mit der großräumigen atmosphärischen Zirkulation über die ganze Erde verfrachtet, bis sie im Laufe von Monaten bis Jahren aus der Atmosphäre wieder ausgefallen sind. Der Anteil dieses *Fallout* an der Umweltradioaktivität hat sich seit der Einstellung oberirdischer Kernwaffenversuche bis zur Ungefährlichkeit verringert. Vorsorge muß jedoch getroffen werden gegen Verunreinigung (*Kontamination*) von Luft und Wasser durch radioaktive Abfälle von Kernkraftwerken und anderen kerntechnischen Anlagen. Besonders gefährlich sind Spaltprodukte mit langer Halbwertzeit, weil ihre Radioaktivität nur langsam abklingt. Stärkeren

Umfang hat die Strahlenbelastung durch ärztlich notwendige Maßnahmen der Diagnostik und der Therapie mit Röntgen- und Bestrahlungsgeräten, doch wird einer Gefährdung durch die bestehende Strahlenschutzverordnung vorgebeugt.

Strahlenarten

Teilchen-Strahlung:
- Alpha-Strahlen (Heliumkerne)
- Beta-Strahlen (Elektronen)
- Protonen Neutronen

Strahlung in Form elektromagnetischer Wellen:
- Röntgenstrahlen
- Gamma-Strahlen

Neben die Strahlenbelastung von außen tritt die Strahlenbelastung von innen durch Aufnahme radioaktiver Stoffe ins Körperinnere mit der Atmung sowie mit Speisen und Getränken. Pflanzen reichern die aus dem Boden aufgenommenen Radionuklide an und mit der Nahrungskette gelangen sie in den menschlichen Körper. Auch bei der medizinischen Diagnose und Therapie werden radioaktive Stoffe vom Körper aufgenommen.

Die Strahlenwirkung wird besonders an solchen Körperorganen sichtbar, in welche die aufgenommenen Stoffe eingebaut werden. So wird ^{90}Sr in Knochen, ^{131}J in der Schilddrüse, ^{137}Cs im Muskel gespeichert.

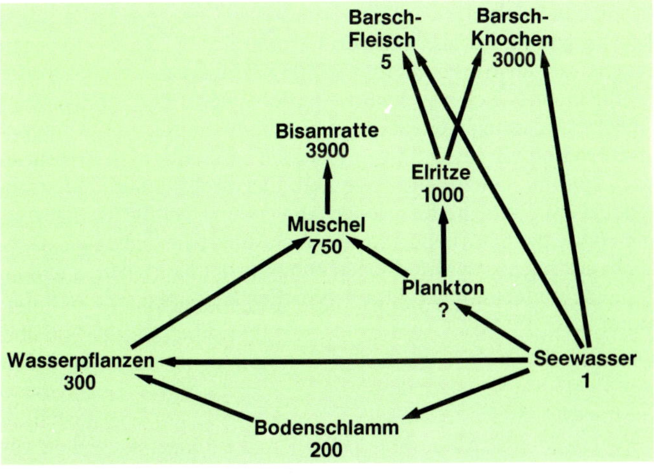

Bild 90: Anreicherung von ^{90}Sr im Nahrungsnetz eines kanadischen Sees, der verunreinigt wurde durch eine geringe Menge radioaktiver Abfälle; bei ihrem Zerfall entstand ^{90}Sr. Dieses ist langlebig und reichert sich vor allem in Knochen an, weil der Ionenradius des Sr dem des Ca ähnlich ist. Zahlenangabe in Teilen (Seewasser = 1).

Die Schädigung durch Strahlen hängt von der Strahlendosis und der Strahlenenergie ab. Die Wirkungsweise beruht auf der Ionisation der Moleküle in den Zellen, wodurch deren Strukturen beeinträchtigt werden. Dabei können zwei Arten von Schäden auftreten. Sofern die betroffenen Zellen nicht Stammzellen vieler anderen Zellen sind (wie z. B. im blutbildenden Knochenmarksgewebe), ist die Schädigung nur vorübergehend *(Röntgenkater)*. Wird aber die DNS angegriffen, dann entsteht eine *Mutation*. Mutation in normalen Körperzellen kann krebsauslösend wirken. Mutation in Keimzellen führt zu einer Erbgutveränderung der Nachkommen (Verschlechterung der genetischen Potenz).

Besonders empfindlich gegen Strahlen ist das lymphatische Gewebe (Lymphknoten, Milz, Thymus), das Blutkörperchen bildende Knochenmark, die Augenlinse, die Keimdrüsen und die Haut. Akute Schäden bei starker Bestrahlung äußern sich in Übelkeit, Erbrechen, Leukozytenrückgang mit nachfolgenden Entzündungen bis zum völligen körperlichen Verfall. Besonders zu beachten ist die sich summierende Wirkung auch unterschwelliger Dosen der Strahlung, die gar keine akuten Organstörungen erkennen lassen. Die Summierung der Einzeldosen *(Kumulation)* führt zu Spätschäden wie Leukämie, Krebs und einer allgemeinen Verkürzung der Lebensdauer. Selbst kleine, körperlich sich nicht äußernde Strahleneinwirkungen auf die Keimdrüsen vermögen Mutationen hervorzurufen. Erbgutveränderung kann sich bei den betroffenen Nachkommen in erkennbaren Störungen bestimmter Organe oder in allgemeiner Lebensschwäche äußern. Besonders strenge Vorsichtsmaßnahmen gelten daher für berufsmäßig mit Röntgenstrahlen und mit radioaktiven Isotopen beschäftigte Personen sowie für damit behandelte Patienten. Die durchschnittliche Strahlenbelastung aus medizinischer Anwendung beträgt weniger als die Hälfte der natürlichen Strahlenbelastung; die derzeitige Strahlenbelastung aus der friedlichen Nutzung der Kernenergie und aller anderen technischen Strahlenquellen liegt noch sehr weit darunter.

Aufgaben zu den Abschnitten 6–8

1. Was ist eine »wilde«, was eine »geordnete« Mülldeponie? Welche Nachteile haben wilde Müllplätze?
2. Schildern Sie kurz die heutigen Methoden der Müllbeseitigung.
3. Sehen Sie Möglichkeiten, den Müllanfall im Haushalt niedriger zu halten?
4. Wäre es sinnvoll für Verpackungen Papier oder Pappe statt Plastikmaterial zu verwenden? Beachten Sie die Rohstoffgrundlagen.
5. Die Bewältigung des Müllproblems erfordert weitere wissenschaftliche Forschungen und die Lösung technischer Schwierigkeiten. Welche z. B.?
6. 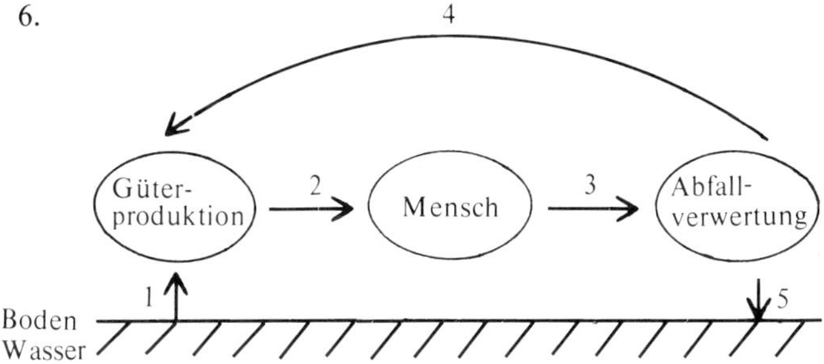

   Stoffkreislauf der Industriegesellschaft.
   a) Beschriften Sie das Schema.
   b) Wäre das Problem der Rohstofferschöpfung gelöst, wenn alle Abfälle wieder in den Produktionsprozeß eingeschleust würden, 1 und 5 also wegfielen?
7. Jeder Haushalt erwartet bestimmte Versorgungsleistungen der öffentlichen Hand. Welche sind das? Wird bei der Produktionstätigkeit der Versorgungseinrichtungen die Umwelt verschmutzt?
8. Überlegen Sie, durch welche Tätigkeiten Sie im Laufe eines Tages zur Umweltbelastung beitragen. Welche wären vermeidbar und unter welchen Bedingungen?
9. Was ist Lärm?

10. Was empfinden Sie in Ihrer Umgebung als besonders lärmstörend? Vergleichen Sie Ihre Feststellungen mit denen anderer. Woher rühren unterschiedliche Feststellungen? Wie könnte man den auftretenden Lärm dämpfen?
11. Woher stammt die natürliche Umgebungsstrahlung?
12. An welchen Körperorganen und in welcher Weise äußern sich Strahlenschäden?
13. Welche Voraussetzungen müssen für gesetzliche Bestimmungen zum Umweltschutz vorliegen?
14. Warum werden bereits vorhandene Gesetze zum Umweltschutz oft nur ungenügend beachtet?

9. Energieversorgung als Umweltproblem

Eine Hauptgrundlage unsres Fortschritts und Wohlstands ist die Gewinnung und Verwertung von Energie, denn sie ist die Fähigkeit, Arbeit zu leisten. Seit dem 2. Weltkrieg verdoppelte sich der Energieverbrauch alle 10 Jahre. Die Energieerzeugung ist für die Weltbevölkerung ebenso zu einer Grundfrage geworden wie die Nahrungsmittelerzeugung.

Die in natürlichen Energieträgern enthaltene Energie nennt man *Primärenergie* (s. Tabelle). Sie wird zur besseren Verwertung umgewandelt in *Sekundärenergie.* Energie, die der Verbraucher

Tabelle 14:

Primärenergieträger	**Sekundärenergieträger**	**Nutzenergie**
Steinkohle	► Koks, Gas, Strom	Heizwärme
Braunkohle	► Briketts, Strom	Prozeßwärme
Erdöl	► Gas, Benzin, Dieselkraftstoff, Heizöl	mechanische Arbeit elektrische Energie
Erdgas	► Strom, Heizdampf	Strahlungsenergie
Wasserkraft	► Strom	
Kernbrennstoffe	► Strom, Heizdampf	

einsetzt, heißt Endenergie; sie kann sowohl Primärenergie wie auch Sekundärenergie sein. Bei jeder Energieumwandlung entstehen Verluste; die tatsächlich nutzbare Energie ist die *Nutzenergie*.

Energieverbrauch: 35 % zur Gewinnung von Energie und zur Umwandlung von Energie in eine andere Energieform, 27 % Haushalte und Kleingewerbe, 26 % Industrie, 12 % Verkehr.

Die Energie wird zum allergrößten Teil aus fossilen Brennstoffen (Kohle, Erdöl, Erdgas) gewonnen. Die Bundesrepublik deckt damit 94 % ihres Bedarfs (den Rest liefern Wasserkraft- und Kernkraftwerke).

Die **Brennstoff-Kraftwerke** verunreinigen die Luft durch ihre Abgase, beim Verbrennen von Kohle auch durch Flugasche. Die Schadstoffe in den Abgasen stammen aus unvollständiger Verbrennung und aus Begleitstoffen der Kohle und der Mineralöle; sie enthalten z. B. rd. 1 % Schwefel, der als SO_2 mit den Abgasen in die Luft gelangt. Außerdem reichern sie die Atmosphäre mit CO_2 an (vgl. Abschnitt Kohlendioxidproblem).

Die **Kernkraftwerke** haben Reaktoren, deren Prozesse zu radioaktiven Spaltprodukten führen, die auch nicht in kleinsten Mengen über das Kühlwasser oder über die Abluft in die Umgebung gelangen sollten. Deshalb ist ein umfassender Schutz gegen Lecks, Unfälle und Gewaltaktionen notwendig, doch ist die technische Möglichkeit dazu umstritten. Die Abwärme im Kühlwasser wird zwar über Kühltürme größtenteils in die Luft abgeleitet, jedoch mit noch unbekannten Folgen für das Klima. Auch für die Endlagerung des Atommülls (die Entsorgung) ist z. Zt. noch keine allgemein anerkannte Lösung gefunden. Eine Freisetzung von Radioaktivität würde in weitem Umkreis zu Strahlenschäden bei den betroffenen Menschen führen und für Jahrzehnte den Boden verseuchen.

Die **Sicherung der Energieversorgung in der Zukunft** zwingt weltweit zur Erschließung weiterer Energiequellen. Große Bedeutung kommt dabei auch der Entwicklung energiesparender Techniken zu: Geringer Kraftstoffverbrauch bei Motoren, bessere Gebäudeisolierung zur Einsparung von Raumheizenergie, Verbesserung der Kraftübertragung bei Elektromotoren, Nutzung der bei industriellen Prozessen anfallenden Abwärme.

Während in den hochentwickelten Industrieländern der tägliche Verbrauch etwa 7 kW pro Kopf beträgt, liegt er in vielen Entwicklungsländern bei 0,2 kW. Demnach ist ein großer Teil der Weltbevölkerung noch völlig unzureichend mit Energie versorgt. Global gesehen, bleibt also das Energieproblem selbst dann erhalten, wenn in den Industrieländern künftig weniger Energie verbraucht wird als bisher. Nun wächst aber die Weltbevölkerung in den nächsten Jahrzehnten rapide; entsprechend steigt der Energiebedarf. Welche Energiequellen stehen dafür zur Verfügung?

Die fossilen Brennstoffe sind bei einem solchen Bedarf in absehbarer Zeit verbraucht. Wasserkraft, Wind, Sonnenenergie, Gezeiten und Erdwärme lassen sich zur Energiegewinnung stärker heranziehen als bisher. Besser nutzbar ist auch die industrielle Abwärme; sie entsteht zwangsläufig dadurch, daß bei jedem Energieeinsatz, so auch in technischen Prozessen, ein Teil der Energie in Wärme verwandelt wird. Alle diese Energiequellen reichen allerdings zur Deckung des Weltbedarfs nicht aus. Problematisch bleiben erschließbare Energiequellen auch dann, wenn sie die Energie nicht preiswert liefern können.

Die Atomenergie ist risikoreich und der technische Stand zur Verwertung der Sonnenenergie noch unzulänglich. Doch ist die Sonnenenergie möglicherweise die Energiequelle der Zukunft.

Über eine praktisch unerschöpfliche Energiequelle verfügen wir außerdem dann, wenn es einmal gelingen sollte, die bei der Kernfusion frei werdende Energie großtechnisch zu gewinnen. Kernfusion besteht im Verschmelzen zweier leichter Atomkerne zu einem schwereren Kern; dabei wird Energie frei. Genau dieser Vorgang spielt sich auf der Sonne ab und führt zu dem ununterbrochenen Zustrom von Strahlungsenergie der Sonne. Die zur Fusion nötigen Wasserstoffkerne – auch die von Deuterium – stehen im Wasser der Weltmeere praktisch unbegrenzt zur Verfügung. Die Probleme einer kontrollierten Kernfusion sind jedoch äußerst schwierig zu lösen. Zur Verschmelzung müssen die Atomkerne eine extrem hohe Bewegungsenergie erhalten, um ihre gegenseitigen Abstoßungskräfte zu überwinden. Man benötigt dazu Temperaturen von etwa 60 Millionen Grad. Außerdem müssen die Teilchen bei diesen hohen Temperaturen zusammengehalten werden, damit Fusionsreaktionen überhaupt auftreten können.

Einerlei welche Energiequellen künftig genutzt werden, sollte der Energieverbrauch weltweit im bisherigen Tempo wachsen, sind folgenschwere Klima- und Witterungsveränderungen unvermeidbar, denn die bei jeder Umwandlung der Energie von einer Energieform in die andere entstehende Wärme, heizt Boden, Gewässer und Atmosphäre auf.

10. Die Belastung durch Verdichtung der Bevölkerung

Die weltweit in den Großstädten zu beobachtende dichte Massierung der Menschen läßt heute schon ahnen, welche Fülle von Konflikten allgemein entsteht, wenn es durch **Übervölkerung** an Lebensraum fehlt. Überfüllte Straßen, Bahnen, Läden, Büros, Massenwohnungen in riesigen Hochhäusern, Lärm, verschmutzte Luft, fortgesetzte Reibereien zwischen den beengt wohnenden und arbeitenden Menschen sowie erhöhte Aggressivität und Kriminalität zwingen zu fast totaler Reglementierung menschlichen Verhaltens und intensiver Kontrolle durch Überwachungsorgane, damit überhaupt noch ein erträgliches Leben in der Masse möglich ist. Das Private wird auf ein Minimum zurückgedrängt. Verhaltensvorschriften und Kontrollsysteme führen dann ungewollt zu menschenunwürdigen Zuständen. Unzureichender Lebensraum hat Einengung, Unterdrückung der Selbstentfaltung sowie ständige Reibereien mit den Mitmenschen zur Folge und kann zu krankmachender seelischer Belastung führen (Herz- und Kreislauferkrankungen, Schwächung der Immunabwehr des Körpers gegen

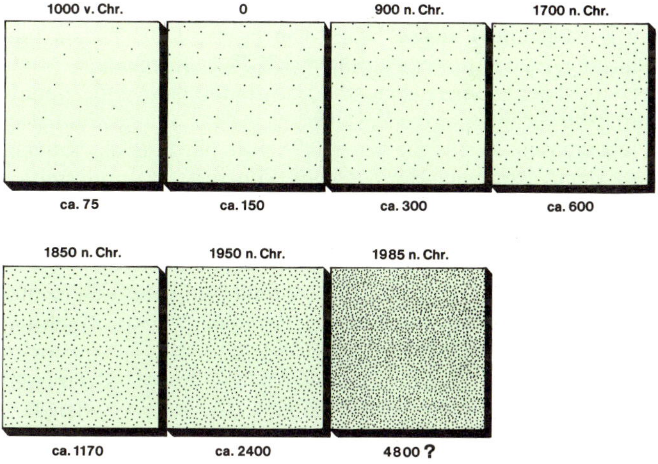

Bild 91: Verknappung des Lebensraums durch Bevölkerungszunahme. Angabe der Weltbevölkerung in Millionen Menschen. Der Mensch mußte als Folge der Bevölkerungszunahme bisher schon aufgeben: die freie Nutzung des Bodens und der Gewässer, die freie Jagd.
Welche Verzichte stehen ihm in der Zukunft bevor?

Bild 92: Leben in der Masse
Überlegen Sie die Vor- und Nachteile für den Einzelnen

Infektionserreger und Krebszellen). Entfaltungsraum ist ebenso ein Existenzmittel menschlichen Lebens wie Luft, Wasser und Nahrung; fehlt er, so verschlechtert sich die **Lebensqualität**. Andererseits ist der heutige Lebensstandard der Industrieländer gerade durch die Verdichtung der Bevölkerung in den Ballungsräumen erreicht worden, weil so die wirtschaftlichste Nutzung des Raumes und der Versorgungseinrichtungen (Energie, Nahrungsmittel, Wasser, Schulen, Verkehr und andere Dienstleistungen) für eine möglichst große Zahl von Menschen gewährleistet ist.

Was Lebensqualität ist, läßt sich objektiv nicht angeben. Qualität bleibt immer eine Frage des persönlichen Empfindens und Wertens. Zufriedenheit oder Unzufriedenheit mit den Lebensumständen erlaubt keine Rückschlüsse auf den Zustand der Umwelt.

Der Mensch ist an die Bedingungen einer Massengesellschaft nicht unbegrenzt anpassungsfähig. Dies zeigt sich z. B. erschreckend in der jährlichen Zahl von 500 000 Unfallverletzten und über 16 000 Verkehrstoten in der Bundesrepublik Deutschland. Im Vergleich dazu sank durch Fortschritte in der Medizin die Zahl der an Infektionskrankheiten Verstorbenen von 30 000 auf 9 000. Die Anpassungsgrenzen des Menschen stammen aus einer schon Millionen Jahre währenden stammesgeschichtlichen Entwicklung, die er, wie jedes andere Lebewesen auch, durchlaufen hat. Diese Entwicklung bestimmt die Leistungsfähigkeit seiner Sinne und seines Gehirns, aus ihr stammen auch Triebe und Instinkte, die sein Verhalten beeinflussen. Die Massengesellschaft ist in der Evolution des Menschen eine sehr junge Erscheinung und das Leben darin überfordert den Menschen oft genug. So verwundert es nicht, daß die Neurose immer mehr um sich greift. Sie ist eine seelische Störung durch psychosozialen Streß (gespannte zwischenmenschliche Beziehungen im Beruf, in der Familie, in der Wohnumgebung). Mit der Befriedigung der elementaren Bedürfnisse – Nahrung, Kleidung und Wohnung – wächst der Anspruch auf seelisches Wohlbefinden durch Freisein von seelischer Belastung. Die dauernde unausweichliche Gegenwart vieler anderer Menschen in dichter Nähe ist ein inhumaner Zustand.

Wir wissen aus den Erkenntnissen der Verhaltensphysiologie, daß das Unterschreiten der Individualabstände mit *Aggression* beantwortet wird. Da das Ausleben der Aggression in der dichten Massengesellschaft fürchterliche Folgen hätte, müssen die auch beim Menschen aus der Evolution stammenden aggressiven Neigungen unterdrückt werden. Die Folge sind bei vielen Menschen *Neurosen* (s. oben). Zum Unbefriedigtsein beitragen mag auch die Unwirtlichkeit der modernen Städte. Alte Städte haben etwas Unverwechselbares, hier entsteht Heimat durch vertraute Eigentümlichkeiten des Ortes. Eine Anhäufung gleichförmiger Massenwohnblocks läßt das Gefühl des Zuhauseseins kaum entstehen. Unerfreulich ist auch eine Trennung in weit voneinander entfernte Wohn-, Büro-, Geschäfts- und Industrieviertel, wobei nur die Abtrennung umweltbelastender Industrie ihre Berechtigung hat. Ein großer Teil des Massenverkehrs dient der Überwindung dieser Trennung.

Durch Verdichtung der Bevölkerung werden also nicht nur Luft, Boden und Wasser verdorben, Abfall und Lärm erzeugt sowie Verkehrsopfer gefordert – dem Menschen droht letztlich auch der Verlust des »Menschlichen im Menschen«, die Freiheit, Selbstentfaltung und Eigenverantwortlichkeit.

Aufgaben zu Abschnitt 10

1. Was kennzeichnet Verdichtungsgebiete?
2. Durch Bevölkerungsverdichtung entstehende Probleme zeigen sich besonders deutlich in den Stadtkernen. Welche Probleme fallen Ihnen auf?

3. Untersuchen Sie folgende Aussprüche auf ihren Wahrheitsgehalt:
»Eine Sintflut von Menschenkörpern kommt auf uns zu.« (T. Fox) »Autowrack und Plastikflasche sind die Leitfossilien dieses Jahrhunderts.«
»Wir stehen demnächst zum Zwecke des Menschenschutzes auch vor der Aufgabe der Atmosphärenkontrolle. Die Menschen werden tatsächlich, ob sie politisch wollen oder nicht, eine planetarische Schicksalsgemeinschaft im Hinblick auf die gesamtheitlichen Lebensgrundlagen der Erde.« (H. Egli)
»Die Menschheit hat im vorindustriellen Zustand kein beneidenswertes Dasein geführt, deshalb wäre die Rückführung auf den früheren »natürlichen« Zustand kein möglicher Ausweg aus den Schwierigkeiten der Hochzivilisation.«
»Die Bevölkerungsexplosion wird auf jeden Fall zum Stillstand kommen. Die Frage ist nur, welchen schmerzlichen sozialen Folgen die Gesellschaft bei diesem Prozeß ausgesetzt wird.« (P. Leyhausen)
4. »Die sich rasch ausweitende Industriegesellschaft verhält sich zur Ökosphäre wie ein Waldbrand zu einem Wald. Der Waldbrand breitet sich jäh aus und setzt rasch alle verfügbaren Reserven an Material und Energie um, bis am Ende nur noch verbrannte Erde zurückbleibt« (Istock). (Vergleichen Sie damit das natürliche Werden und Vergehen in einem Wald.)
5. Wie für Industrieländer die Umweltverschmutzung, so ist für Entwicklungsländer Armut und Hunger ein Problem. In welcher Richtung sehen Sie Lösungen dieser Probleme?

11. Veränderungen der Biosphäre in der Großstadt

Der Lebensraum Stadt ist sehr stark gegliedert; auf kleinem Raum entsteht ein Mosaik zahlreicher unterschiedlicher Lebensräume. Einerseits sind viele Pflanzen- und Tierarten verschwunden (z.B. fast alle Schmetterlinge), andererseits haben eine Fülle von Arten neue Nischen in der Stadt gefunden, nämlich die Siedlungs-Synanthropen, die Wohnungs-Synanthropen und die Humanparasiten. Als synanthrop bezeichnet man Arten, die man vorwiegend in der Umgebung des Menschen antrifft (Tabelle 15). Biotope der städtischen Lebensgemeinschaften sind: Wohnungen, Gebäudeteile, Gärten, Einzelbäume, Grünanlagen, Schuttflächen, Müllhalden, Bahndämme u. ä.

Tabelle 15: An Menschen gebundene Organismen

	zunehmende Bindung an den Menschen		
	Siedlungs-Synanthrope	Wohnungs-Synanthrope	Parasiten
häufig	Fliegen, Stechmücken, Ameisen, Wespen	Vorratsschädlinge (z. B. Mehlkäfer) Hausmaus, Schaben	
verbreitet	Ratten	Silberfischchen, Staublaus	
weniger verbreitet	Heimchen (Grillenart)		Bettwanze, Kopflaus, Filzlaus, Menschenfloh

Manche der synanthropen Arten leben in Mitteleuropa überhaupt nur unter vom Menschen geschaffenen Bedingungen, so z. B. Stubenfliege, Hausmaus und Haustaube. Andere finden zwar im Bereich menschlicher Siedlungen besonders günstige Bedingungen, kommen aber auch außerhalb der Siedlungsgebiete vor; so z. B. Wanderratte, Mehlkäfer und andere Vorratsschädlinge, die vielfach aus dem Lebensraum Wald stammen. Bei diesen Arten ist die wirkungsvollste Bekämpfung durch Entzug ihrer Nahrungsquellen zu erreichen. Verwendet man chemische Bekämpfungsmittel, vermag sich die Schädlingspopulation aus dem natürlichen Vorkommen wieder zu regenerieren. Bei Organismen, die an die extremen Bedingungen der Stadt besonders gut angepaßt sind, kommmt es mitunter zu einer Massenvermehrung (z. B. Milben, Messingkäfer, Hausbockkäfer). Manche Arten sind infolge ihrer hohen Anpassungsfähigkeit in den Grünflächen der Städte heimisch geworden; so ist z. B. die Amsel ein typischer Stadtrandvogel geworden (ursprünglicher Biotop: Laubwald). Das nächtliche Dauerlicht von Straßenlaternen wirkt für viele Insekten als Lichtfalle, einige Nachtfalter aber haben sich daran gewöhnt.

Tabelle 16: Besonderheiten des Lebensraumes Stadt

	Stadtrandbereich (mit Gärten)	Städtische geschlossene Bebauung	Randbereiche von Verkehrsflächen, Müllplätzen u. dgl.
Luftraum		Luft verunreinigt (Rauch- und Abgase) Luft erwärmt, durchschn. ca. 1° über Umland Luftfeuchtigkeit vermindert	
Boden	Boden verdichtet	Boden völlig abgedichtet Grundwasser abgesenkt Gewässer kanalisiert	Boden verdichtet
natürliche Vegetation	zunehmend verändert	vernichtet	stark geschädigt und verändert zahlreiche Neusiedler, oft nur vorübergehend
Flechten und Luftalgen	Kampfzone	Flechten- und Algen-Wüste	Kampfzone
Tiere	zahlreiche Vogelarten (Amsel, Grünfink, Haussperling, Ringeltaube, Felsentaube, Stare) und viele Kleintierarten, komplexe Nahrungsnetze	Siedlungs- und Wohnungs-Synanthrope (vgl. Tab. 15)	Tendenz zur Massenvermehrung einzelner Arten zahlreiche Kleintiere

12. Naturschutz – Landschaftspflege – Freizeit – Erholung

Aus der Einsicht in die gefährlichen Folgen naturwidrigen Verhaltens entstand schon früh der *Naturschutzgedanke.* Er äußerte sich in dem Bemühen, die wenigen noch vorhandenen Reste unberührter Natur besonders zu schützen, d. h. sie unverändert zu erhalten oder sie in ihrer Entwicklung sich selbst zu überlassen. Inzwischen hat man nun allgemein erkannt, daß auch in einer intensiv genutzten Kulturlandschaft ein bestimmter Anteil naturnaher Lebensgemeinschaften (Wälder, Hecken, Ufergebüsch, Tümpel) nicht fehlen darf. Sie sind *Regenerationszellen* für das umgebende Gebiet.

Die in den einzelnen Ländern geltenden Naturschutzbestimmungen wurden 1976 im **Bundesnaturschutzgesetz** zusammengefaßt. Es dient dem Schutz und der Pflege der heimatlichen Natur in allen ihren Erscheinungen, insbesondere auch dem Schutz der wildwachsenden Pflanzen und wildlebenden Tiere, ihrer Entwicklungsformen, Lebensstätten, Lebensräume und Lebensgemeinschaften als Teil des Naturhaushalts. Des weiteren fordert es die Bereitstellung von Flächen, die für den in Natur und Landschaft Erholung suchenden Menschen besonders geeignet sind.

Das Bundesnaturschutzgesetz fordert die Aufstellung einer *Artenschutzliste* (vgl. Rote Liste, Abschnitt 2), die fortlaufend zu ergänzen ist. Als Bedingungen für besonders zu schützende Pflanzen und Tiere gelten

1. Seltenheit oder Bestandsgefährdung
2. wissenschaftliche, naturgeschichtliche oder landeskundliche Gründe
3. Nutzen oder Bedeutung für den Naturhaushalt
4. Erhaltung von Vielfalt, Eigenart oder Schönheit der Natur.

Das Gesetz sieht als *Gebietsschutz* vor: Naturschutzgebiete, Nationalparke, Landschaftsschutzgebiete und Naturparke, sowie als *Objektschutz*: Naturdenkmale (d. h. erhaltenswerte Naturgebilde wie Felsen, Höhlen, Quellen, Wasserfälle, Moore, geologische Aufschlüsse, alte oder seltene Bäume) und geschützte Landschaftsbestandteile (z. B. Alleen, Parke, Gebüschgruppen, Raine, Hecken). Etwa 40 000 Naturdenkmale sind unter Schutz gestellt.

Naturschutzgebiete sind naturnahe Gebiete, die strengen Bestimmungen unterliegen zum Schutze von Lebensgemeinschaften oder Lebensstätten bestimmter wildwachsender Pflanzen oder wildlebender Tiere. Nutzung und Betreten dieser Gebiete sind soweit eingeschränkt, daß eine Zerstörung, Beschädigung oder Veränderung des Gebietes unterbleibt. 1977 bestanden über 1100 Naturschutzgebiete (= 1,7 % der Fläche des Bundesgebietes).

Die **Landschaftsschutzgebiete** sind landschaftlich reizvolle und wegen ihres wenig gestörten Charakters erhaltenswerte Gebiete. Sie werden geschaffen, um die Nutzung der Naturgüter in einem ausgewogenen Naturhaushalt zu sichern, der Zersiedlung der

Landschaft in den Verdichtungsräumen entgegen zu wirken, den Erholungswert der Landschaft zu bewahren.

Für Landschaftsschutzgebiete gelten nicht so strenge Schutzbestimmungen wie für Naturschutzgebiete, ihre bisherige land- und forstwirtschaftliche Nutzung bleibt bestehen. Alle neuen Eingriffe in die Landschaft (z. B. Errichtung von Bauten, Anlage von Straßen) bedürfen jedoch einer besonderen amtlichen Genehmigungsprüfung, um Schädigungen oder Verunstaltungen der Natur auszuschließen. Etwa ein Viertel des Bundesgebietes steht unter Landschaftsschutz.

Naturparke sind großräumige Gebiete, die sich durch Vielfalt, Eigenart und Schönheit der Natur auszeichnen, für die Erholung besonders eignen.

Naturparke sind zugleich Regenerationsräume für die gestörte umgebende Landschaft. 1977 bestanden 55 Naturparke, die insgesamt über 16% der Fläche der Bundesrepublik Deutschland einnehmen.

Als **Nationalparke** werden nach internationalen Bestimmungen nur solche Schutzgebiete anerkannt, in denen jegliche Nutzung ausgeschlossen ist. Sie sollten möglichst so groß sein, daß sich ihr Komplex an Ökosystemen im biologischen Gleichgewicht erhalten kann. Bis jetzt besitzt die Bundesrepublik nur die Nationalparke Bayerischer Wald und Berchtesgaden.

Das Anliegen der **Landschaftspflege** richtet sich auf einen Ausgleich zwischen den Leistungs- und Belastungsmöglichkeiten der Natur, d. h. ihrer Ökosysteme einerseits und den Lebensbedürfnissen des Menschen andrerseits. Dabei kommen einer naturgemäßen und menschenwürdigen Umwelt existentielle Funktionen (Lebenserhaltung und Gesundheit), soziale Funktionen (Erholung, zwischenmenschlicher Kontakt) und ästhetische Funktionen (Erlebnis der Natur und ihrer Schönheiten) zu.

Schon mehr als 50% der Bevölkerung der Bundesrepublik Deutschland leben in Ballungsräumen auf nur 7% der Fläche des Bundesgebietes. An die Stelle schwerer körperlicher Tätigkeit ist weitgehend nervenstrapazierendes konzentriertes Arbeiten mit Dauerbeanspruchung der Aufmerksamkeit getreten.

Dies steigert ein Bedürfnis nach einem Ausgleich körperlicher Untätigkeit durch Bewegung in frischer Luft ebenso wie den Wunsch, nervöse Spannungen durch den Arbeitsstreß und das Leben in menschenerfüllter Enge abzubauen in der freien Natur.

Bild 93: Naturparks der Bundesrepublik Deutschland. Ursprüngliche Vorschläge und derzeitiger Stand im Vergleich zu den Wochenenderholungsgebieten. Zahlenangaben in ha.

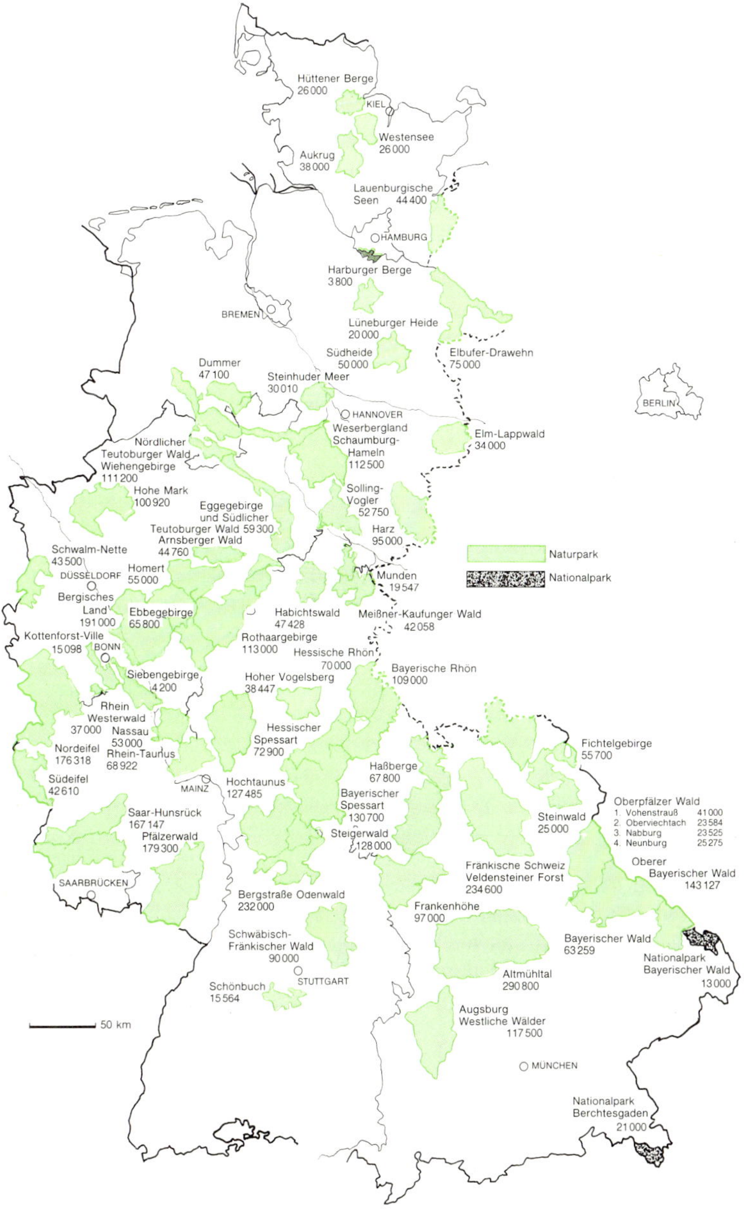
Hüttener Berge
26 000
KIEL
Westensee
26 000
Aukrug
38 000
Lauenburgische
Seen 44 400
HAMBURG
Harburger Berge
3 800
BREMEN
Lüneburger Heide
20 000
Südheide
50 000
Elbufer-Drawehn
75 000
Dummer
47 100
Steinhuder Meer
30 010
BERLIN
HANNOVER
Weserbergland
Schaumburg-
Hameln
112 500
Elm-Lappwald
34 000
Nördlicher
Teutoburger Wald
Wiehengebirge
111 200
Hohe Mark
100 920
Eggegebirge
und Südlicher
Teutoburger Wald 59 300
Solling-
Vogler
52 750
Harz
95 000
Arnsberger Wald
44 760
Schwalm-Nette
43 500
DÜSSELDORF
Homert
55 000
Naturpark
Nationalpark
Munden
19 547
Bergisches
Land
191 000
Ebbegebirge
65 800
Habichtswald
47 428
Meißner-Kaufunger Wald
42 058
Kottenforst-Ville
15 098
BONN
Rothaargebirge
113 000
Hessische Rhön
70 000
Bayerische Rhön
109 000
Siebengebirge
4 200
Hoher Vogelsberg
38 447
Rhein
Westerwald
37 000
Nassau
53 000
Hessischer
Spessart
72 900
Fichtelgebirge
55 700
Nordeifel
176 318
Rhein-Taunus
68 922
Haßberge
67 800
Südeifel
42 610
MAINZ
Hochtaunus
127 485
Bayerischer
Spessart
130 700
Oberpfälzer Wald
1. Vohenstrauß 41 000
2. Oberviechtach 23 584
3. Nabburg 23 525
4. Neunburg 25 275
Steinwald
25 000
Saar-Hunsrück
167 147
Pfälzerwald
179 300
Steigerwald
128 000
Fränkische Schweiz
Veldensteiner Forst
234 600
Oberer
Bayerischer Wald
143 127
SAARBRÜCKEN
Bergstraße Odenwald
232 000
Frankenhöhe
97 000
Bayerischer Wald
63 259
Schwäbisch-
Fränkischer Wald
90 000
Nationalpark
Bayerischer Wald
13 000
Altmühltal
290 800
STUTTGART
Schönbuch
15 564
50 km
Augsburg
Westliche Wälder
117 500
MÜNCHEN
Nationalpark
Berchtesgaden
21 000

Daß der Mensch auch ästhetische Bedürfnisse befriedigen will, zeigen die Menschenmassen an Aussichtspunkten und andern Orten landschaftlicher Schönheit. Die dazu benötigte Freizeit wächst, sie ist eine Zeit zu beliebiger Verwendung für Tätigkeiten nicht um des Erwerbes willen, sondern nach Wunsch und Neigung.

Man gliedert die Erholungsgebiete in *ortsinnere, ortsnahe* und *ortsferne* Erholungsbereiche. Der *ortsinnere* Bereich für den Feierabend umfaßt Grünanlagen, Sport-, Spiel- und Badeeinrichtungen. Diese Anlagen verbessern zugleich das Stadtklima; ihre Gehölzgruppen und Schutzpflanzungen filtern die Luft, reichern sie mit Sauerstoff an und dämpfen den Lärm. Der *ortsnahe* Erholungsbereich vor allem für Wochenendbedürfnisse muß allgemein zugänglich sein und den ruhesuchenden Wanderer ebenso befriedigen wie das Bedürfnis anderer nach Zelten, Baden und Spielen. Durch zweckentsprechende Erschließung und einsichtsvolles Verhalten der Besucher muß die Belastung der Erholungslandschaft (Erholungsverkehr, Abfall, Lärm) so gering als möglich gehalten werden.

Die beste Erholung spendet der *Wald*. Er bietet Ruhe, frische Luft, Kontrastreize zu Wohnung und Arbeitsplatz, ist jedermann zugänglich und ein gefahrenarmer Bewegungsfreiraum. Besonders geschätzt wird der Waldrand wegen seiner Kontrastwirkung und seines ökologischen Reichtums. Der Wald ist außerdem zum Schutz des Wasserschatzes von großer Bedeutung. Das Wurzelwerk der Bäume lockert den Boden und erhöht sein Wasserhaltevermögen. Die Wassermengen starker Niederschläge und der Schneeschmelze werden dadurch festgehalten und erst allmählich an die Quellen abgegeben. So wirkt der Wald gegen die Gefahr des Hochwassers und des Versiegens der Quellen.

Die ortsfernen Erholungsgebiete sind Freiräume für die Ferien. Dazu gehören die Naturparke und andere unter Landschaftsschutz stehende Gebiete. Sie stellen durch die Vielfältigkeit der Landschaftsformen wie Wälder, Auen, Feldflur, Seen, Bachläufe, Moore, Heide und deren mannigfaltige Lebensgemeinschaften Zonen dar, die einen hohen Anziehungs- und Erholungswert haben. Eben der Wechsel zwischen Wald, Feld und Wiese, Wasserlauf und Fels, Tal und Hügel, geben der Landschaft ihren besonderen Reiz. Deshalb auch verlaufen Wanderwege mit hohem Erlebniswert bevorzugt am Waldrand.

Beanspruchung der Landschaft durch Freizeitgestaltung. Mindestens ein Drittel seiner Freizeit verbringt der Bundesbürger in der Landschaft. Freizeiträume und Erholungslandschaften müssen deshalb großräumig ausgelegt sein, um eine Überbeanspruchung der Landschaft durch Konzentration auf bestimmte Stellen und damit den Verlust der Regenerationsfähigkeit zu vermeiden. Die Nutzbarkeit einer Landschaft auch für Erholungszwecke hat ihre Grenze. Große Urlaubermassen können eine Menge Unrat ablagern, die Vegetation schädigen, empfindliche Pflanzen gar ausrotten und auch das Grundwasser verunreinigen; außerdem erhöhen sie das Unfallrisiko. Durch Konzentration der Ausflüge auf die Wochenenden (1976 etwa 800 Millionen Wochenendausflüge) und der Urlaubsreisen auf die Schulferien ist die Kapazität für bestimmte Freizeit-Aktivitäten in bevorzugten Erholungsgebieten bereits erschöpft (z. B. für Wassersport, Reiten, Skifahren). Da die Freizeitorte überwiegend mit dem eigenen Auto erreicht werden, ist ein dichtes Verkehrsnetz erforderlich. Die Straßen verbrauchen aber nicht nur einen Teil der Landschaft, sondern zerschneiden sie in Teilflächen. Größere ungestörte Räume, die auch für das Aufwachsen vieler Tiere und Pflanzen unentbehrlich sind, werden daher immer seltener.

Auch eine Zersiedlung der Landschaft durch ungeordnet entstehende Streusiedlungen würde nahe und ferne Erholungs- und Freiräume stören und ihre Zugänglichkeit für die Allgemeinheit behindern. Eingezäunte Privatgrundstücke mitten in der freien Landschaft – oft mit Wochenendhäusern oder Wohnwagen – zerstückeln die Landschaft. Wanderungen am Seeufer sind von hohem Erlebniswert, deshalb sollten Seeufer für jedermann zugänglich bleiben und nicht durch an den See reichende Privatgrundstücke gesperrt werden.

Aufgaben zu Abschnitt 12

1. Warum stellt man bestimmte Landstriche unter Naturschutz?
2. Überlegen Sie folgende Fragen zur Landschaftspflege: Wer pflegt? Für wen? Wer trägt die Kosten?
3. Der World Wildlife Fonds stellt die Gleichung auf: Naturschutz = Menschenschutz = Überleben. Wie läßt sich diese Gleichung begründen?
4. In welchen Merkmalen äußert sich die Verstädterung?
5. Welchen Bedürfnissen des Menschen soll eine Landschaft eigentlich gerecht werden?

6. Welche Funktionen vermag der Wald zu erfüllen?
7. Meeresküsten, Seen, Gebirge und hügelige Waldlandschaften werden von den Erholungssuchenden bevorzugt. Können Sie Gründe dafür angeben?
8. Viele Menschen aus den Städten fahren zum Wochenende ins Grüne. Erstaunlicherweise sammeln sie sich dort wieder nur an wenigen bestimmten Punkten (Badestränden, Bergbahnen, Aussichtstürmen, Campingplätzen, Wochenendhausgebieten, Kurparks) – Welche Motive liegen dem zugrunde?
9. Ein großer Teil der Freizeit wird verbraucht zur Überwindung der Entfernung vom Wohnort zum Zielort. – Ließe sich das bessern? Diskutieren Sie die Beobachtungen und Fragen. Schlagen Sie Verbesserungen vor und, gegebenenfalls, Möglichkeiten zur Verwirklichung.
10. Welche Maßnahmen könnten die Unfallgefahren im Verkehr einschränken?
11. Die Steigerung der Lebensqualität auf der einen Seite (1) ist gekoppelt mit der Minderung der Lebensqualität auf der andern Seite (2–5). Füllen Sie die Zeichnungen an den mit Ziffern angegebenen Stellen aus. Bei den Ziffern 2'–5' sollen die zur Minderung der Nebenwirkungen notwendigen Maßnahmen genannt werden (negative Rückkopplung).

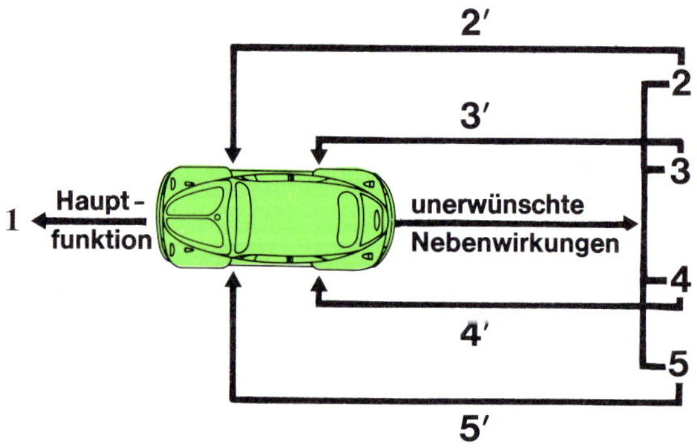

12. Durch ein Naturschutzgebiet soll eine vierbahnige Autostraße gebaut werden. Die Befürworter berechnen den Flächenbedarf einschließlich der Randstreifen und Einschnitte und argumentieren, daß dieser Flächenbedarf weit weniger als 0,1 %

der Fläche des Naturschutzgebietes und daher unerheblich sei. – Warum ist diese Begründung unsinnig? Welche Argumente können Sie entgegensetzen?

13. »Niemand kann sich die Verödung ausdenken, der unser Dasein anheimfallen müßte, sollte unsre Welt nur noch aus dem von uns selbst Gemachten bestehen. Wir brauchen die natürliche Umwelt als Anregungsquelle, die in größter Fülle all das bewahrt, was wir nicht gemacht haben, was wir nie werden machen können.« (Portmann). – Diskutieren Sie diesen Gedanken.

13. Ökologie und Gesellschaft

13.1 Ökologie und Ökonomie

Wirtschaftswachstum ist die Folge erhöhter Ansprüche an Gütern und Leistungen der Wirtschaft, sei es zur Erhöhung des Lebensstandards oder – global betrachtet – infolge des Bevölkerungswachstums. Um kostengünstig zu produzieren wurden kostenver-

Tabelle 17: Vergleich Ökologie – Ökonomie (nach B. Glaeser)

	Ökologie	*Ökonomie*
Produktion:	Pflanze	Unternehmung/Betrieb
Konsum:	Tier, Mensch	Haushalt
Abfall:	Zerlegen durch Destruenten	Müllablagerung, Verbrennung oder Wiederverwertung (Recycling)
Energie:	Sonne: als Folge Abwärme	natürlich, fossil, nuklear: als Folge Abwärme
Kreislauf:	Nahrungskette: Massen- und Energiefluß	Produktionskette: Güter- und Geldfluß
Stabilität:	Fließgleichgewicht von Erzeugung und Verbrauch	gleichgewichtiges Wachstum von Erzeugung und Verbrauch oder stationäres Gleichgewicht
Krise:	Ungleichgewicht in Biosphäre (Ökokrise)	Ungleichgewicht in Technosphäre (Wirtschaftskrise)

ursachende Vorgänge beschränkt (z. B. das Reinigen von Abgasen und Abwässern) und dafür frei verfügbare Güter wie Luft und Wasser belastet. Dies ist ein Hauptgrund für die ökologische Gefährdung der Umwelt neben der steigenden Güterproduktion infolge der Bevölkerungszunahme.

Die Beziehungen zwischen Ökologie und Ökonomie (Wirtschaft) sind eng und nicht zufällig. In beiden Bereichen gibt es Produzenten und Konsumenten, gibt es Material-, Energie- und Informationsflüsse. Wo unsre Gesundheit unmittelbar bedroht ist, sehen wir Aufwendungen für den Umweltschutz als notwendig an. Bringen wir aber auch die Mittel auf, um eine Pflanzen- oder Tierart vor der Ausrottung zu bewahren oder um eine Autobahn umzuleiten, nur um einen Feuchtbiotop als Lebensraum für Sumpfvögel und Lurche zu erhalten? Sollen die hohen Beträge dafür nicht besser für soziale Maßnahmen oder für die Entwicklungshilfe verwendet werden? Argumente für moralische Entscheidungen können von Person zu Person unterschiedliches Gewicht haben.

13.2 Das Verursacherprinzip

Nach den jetzt geltenden gesetzlichen Bestimmungen muß derjenige, der Umweltschäden verursacht, auch für deren Vermeidung und Beseitigung sorgen. Die Kosten hierfür verteuert die Herstellung umweltbelastender Waren, so daß sich der Verbraucher eher andern Gütern zuwendet.

13.3 Der Widerstreit der Interessen beim Umweltschutz

Das Anwachsen der Bevölkerung und ihr Streben nach materiellem Wohlstand und sozialer Sicherung greift tief in natürliche Ökosysteme ein und bedroht damit die natürlichen Lebensgrundlagen. Aus diesem Grunde entstehen eine Reihe von Interessenkonflikten. Bei der Besprechung des chemischen Pflanzenschutzes (s. Kapitel 2.2) und des Kohlendioxidproblems (s. Kapitel 5) wurde bereits deutlich auf den Zwiespalt hingewiesen, einerseits für die noch hungernde Bevölkerung mehr Nahrungsmittel zu erzeugen, andrerseits aber dadurch die Umwelt zu *vergiften* bzw. durch die Umwandlung von Waldgebieten in Ackerflächen bedrohliche Klimaveränderungen zu riskieren.

Ein weiteres Umweltproblem mit Interessengegensätzen ist auch der Luftverkehr. Er hat hohe Steigerungsraten, weil er für die

Personenbeförderung über große Strecken einfach konkurrenzlos ist. Er belastet jedoch die Umwelt durch den Lärm (s. Kapitel 7) und die hohen Abgasmengen (s. Kapitel 5).

Am augenfälligsten für jedermann zeigen sich die Interessenkonflikte jedoch bei der Verwendung des Autos und immer deutlicher erweist sich auch die Energieversorgung als ein schwer lösbarer Gegensatz von Interessen.

Kernreaktoren sind sicher nicht gefahrlos, aber die weiter steigende Verwendung fossiler Brennstoffe ist es auch nicht (vgl. Kohlendioxid-Problem, Kapitel 5.2, Luftverschmutzung durch Kohlekraftwerke). Die meisten Menschen sind zur asketischen Lebensführung und damit zum Verzicht auf viele Annehmlichkeiten des Lebens (Privatauto, klimatisierte Wohn- und Arbeitsräume, Haushaltgeräte, Genußmittel u. a.) nicht bereit. Weder hält die Gesundheitsschädigung durch Rauchen vom Tabakgenuß zurück, noch führen Unfalltote und Unfallverletzte zum Verzicht auf das eigene Auto. Die Auswahl der zur **Lebensqualität** gezählten Werte ist subjektiv und von der Einsicht und der persönlichen Situation des einzelnen abhängig.

Wenn eine Gruppe von Bürgern Vorteile von einer Sache hat, die einer andern Gruppe Nachteile bringt, muß die Gesellschaft einen für beide Seiten zumutbaren Kompromiß schließen. In Fragen des Umweltschutzes besteht die zusätzliche Schwierigkeit darin, daß viele Probleme internationaler Zusammenarbeit bedürfen und außerdem oft dieselbe Person Vorteilsnehmer und Benachteiligter ist.

13.4 Das Auto als Beispiel für Interessenkonflikte

In der Bundesrepublik Deutschland verkehrten 1978 mehr als 25 Millionen Kraftfahrzeuge. 14600 Tote und Hunderttausende von Verletzten waren in diesem einen Jahr die Opfer von Verkehrsunfällen. Der Autoverkehr belastet seine Umgebung durch

- Lärm
- Giftige Abgase (verursacht 50 % der gesamten Luftverschmutzung)
- Abschwemmungen von Streusalz, Ölresten, Reifenabrieb
- Bodenverbrauch für Straßen und Parkplätze (ein km Autobahn erfordert bis 7 ha Land)
- Zerschneidung ökologisch zusammenhängender Landschaftsteile
- Zerstörung wertvoller Biotope

- Ertragseinbußen bei der betroffenen Land- und Forstwirtschaft.
- 40 Mrd. Liter Kraftstoff werden in der Bundesrepublik Deutschland jährlich in 420 Mrd. Kubikmeter Abgase umgesetzt. Diese enthalten etwa
  - 100 000 Tonnen Schwefeldioxid
  - 350 000 Tonnen Stickoxide
  - 6,5 Mio Tonnen Kohlenmonoxid und
  - 250 000 Tonnen Kohlenwasserstoffe.

  (Aus Umwelt Nr. 75 vom 31. 3. 1980)

Das Auto ist der derzeit größte Energieverbraucher. Nur etwa ein Liter von zehn Litern Benzin im Tank dient seiner Fortbewegung. Die Energie des restlichen Benzins gelangt ungenutzt als Wärme über Auspuff und Kühler in die Umgebung.

Andererseits sorgt der Autoverkehr für ein rasches Angebot an Gütern und Leistungen über große Entfernungen und für den kleinsten Ort. Trotz den öffentlichen Verkehrsmitteln sind die Vorteile des eigenen Autos so wesentlich, daß sein Besitz als selbstverständlicher Bestandteil der gewünschten Lebensqualität gewertet wird. Das Auto bringt jedermann jederzeit bequem an den gewünschten Ort und man kann den Wohnort entfernt vom Arbeitsort wählen. Deshalb hat das Auto eine Schlüsselstellung in der Wohlstandsgesellschaft; es hat die Arbeitsbedingungen, die Freizeitgestaltung, die Struktur der Städte und Dörfer nachhaltig verändert. Zwei Millionen Menschen, das sind 15% der Beschäftigten, verschafft das Auto in der Bundesrepublik Deutschland Arbeit und Brot.

Energieaufwand je km zur Beförderung einer Person

Omnibus	720 kJ
Eisenbahn	1110 kJ
Auto	2800 kJ
Flugzeug	6400 kJ

Man muß sich den Zwiespalt zwischen den ökologisch begründeten Forderungen des Umweltschutzes und den Ansprüchen der vielen, davon betroffenen Einzelmenschen bewußt machen, indem man sich etwa folgende Zielkonflikte überlegt:

Mehr Umweltschutz und mehr Sicherheit bedeuten beim Auto mehr Gewicht, mehr Technik, mehr Kraftstoff, höheren Preis, mehr Straßen und mehr Vorschriften.

13.5 Bevölkerungswachstum und Umwelt

Obwohl der Mensch mit Hilfe der Technik seine Umwelt zu beherrschen vermag, gelingt es ihm auf die Dauer doch nicht, eine ganz und gar menschengemachte Welt zu erschaffen. Der Mensch ist, wie alle andern Lebewesen den ökologischen Naturgesetzlichkeiten unterworfen, deren Übertretung er büßen muß. Wenn an einer Stelle gewisse Bedingungen in erwünschter Weise geändert werden (z. B. Wasserversorgung oder Heizung), so ändern sich früher oder später andere Bedingungen an anderen Stellen in unerwünschter Weise (z. B. Verschmutzung des Wassers oder der Luft). Jeder einzelne trägt durch sein Tun und seine Ansprüche in vielfäl-

Bild 94: Bevölkerungsexplosion. Cartoon von BILL GARNER.

tiger Weise zum Entstehen der Umweltschäden bei. Je dichter die Besiedlung eines Raumes, desto schwerwiegender die auftretenden Schäden. Unterlassungen und falsches Verhalten wirken sich in der Massengesellschaft eben deshalb verheerend aus, weil Millionen Menschen die Fehler begehen und die schlimmen Rückwirkungen wieder Millionen treffen: **Umweltschutz ist jedermanns Sache**. Jeder einzelne wird unvermeidbar die Kosten seiner Verwirklichung mittragen müssen. Schließlich nimmt jeder Mensch täglich rd 3 kg »Umwelt« als Nahrung, Getränk und Atemluft zu sich. Es kann ihm nicht gleichgültig sein, in welcher Beschaffenheit er sie erhält. Damit jeder zu Opfern bereit ist und sich auch selber umweltfreundlich verhält, muß er die Gefahren kennen, denen er bereits ausgesetzt ist und die ihn künftig bedrohen. Der Wunsch des Menschen, den erreichten Lebensstandard zu erhalten, zu verbessern und nach Belieben zu konsumieren, stößt sich mit dem gleichfalls vorhandenen Wunsch, in einer sauberen, gesunden Umwelt, ohne Gefahren, Nachteile und Belästigungen zu leben. *Umweltschutz ist* letztlich gar kein technisches, sondern *ein gesellschaftliches Problem.* Das wirtschaftliche Wachstum muß den Belastungsgrenzen der Biosphäre angepaßt werden, und wenn es dem menschlichen Erfindungsgeist nicht gelingt, wirtschaftliches Wachstum ohne schädliche Überlastung der Umwelt zu erreichen, muß sich die Gesellschaft entscheiden: Entweder Wirtschaftswachstum mit steigendem Wohlstand durch reichliche Versorgung mit billigen Gütern und Dienstleistungen und damit verbunden, steigende Umweltbelastung oder aber Konsumverzicht für eine menschenwürdige Umwelt.

Die Beseitigung von Armut, ungleicher Verteilung der Wirtschaftsgüter und jeder Benachteiligung beim Ergreifen von Lebenschancen ist eine selbstverständliche Aufgabe von heute. Noch wird die Zahl der Unterernährten in der Welt auf 450 Millionen geschätzt. Dies zwingt zur Steigerung der Nahrungsmittelerzeugung durch Düngung, Schädlingsbekämpfung und Bewässerung sowie zur Schaffung einer geeigneten Verteilungsorganisation.

Die menschlichen Probleme lassen sich aber nicht schon damit lösen, daß die materiellen Bedürfnisse aller befriedigt werden. Menschliches Glück verlangt mehr als nur materielle Wohlfahrt und der wirtschaftliche Wohlstand verliert in dem Maße seine Wertschätzung, als er durch eine Verschlechterung der sonstigen Lebensumstände erkauft werden muß.

Zwar hat jedes Land seine besonderen Umweltsorgen, aber infolge der wechselseitigen Abhängigkeit der Ökosysteme und der Verflochtenheit der Wirtschaftsstrukturen der Länder bedürfen

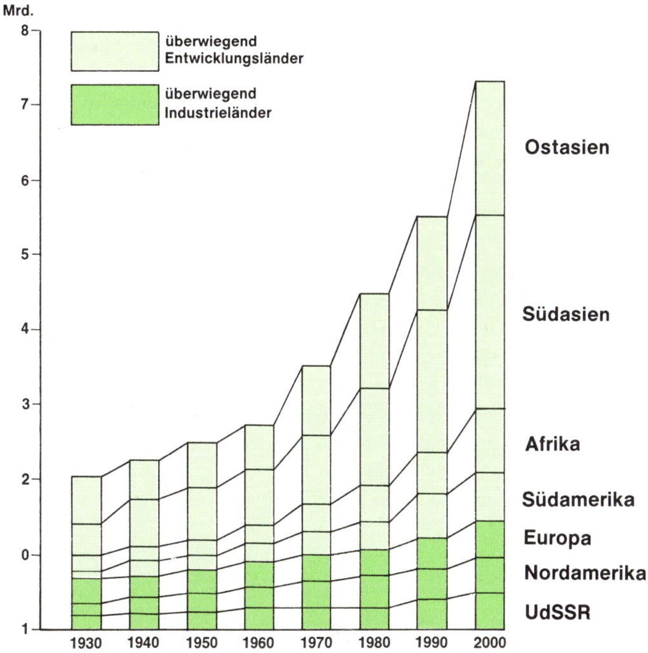

Bild 95: Geschätztes Wachstum der Weltbevölkerung in Milliarden.

die Probleme der Umweltbelastung, der Ernährung, der Rohstoff- und Energieversorgung weltweiter Lösungen, die sich nur durch gemeinsame Anstrengungen aller Beteiligten finden lassen.

Alle Umweltprobleme sind untrennbar verbunden mit der Bevölkerungsdichte. Ihre Schlüsselrolle zu beachten ist eine Notwendigkeit jeglicher Zukunftsplanung. Ein ökologisches Gleichgewicht ohne katastrophale Folgen für die Menschheit kann nur erreicht werden, wenn die Zahl der Menschen auf der Erde den natürlichen Energie-, Nahrungs- und Rohstoffquellen sowie dem verfügbaren Lebensraum angepaßt ist. Ein Wachstum der Weltbevölkerung im bisherigen Umfang, d. h. ein täglicher Zuwachs von 200 000 Menschen, bedeutet weiterhin rasch wachsenden Bedarf an Bodenschätzen, Wasser, Nahrungsmitteln, Energie, Industrieprodukten, Gebäuden und Straßen. Dies muß eines Tages zur Überlastung der Biosphäre sowie zur Erschöpfung der Nahrungs- und nicht erneuerbaren Rohstoffquellen führen.

Die Suche nach Befriedigung der Grundbedürfnisse in übervölkerten Gebieten führt zu unabsehbaren Konflikten zwischen den

Völkern. Und noch bevor die Weltbevölkerung durch die verfügbare Nahrung und Energie endgültig begrenzt würde, wäre das Leben durch Mangel an Lebensraum und individueller Bewegungsfreiheit, durch Umweltverschmutzung und psychischen Streß unerträglich geworden. Weltweit wirkende Maßnahmen zur Familienplanung und Geburtenregelung stoßen allerdings auf größte Schwierigkeiten. Die Staaten beanspruchen souveräne Rechte bezüglich ihrer nationalen Bevölkerungspolitik; dabei gibt es große Unterschiede im Verhalten, je nach den sozialen Verhältnissen, der Tradition oder der religiösen Einstellung.

Der Mensch als Art kann auf lange Sicht nur dann überleben, wenn er wieder in ein ökologisches Gleichgewicht mit seiner Umwelt zurückfindet. Ins Gleichgewicht kommt eine Gesellschaft nur dann, wenn die Individuenzahl nicht fortgesetzt ansteigt und sie den Verbrauch an Energie und Rohstoffen beschränkt, in ihren materiellen Bedürfnissen also bescheidener wird.

Aufgaben zu Abschnitt 13

1. Welche Gefahren nehmen zu, wenn das Bevölkerungswachstum unaufhaltsam anhält? Haben Krisen und Kriege unserer Tage damit zu tun?

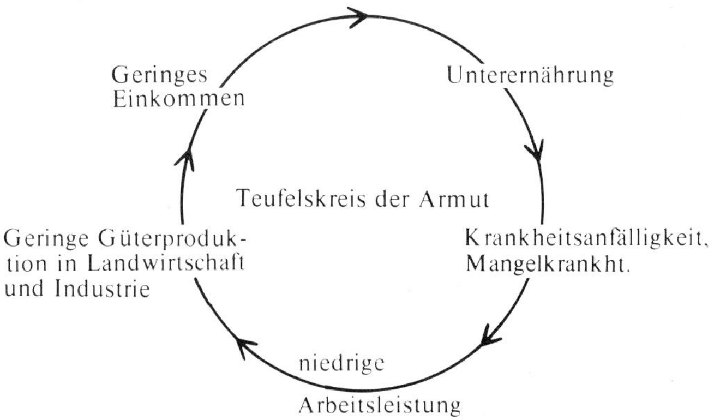

2. Der »Teufelskreis der Armut und Unterernährung« zeigt einen Wirkungszusammenhang. Können Sie Wirkungszusam-

menhänge (positive und negative Auswirkungen) in einer hochindustrialisierten Gesellschaft in ähnlicher Weise darstellen?

3. Bevölkerungszahl, Industrieproduktion, Nahrungsmittelerzeugung, Rohstoffvorräte und Umweltverschmutzung sind aufs engste miteinander gekoppelt. Zeigen Sie an Beispielen, welche Auswirkungen die Zunahme eine der genannten Lebensbedingungen auf alle übrigen hat und welche Rückwirkungen schließlich zu erwarten sind. – Was würde sich an der Entwicklung ändern, wenn eine Rohstoffverknappung durch Erschließung neuer Rohstoffquellen verhindert würde? Welche Unsicherheiten liegen in jeder Voraussage über die zukünftige Entwicklung der Menschheit?

4. In welcher Zeit seiner Evolution war der Mensch Teil natürlicher Ökosysteme und daher im Gleichgewicht mit der Natur?

5. In den Hungergebieten der Erde ist der Ackerbau meist unterentwickelt. Was versteht man darunter?

6. Diskutieren Sie folgende gegensätzlichen Auffassungen:
   a) Die Geburtenrate wird so weit gesenkt, bis die Gesamtbevölkerung nicht mehr wächst. Die Gesellschaft wird in einen Zustand des Gleichgewichts gebracht.
   b) Diese Maßnahme ist weder freiwillig noch mit Gesetz durchsetzbar.

   a) Der Verbrauch natürlicher Rohstoffe wird eingeschränkt, um eine rasche Erschöpfung zu verhindern.

   b) Die Forschung wird Stoffe finden, welche die erschöpften Rohstoffe ersetzen.

   a) Konsumverzicht ist der beste Umweltschutz.

   b) Die Beeinträchtigung der Umwelt in der hochindustrialisierten Gesellschaft ist ein technologisches Problem. Die Technik wird dafür Lösungen finden.

   a) Die menschliche Erfindungsgabe ermöglicht die Nutzung der Sonnenenergie, die schadstofffrei ist, und ebenso auch die Synthese von Nahrungsmitteln aus Luft, Wasser und Gestein in jeder notwendigen Menge.

   b) Solche Entwicklungen kommen zu spät und mindern auch nicht die psychosozialen Folgen der Bevölkerungsverdichtung.

Wo können Sie auch nach gründlicher Prüfung der gegensätzlichen Standpunkte nicht zu einer klaren Entscheidung für a) oder b) kommen? Warum nicht?

7. In früherer Zeit wurden auf Grund der damals herrschenden wissenschaftlichen Ansicht folgende Behauptungen aufgestellt:
   Organische Stoffe können synthetisch nicht hergestellt werden.
   Fahren in Fahrzeugen über 60 km/h hält der Körper nicht aus.
   Flug mit Maschinen, die schwerer sind als Luft, ist unmöglich.
   Raumflug durch Überwindung der Erdanziehung ist unmöglich.
   Diskutieren Sie die Frage, ob es nach diesen Erfahrungen aus der Geschichte der Wissenschaft überhaupt berechtigt ist, bestimmte Entwicklungen oder Zukunftsfolgen als sicher eintretend oder als unmöglich zu bezeichnen.

8. Der Gleichgewichtswert der menschlichen Bevölkerung liegt – statistisch gesehen – bei 2,1 Nachkommen. Was alles muß bei der Berechnung dieses Wertes berücksichtigt werden?

9. Diskutieren Sie:
   Alle fordern Umweltschutz – aber nur wenige sind bereit, sich einzuschränken.
   Viele sind gegen Atomkraftwerke – aber nur wenige sind bereit, bei sich zu Hause Energie drastisch einzusparen.
   Die meisten sind für Einschränkung des Verkehrs – aber kaum einer verzichtet auf sein Auto.
   Alle sind gegen die Zersiedlung der Landschaft – aber die meisten wünschen sich ein Haus im Grünen.

Antworten zu den Fragen unter den Bildunterschriften und Tabellen

Bild 5: Vorherrschender Einfluß *Kälte:* Nordische und Gebirgsnadelwälder, arktische und alpine Tundra. Vorherrschender Einfluß *Feuchtigkeit:* Uferzonen, Sommerlaubwälder, tropischer Regenwald. Vorherrschender Einfluß *Trockenheit:* Wüste und Halbwüste, Sanddüne, Steppe, Savanne, Trockenwald.

Bild 8: Rotbuche / Weil der Optimalbereich durch die konkurrenzkräftigere Rotbuche besetzt ist / Weil sie sich nur hier durchsetzen kann (keine Konkurrenz durch andere Waldbäume) / Nasse Standorte sind häufig Moore oder anmoorige Stellen, trockene Standorte werden vor allem auf zerklüfteten und verkarsteten Kalkgesteinen ausgebildet.

Bild 30: Geschlossenes System. / Kohle u. Erdöl: sind Energiereserven, in denen organisch gebundener Kohlenstoff enthalten ist und die verbrannt werden können.

Bild 31: Auf dem Land: Temperatur und Verfügbarkeit von Wasser; im Meer: Nährstoff- und Sauerstoffgehalt des Wassers. / Sie würde geringer, da mit steigender Temperatur die Atmungsrate stärker ansteigt als die Photosyntheserate.

Bild 33: Die Zahl der Insekten geht zurück, dadurch erleiden alle im Nahrungsnetz von ihnen abhängigen Organismen (Kröten, insektenfressende Vögel) einen Rückgang, andere Organismengruppen (Schlangen, Greifvögel) weichen auf andere Nahrungsquellen aus und dezimieren diese dadurch (körnerfressende Vögel, Mäuse, Eichhörnchen).

Bild 34: Intensiv bei Thunfisch, Hai, Kabeljau, Plattfischen, Hering, mäßig bei Sardellen und Tangen.

Bild 36: Durch Photosynthese.

Bild 42: Durch geologische Hebungsvorgänge, durch die der Tiefseeboden wieder der Verwitterung zugänglich wird. / Meeresvögel produzieren Guano, fossile Guanolagerstätten sind wichtige Phosphatvorkommen.

Anmerkung: An dieser Frage läßt sich der Unterschied zwischen einem biologisch-ökologischen Kreislauf und einem biogeochemischen Kreislauf erörtern. Der grundsätzliche Unterschied liegt in der betrachteten Zeit. Nur ein biogeochemischer Kreislauf ist wirklich ohne Stoffverlust.

Bild 51: Negative Auswirkungen gehen aus von Lärm, Wasser- und Luftverschmutzung, Abfall, Bioziden, Bodenerosion, Senkung des Grundwasserspiegels. / Falsche Nutzung der Agrarlandschaft ist an Erosion und Senkung des Grundwasserspiegels zu erkennen. / Störungen des Stoffkreislaufes in der Industrielandschaft können gemildert werden durch weitgehende Wiederaufarbeitungs-Verfahren. Diese erfordern allerdings Energieaufwand und ein zu hoher Energiedurchsatz zerstört die Ökosysteme.

Bild 54: Es wird total verändert, die Hauptproduzenten fallen weg. Ferner waren die Bäume ein wichtiger Lebensraum für Organismen und Puffer gegen die Veränderung abiotischer Faktoren.

Bild 57: a) Randständige Bäume haben außen tief herabreichende Kronen (oft sind sie auch kleiner und ihre Stämme dicker); ihr Geäst liefert zusammen mit der Strauchschicht einen guten Windschutz. Die Aststümpfe an den Innenbäumen deuten auf ein Absterben schwach belichteter Äste; sie vermorschen und brechen ab. Im Waldesinnern ist der Boden nur lückenhaft mit Pflanzen bedeckt; bei dichtem Kronenschluß gedeiht der Unterwuchs schlechter. Maiglöckchen, Einbeere, Leberblümchen, Weißwurz.

b) Stark ästiges Holz ist als Werkstoff weniger geeignet.

c) Wegen der Bodenabdeckung durch Fallaub.

d) Die negative Stoffbilanz der Blätter, d. h. die Atmung überwiegt über die Photosynthese.

e) Holzpilze und Bakterien zersetzen die Holzbestandteile. Bei Braunfäule wird die Zellulose rascher zerstört als das braune Lignin, bei Weißfäule bleibt die weißliche Zellulose länger erhalten.

Bild 61: 1 Seegras, 2 Muscheln, 3 Strandwurm, 4 Tang, 5 Phytoplankton mit Kieselalgen und Panzergeißelalgen, 6 Zooplankton mit Kleinkrebsen, Krill, Quallen, 7 Flügelschnecken, Pfeilwürmer, Ringelwürmer, Rippenquallen, 8 Hai, 9 Makrelen, 10 Blauwal, 11 Pottwal, 12 Delphin, 13 Seehund, 14 Thunfisch, 15 Tintenfische, 16 Anglerfisch, 17 Seesterne, 18 Seelilien, 19 Schwämme. Organismen des Bodenschlamms und Bakterien.

Bild 80: Schwefeldioxid aus Rauchgasen, und Stickoxide aus Autoabgasen bilden mit der Luftfeuchtigkeit aggressive Säuren und zersetzen den Stein.

Tabelle 4: Klima und Vegetation der Nacheiszeit

Die Pollenfunde geben Auskunft über die jeweilige Zusammensetzung des Waldes. Die Klimaverhältnisse an den heutigen Standorten der Baumarten lassen Rückschlüsse auf das seinerzeitige Klima zu. Nochmaliger Vorstoß des Eises, dadurch Klimaverschlechterung.

Antworten und Lösungen zu den Aufgaben

Allgemeine Ökologie

Abschnitt 1

1. Ökologie ist die Lehre vom Haushalt der Natur, sie untersucht die Beziehungen der Lebewesen untereinander und zu ihrer abiotischen und biotischen Umwelt.
2. Ein Lebensraum mit spezifischen Umweltverhältnissen, in dem eine bestimmte Gruppe von Pflanzen und Tieren gedeihen kann.
3. Die Lebensgemeinschaft eines Biotops.

Abschnitt 2

1. Wasser, Licht, Temperatur, Bodenverhältnisse.
2. Den Transport von Wassermolekülen von der Erdoberfläche in die Atmosphäre (Verdunstung) und als Niederschlag wieder zur Erde zurück.
3. Wald – Buschwald – Grasland (Steppe) - Halbwüste – Wüste.
4. Durch die Menge des verfügbaren Bodenwassers und die Leistungsfähigkeit des Wurzelsystems.
5. Hydrophyten, Hygrophyten, Mesophyten, Xerophyten und Tropophyten.
6. Photosynthese, Photoperiodismus; kurzwelliges UV-Licht wirkt zellzerstörend und mutationsauslösend.
7. Niederschläge und Temperatur sind stark höhenabhängig.
8. Nährstoffe (Ionen) und Wasser, der autotrophen Pflanze somit alles außer dem Kohlenstoff.
9. Eine Gemeinschaft verschiedener Pflanzenarten, die weitgehend gleichartige Ansprüche an Boden und Klima stellen und in Konkurrenz miteinander treten. Die Gesellschaft findet sich an solchen gleichartigen Standorten stets ähnlich ausgebildet wieder.
10. Umweltfaktoren wie Lichtverhältnisse, Temperatur, Wasserversorgung, Bodenverhältnisse und innere Faktoren wie Vermehrungsfähigkeit, Ausbreitungsfähigkeit, Behauptungsfähigkeit.
11. Ganzjährige Trockengebiete in den Wüstengürteln der Erde, periodische Trockenzeiten: Savannengebiete, Monsungebiete, Hartlaubgebiete der Nord- und Südhalbkugel.

12. Geringer Wassergehalt, bes. bei Samen, dadurch nur sehr geringe Lebenstätigkeit; unterird. Speicherorgane sind wesentlich geringeren Klimaschwankungen ausgesetzt und haben keine Transpiration.
13. CO_2-Zufuhr kann nur durch Diffusion durch Spaltöffnungen erfolgen; Transport von Nährsalzen erfordert Transpirationsstrom; Kühlung der Pflanze durch Transpiration beruht auf Wärmeentzug durch Verdampfungswärme des Wassers.
14. Man mißt die Transpirationsrate eines Astes durch Einstellen des abgetrennten Astes in eine definierte Wassermenge. Daraus läßt sich die Transpiration des Baumes und hieraus die des ganzen Bestandes überschlägig berechnen.
15. Verhinderung der Kaltluftsee-Bildung durch geeignete Bepflanzung, z. B. Hecken, Waldstreifen, so daß Zufluß von Kaltluft verhindert wird. Wirksamkeit der Frostschutzmaßnahmen: Heizung direkt durch Erwärmung der Luft. Sehr teuer, da Luft aufsteigt. – Ventilation: durch Mischung wird Boden-Kaltluft mit wärmerer darüber lagernder Luft vermischt. – Beregnung: bei der Eisbildung aus Wasser wird viel Wärme frei, Schmelzwärme des Wassers: 33,5 kJ/g. Außerdem ist der Eisfilm auf den Pflanzen ein schlechter Wärmeleiter. Das Eis behält die Temperatur von 0° C, solange es es mit dem Wasser im Gleichgewicht steht; Frostschäden treten in der Regel erst ab –2° C auf. Um diese Bedingungen zu erhalten, muß die Beregnung fortgesetzt werden, bis durch Erwärmung der Eisfilm sich auflöst.
16. Anpflanzen kleiner Flächen unter verschiedenen Bedingungen und Messung des Zuwachses pro Jahr.
17. a) In der Baumzone treten mit zunehmender Höhe laubabwerfende Arten zugunsten von Arten mit vieljährigen Nadeln zurück. Die Wuchshöhe der Holzpflanzen nimmt von 30–40 m bis auf wenige cm ab (Weidensträucher). Bei den Kräutern nehmen mit der Höhe die ausdauernden und die Hungerformen (Mangel an Boden und an Stickstoff) zu und schmiegen sich dem Boden an. Alle Pflanzen zeigen abnehmende Wachstumsintensität und Anpassung an extreme Lebensbedingungen.
    b) Starke Strahlenbelastung, starke Temperaturschwankungen, hohe und lang anhaltende Schneebedeckung, zeitweiliger Mangel an Feuchtigkeit und Frostzeiten, geringe Bodentiefe und gefällabhängige Erosion.
    c) Wiese und Acker bis 900 m NN, Schafe finden ihr Futter noch in der oberen Mattenzone.

d) Vgl. Abschnitt Symbiose.

18. a) Moose und Flechten ertragen längere Austrocknungsperioden. Ihr Nährsalzbedarf wird aus dem herangewehten Staub und dem verunreinigten Regen- und Kondenswasser gedeckt, sie benötigen also keinen Boden.

b) Die giftigen Rauchgase schädigen die Organismen. Im Stadtinnern ist die Luft trockener als in den gartenreichen Vororten. Hohe Luftfeuchtigkeit begünstigt ihre Entwicklung.

Abschnitt 3–5

1. Maximal- und Minimaltemperatur der Lebensfähigkeit einer Art, sie legen die mögliche Reaktionsbreite oder ökologische Potenz der Art bezüglich der Temperatur fest.
2. Der Bereich der verschiedenen Umweltfaktoren, innerhalb dessen die Art existieren kann.
3. Euryök sind Arten, die bezüglich vieler ökologischer Faktoren eine große Reaktionsbreite haben. Gegenteil: stenök.
4. Die Gesamtheit aller biotischer und abiotischer Umweltfaktoren, die für die Existenz einer bestimmten Art wichtig sind.
5. Weil sonst zwischen ihnen totale Konkurrenz herrschen würde.
6. In verschiedenen Gebieten lebende Arten unterschiedlicher Verwandtschaftskreise können sehr ähnliche ökologische Nischen besetzen und in Anpassung daran die Konvergenzen aufweisen.
7. Die Gesamtheit der Individuen einer Art, die eine potentielle Fortpflanzungsgemeinschaft bilden.
8. Dichtebegrenzende Faktoren, vgl. Kästchen in Abschnitt 3.3.1.
9. Zunächst erfolgt explosionsartige Vermehrung, z. B. in einer Monokultur. Dann wird das Futter knapp, gleichzeitig vermehren sich die natürlichen Feinde, dadurch kommt es zum Zusammenbruch der Population und Rückkehr zur normalen Individuenzahl.
10. Wachstum entsprechend dem Gesetz von MALTHUS,
    $N_t = N_o \cdot e^{kt}$
    Es heißt logarithmisches Wachstum, da sich bei Darstellung in logarithmischer Form eine Gerade ergibt. Es kann nicht beliebig anhalten wegen der dichtebegrenzenden Faktoren.
11. Grund mit Pflanzenbewuchs und Detritus: Aal, Karpfen,

Schleie; nach Ansammlung von Schlamm auch Wels; Mittelwasser: Rotauge; Oberflächenwasser: Rotfeder (mit oberständigem Maul).

12. Durch Wettbewerb um die Beute, der gewandtere Dingo fängt Beute auch bei geringerer Populationsdichte der Beuteart.
13. Nein; sinkt die Populationsdichte der Beuteart unter ein bestimmtes Niveau, so verhungern die Räuber.
14. Durch Ausmerzung kranker und schwacher Tiere überleben nur lebenstüchtige Individuen.
15. Territorien haben Mindestgröße.
16. Dichteabhängige: innerartliche Konkurrenz: Kollisionseffekt, Kannibalismus, Territorialität, Wanderungen, Gesellschaftsbildungen, Umweltbeeinflussung, Nahrungsmenge. Feinde: Parasiten, Räuber, Krankheiten, bes. Kontaktkrankheiten. Dichteunabhängige: zwischenartliche Konkurrenz. Klimaeinflüsse: mechan. Wirkungen (Niederschläge, Stürme), physiologische Wirkungen (Temperatur, Feuchtigkeit, Licht), Veränderungen des Substrats. Folgen von Klimaeinflüssen: Nahrungsqualität, Unfälle und Katastrophen (Waldbrand, Überschwemmung). Wirkung des Menschen: chem. Schädlingsbekämpfung. Dazu kommen genetische Bedingtheiten: Breite der Anpassungsfähigkeit, Inzucht, Selektionsdruck, Mutabilität.
17. Dichtebegrenzende Faktoren sind: vor allem innerartliche Konkurrenz mit ihren einzelnen Faktoren, vgl. Antwort zur Aufgabe 16, sowie zwischenartliche Konkurrenz um Nahrung, Klimaeinflüsse, Parasiten.
18. Es gilt das Gesetz des exponentiellen Wachstums:

$$N_t = N_o \cdot e^{kt} \text{ und } k = \frac{1}{T}$$

somit:

$$N_t = N_o \cdot e^{\frac{1}{T} \cdot t}$$

Zahlenwerte eingesetzt:

$$3 \cdot 10^8 = 2 \cdot 10^6 \cdot e^{\frac{1}{T} \cdot 5}$$

$$\frac{3 \cdot 10^8}{2 \cdot 10^6} = e^{\frac{5}{T}}$$

$$150 = e^{\frac{5}{T}}$$

$$\ln 150 = \frac{5}{T}$$

$$T = \frac{5}{\ln 150} = \frac{5}{2{,}303 \cdot \lg 150} = \frac{5}{2{,}303 \cdot 2{,}176} = \frac{5}{5} = 1 \text{ Std.}$$

Zeit im Fall a: 1 Std.
im Fall b: 10 % Verlust, um gleiche Zellzahl am Ende zu erhalten, muß Teilung um 10 % rascher eintreten, also alle 54 min.

19. Denaturierung der Proteine.
20. Sehr starke zwischenartliche Konkurrenz; die zwischenartliche Konkurrenz ist ein dichteunabhängiger Faktor.
21. Führt zunächst zu starken Fraßschäden bei Jungbäumen. Wenn keine dauernde Nachpflanzung erfolgt, geht die Menge an Rotwild schließlich durch Verhungern von Jungtieren oder Auswanderung zurück.

Abschnitt 6

1. Ein Ökosystem ist das von Populationen von Lebewesen und deren anorganischer Umwelt gebildete Wirkungsgefüge. Es ist ein offenes System und mit der Fähigkeit zur Selbstregulation ausgestattet.
2. Den Bereich der Erde, in dem natürlicherweise Lebewesen vorkommen: Erdoberfläche, Erdboden, Gewässer, bodennahe Luftschichten.
3. Abiotische Umwelt, Produzenten, Konsumenten, Reduzenten.
4. Bruttoprimärproduktion ist die gesamte Menge der von Pflanzen durch Photosynthese produzierten organischen Verbindungen. Nettoprimärproduktion ist Bruttoprimärproduktion abzüglich des von der Pflanze selbst veratmeten Materials, also die pflanzliche Biomasse. Sie steht den Konsumenten zur Verfügung.
5. Energie wird fortgesetzt in Wärmeenergie umgeformt, diese kann von Lebewesen nur beschränkt verwertet werden. Die Menge verfügbarer chemischer Energie nimmt also von einer trophischen Ebene zur nächsten ab. Dagegen können Atome nicht verschwinden, nach dem Gesetz von der Erhaltung der Masse (LAVOISIER) können nur die Verbindungen ineinander umgewandelt werden. Daher bewegen sich die Atome bzw. Moleküle in Kreisläufen.
6. Zahlen-, Massen- und Energiepyramiden. Sie geben die einzelnen trophischen Niveaus einer Nahrungskette in Individuenzahlen, Biomasse oder der in dieser enthaltenen Energie wieder. Außerdem gibt es Biotop-Pyramiden, welche die Biotopgröße der Organismen der verschiedenen Niveaus angeben.

7. Man bringt ein radioaktives Isotop des betreffenden Elements in ein Ökosystem ein und mißt die Verteilung der Radioaktivität in allen Teilen des Ökosystems zu verschiedenen Zeiten.
8. Begriff für ein ausgewogenes Verhältnis von Organismen als Ergebnis ihrer Beziehungen untereinander und zu ihrer abiotischen Umwelt. Eine natürliche Biozönose befindet sich im biologischen Gleichgewicht oder strebt ihm zu.
9. Auf zahlreichen Wechselbeziehungen von Organismen und auf ihre Beziehungen zur abiotischen Umwelt, die sich als komplexes Regelschema mit zahlreichen negativen und positiven Rückkopplungen darstellen lassen.
10. Die zeitliche Veränderung eines Ökosystems unter dem Einfluß der sich ändernden abiotischen Faktoren. Endzustand ist der Klimax.
11. Lehre von den Wechselbeziehungen zwischen Mensch und seiner belebten und unbelebten Umwelt.
12. Litoral: mit Wasserpflanzen, dazwischen reiche Fauna.
Pelagial: mit freischwebenden und schwimmenden Organismen (Plankton und Nekton).
Benthal: Organismen am Boden lebend oder in diesem verankert.
13. Nährstoffanreicherung mit der Folge starker Planktonentwicklung. Eutrophe Gewässer erzeugen mehr Plankton, als durch Reduzenten abgebaut werden kann. Am Boden bildet sich giftiger Faulschlamm. Gegensatz: oligotroph.
14. Reste toter Organismen, die in die Tiefe sinken und Bodenablagerungen in Gewässern bilden können.
15. Sie besitzt keine Produzenten. – Höhlen.
17. Ein offenes System steht im Stoff- und Energieaustausch mit der Umgebung, ein geschlossenes System nur im Energieaustausch.
18. Hydrosphäre: Wasser und darin gelöste Stoffe (Nährsalze)
Lithosphäre: liefert letztlich die Nährsalze
Atmosphäre: liefert CO_2 und O_2, sowie durch N-bindende Bakterien und Blaualgen Nachschub an N-Verbindungen in die Lithosphäre und Hydrosphäre.
20. Die Wärme führt zu einer (minimalen) Erwärmung der Erdoberfläche. Die Erdatmosphäre gibt die Wärme ab, letztlich wird damit der Weltraum »geheizt«.
21. 1 t Phytoplankton liefert 0,1 t Zooplankton, dieses liefert 10 kg Heringe, diese liefern 1 kg Thunfisch. Über Heringsnahrung Gewichtszunahme des Menschen 1 kg, über Thunfisch 100 g.
22. Solange nicht geklärt ist, ob auf anderen Himmelskörpern Le-

ben vorkommt, muß die Gefahr einer Störung dortiger Ökosysteme durch irdische Lebensformen verhindert werden. Außerdem bestünde die Möglichkeit, daß bestimmte irdische Formen zusagende Bedingungen finden und sich ungestört mit unbekannten Folgen dort ausbreiten können.

23. Über die Nahrungskette Phytoplankton – Zooplankton – Fisch wird der Fischertrag erhöht. Gleichzeitig wird aber die Gefahr der Eutrophierung erhöht.
25. Das Gleichgewicht des Ökosystems wird gestört. Es setzt Gegenregulation ein mit der Wirkung, die Störung zu beseitigen. Ist die explodierende Population ein Produzent, so steigt die Produktivität des Ökosystems an, es können mehr Konsumenten ernährt werden. Gleichzeitig werden aber andere Produzenten verdrängt und infolge davon die sich von diesen ernährenden Konsumenten, das Ökosystem wird artenärmer. Ist die explodierende Population ein Konsument, so wird die Dissimilation verstärkt, schließlich ist nicht mehr genügend Nahrung vorhanden und die Population des Konsumenten muß wieder zurückgehen.
26. Es ist zu beachten, daß man zwischen fischgiftigen Stoffen, die von den lebenden Algen abgegeben werden, und giftigen Produkten, die beim Absterben der Algen entstehen, unterscheiden muß.
27. Über die Konsumenten. Man spricht vom Fließgleichgewicht, da bei dauernder Zu- und Abfuhr von Stoffen und bei dauernder Zufuhr von Sonnenenergie und Abfuhr von Wärmeenergie ein Gleichgewicht aufrechterhalten wird. Kommt es durch verstärkten Abbau zur Zunahme der CO_2-Menge, so wird durch verstärkte Primärproduktion mehr organische Substanz produziert und damit der ursprüngliche Zustand aufrechterhalten.
28. Ein Ökosystem ist nur infolge der Homöostase stabil und damit vom Menschen überhaupt als Ganzheit erkennbar.
29. Felswand, Düne, Moor, gelegentlich Tümpel und kleine Seen.
30. Alle Nachteile der Monokulturen, außerdem die Wohlfahrtsfunktionen des Waldes.
31. Gutes Einsickern des Regenwassers in den Waldboden mindert den Oberflächenabfluß und erhöht den Grundwasserschatz. Gleiches gilt für verzögerte Schneeschmelze. Deshalb Verringerung von Hochwasserspitzen und Wasserlieferung auch in Trockenzeiten. Relativ geringe Bodenverschmutzung.
32. Forst: Ein durch die Forstwirtschaft geschaffener und ständig bewirtschafteter Wald.

Wald: Oberbegriff für alle von Waldbäumen bestandenen Flächen, ob bewirtschaftet oder nicht.
Urwald: Ein natürlicher Wald, der ohne Eingriffe des Menschen wächst.

33. a) Es nehmen mit der Wassertiefe ab: die Lichtintensität, die Temperatur, die tages- und jahreszeitlichen Schwankungen der Temperatur, der Sauerstoffgehalt, die Beanspruchung durch Windunruhe. Der Kohlendioxidgehalt steigt. Jede Wasserzone weist eine charakteristische Kombination von Umweltbedingungen auf.
    b) Die Wachstumsintensität sinkt mit der Wassertiefe. Untergetaucht lebende Formen sind zart, besitzen meist feingegliederte Blätter und haben schwache oder gar keine Wurzeln, sie werden durch den Auftrieb im Wasser gehalten.
    c) Die Schilfzone; sie hat vollen Lichtgenuß und reiche Versorgung mit Wasser, Mineralsalzen, Kohlendioxid und Sauerstoff.
    d) Die Pflanzen sind in unterschiedlichem Maßstab gezeichnet (z. B. sind die Blätter der Laichkräuter zu groß gezeichnet).
35. Durchlichtetes Gebiet ist das Epipelagial, Dämmerungszone das Bathyal, dauernd dunkle Zone das Abyssal.
36. Größere Mannigfaltigkeit, da mehr ökologische Nischen vorhanden. Ferner führt hohe Artenzahl auf einem trophischen Niveau infolge der Konkurrenzverhältnisse zu hoher Artenzahl auf dem Niveau darunter.
37. Räuberisch oder von Detritus lebend, Biolumineszenz, Fühlfäden, Teleskopaugen, riesige Freßapparate.
38. Die unterschiedliche Dichte des Wassers bei verschiedener Temperatur. Kühlt sich das Oberflächenwasser auf nahe 4° C ab, so sinkt es ab und aus der Tiefe quillt nährstoffreiches Wasser auf. – Sie tritt auf in den Ozeanen außerhalb der Tropen, wenn die Abkühlung des Oberflächenwassers im Winter erfolgt ist.

Ökologie der Zivilisationslandschaft – Umweltschutz

Abschnitte 1 und 2

1. Bau von Siedlungen, Industrie- und Verkehrsanlagen.
2. Abtragung des Feinbodens durch Wasser und Wind. Verursacht durch Ausräumung der Landschaft von Hecken, Böschungen, Waldstreifen. Mindert die Bodenfruchtbarkeit.
3. Früher landwirtschaftlich genutzte Flächen, die aus wirtschaftlichen oder sozialen Gründen (Bauerwartungsland) heute brach liegen bleiben.
4. Mineralöle, Verkehrsabgase, Reifenabrieb, Streusalz, Biozide.
5. Förderung, Zucht, Einfuhr von Feinden, Parasiten und Krankheitserreger der Schädlinge. Autozid-Verfahren.
6. Ökologische Nischen verschwinden und mit ihnen die daran angepaßten Arten. Fehlender interspezifischer Wettbewerb führt zu Massenausbreitung einzelner Arten.
7. Umwelthygiene befaßt sich mit den Einflüssen von Boden, Wasser, Luft, Strahlung, Nahrung, Kleidung, Wohnung und Arbeit auf die Gesundheit. Sozialhygiene befaßt sich mit der Gesundheitserziehung, der Gesundheitsfürsorge und der Verhütung und Bekämpfung von Seuchen und anderen, die ganze Bevölkerung treffenden Schadeneinflüssen. Psychohygiene befaßt sich mit belastenden Einflüssen auf die seelisch-geistige Gesundheit.
8. Bodenbeschaffenheit, Klima, Untergrundfeuchtigkeit, Exposition, lichttolerante Arten, Holzertrag, Unkrautkonkurrenz.
9. Veränderung des Lebensraumes z. B. durch Grundwassersenkung, Trockenlegung, Abholzung, Aufforstung von Heide, Düngung; Unkrautbekämpfung, Verschmutzung; Sammeln und Pflücken.
10. Sperrzäune. Freihauen der Straßenränder von Baum und Strauch zur Erweiterung der Sicht für Fahrer und Wild.
11. Vernichtung der natürlichen Feinde und der harmlosen Insekten, so daß das behandelte Gebiet für überlebende oder eindringende Schadinsekten völlig offen ist. Durch Ausrottung biotischer Gegenspieler können auch bisher nicht auffällige Arten (Milben, Insekten) stark überhand nehmen und zu Schädlingen werden.

12. Der nützliche Gegenspieler räumt möglicherweise nicht nur mit dem Schädling auf, sondern vernichtet auch einheimische nützliche oder harmlose Arten, wird also nach einiger Zeit selbst zum Schädling. Ausschließlich auf den Schadorganismus spezialisierte Gegenspieler einsetzen (monophage Organismen, spezifische Krankheitserreger).

Abschnitt 3

1. Hygienisch einwandfrei, klar, ohne fremdartigen Geruch oder Geschmack.
2. Klärung des Wassers infolge des Abbaues organischer Schmutzstoffe durch Mikroorganismen, vor allem durch Bakterien.
3. Giftige Schwermetalle und Mineralöle von der Industrie; Düngemittel und Biozide von Landwirtschaft und Gartenbau; Fäkalien, Detergenzien, Waschmittelreste und Mineralöle von den Haushalten.
4. Zerlegung hochmolekularer Verbindungen (z. B. Biozide) in einfache (ungiftige) Stoffe (z. B. H_2O, CO_2, Mineralsalze) durch Mikroorganismen. – Durch Sonnenstrahlen oder chemische Stoffe im Boden. Gegenteil persistent (äußerst beständig).
5. Lebewesen, die von faulenden Stoffen leben. Je nach dem Grad der Wasserverschmutzung siedeln sich dafür typische Organismenarten an. – Durch den biochemischen Sauerstoffbedarf (BSB).
6. Sie enthalten noch alle Arten der ursprünglichen Lebensgemeinschaft, von ihnen aus können verarmte Biozönosen regeneriert werden.
7. Wenn die Selbstreinigung, d. h. der mikrobielle Abbau der Schmutzstoffe, durch Gifte im Abwasser oder durch übermäßige Schmutzzufuhr unmöglich wird.
8. Absterben von Phytoplankton, dadurch Rückgang der O_2-Erzeugung durch Photosynthese und Rückgang der produzierten Biomasse. Vergiftung oder Ersticken von Meerestieren mit Folgen für angeschlossene Nahrungsketten. Seevögel verenden durch verklebtes Gefieder.
10. Regenwasser nimmt in der Luft enthaltene Rauchgase, Mikroben und Staub auf. Nein, die aufgenommenen Phosphate und Stickstoffverbindungen führen zu einer Vermehrung von Keimen im gesammelten Regenwasser.

11. Fehlen des Lichtes, Nahrungsarmut, Temperatur niedrig und kaum schwankend. – Grüne Pflanzen als Produzenten.
12. Jedem Kreislauf gingen bis etwa 20 % des entnommenen Wassers verloren durch Verdunstung und Bindung des Wassers an verarbeitetes Material; der Verlust mußte also ständig nachgeliefert werden. – Der Gefahr der allmählichen Anreicherung bestimmter Stoffe könnte man nur mit sehr aufwendigen Kläranlagen begegnen.
13. Organische, abbaubare Stoffe: Eutrophierung, Veränderung der Biozönose, Sauerstoffzehrung.
    Dünger, Waschmittelreste: Eutrophierung, Veränderung der Biozönose, Sauerstoffzehrung, Gefahr des Umkippens.
    Anorgan. und organische toxische Stoffe: Ausrotten anfälliger Arten, Veränderung der Biozönose, Erschwerung der Aufbereitung zu Trinkwasser (Ausfällen, Filtrieren), Anreicherung in Nahrungsketten.
14. Bakterien, Viren, giftige Chemikalien.
15. Alle Faktoren, die Stoffwechsel und Vermehrung der Bakterien fördern: Erwärmung, hoher O_2-Gehalt, pH-Bereich 6–8, Turbulenz, um die Bakterien ständig vom Hof ihrer eigenen, bremsenden Ausscheidungsprodukte zu befreien. Zufuhr spezifischer Bakterienkulturen je nach Zusammensetzung des Abwassers.
17. Erhöhung des Wasserpreises oder der Steuern oder des Preises für hergestellte Güter.
18. Rasch bewegtes Wasser nimmt mehr O_2 auf. – Wiegt nicht auf die kürzere Transportzeit der Schmutzstoffe und den Wegfall der Tätigkeit der Bachrandorganismen durch betonierte Uferbefestigung.
19. Teichmuschel, Flußmuschel, Kugelmuschel, Erbsenmuschel, Dreikantmuschel – zwei gleich große Glasgefäße werden mit getrübtem Wasser (z. B. Lehmtrübung) gefüllt. Ein Gefäß wird mit Muscheln besetzt und durch laufende Beobachtung auf Unterschiede in der Klärung des Wassers geachtet.
20. Gelangt mit der Abwasserfracht der Flüsse ins Meer und über die Nahrungskette in die Pinguine.
21. Vielfache Quantitäten, aber nur durch Sieben millionenfacher Mengen Wassers in feinmaschigen Filtern zu fangen, fremder Geschmack.

Abschnitte 4 und 5

1. Sie gelangen über die Nahrungsketten herein (z.B. Biozide, Saatgutbeizmittel, Tierarzneimittel); sie werden zur Haltbarmachung oder Färbung verwendet oder stammen aus der Verpackung.
2. Ein sich gegenseitig steigerndes Zusammenwirken von Einflüssen. Gegensatz Antagonismus.
3. Autoverkehr, Haushaltfeuerungen, Hütten-, Zement- und Elektrizitätswerke, chemische Industrie. CO, SO_2, Stickoxide, Benzpyren, Bleiverbindungen, Ruß, Staub, giftige Industrieabgase wie z. B. Fluorverbindungen von Aluminiumwerken, Ziegeleien.
4. Vollständige Verbrennung der Brennstoffe in Motoren, emissionsarme Heizungen und Produktionsverfahren, bauliche Maßnahmen, Bäume und Sträucher zur Luftfilterung.
5. Atmungsorgane, Haut, Auge, Nase, Verdauungsorgane.
9. Staubteilchen (z. B. Straßenstaub, Ruß, Kalk) legen sich auf die Blätter und entziehen bis zu 50% des photosynthetisch wirksamen Lichtes. Sie verstopfen die Spaltöffnungen und behindern den Gasaustausch. – SO_2 und Fluor dringen durch die Spaltöffnungen ins Blattinnere, schädigen die Stoffwechselenzyme und bringen die Blattzellen zum Absterben: Blatteile werden verätzt, Blätter fallen ab, der Zuwachs schrumpft.
10. Immergrüne Nadelbäume.
11. Teurer produzierte Güter durch Beachtung von Schutzmaßnahmen fallen im internationalen Wettbewerb zurück zum Nachteil der Volkswirtschaft des Landes mit strengen Bestimmungen.
12. Zunahme von CO_2 durch Verbrennungsvorgänge hemmt die Wärmeabstrahlung der Erdoberfläche in den Weltraum (Treibhauseffekt); starke Zunahme des Energiebedarfs führt zu zusätzlicher Erwärmung, weil bei jeder Energieumsetzung unvermeidbar Wärme frei wird. Abschmelzen der Eiskappen an den Polen führt zum Ansteigen des Meeresspiegels und zur Überflutung der Tiefländer.
13. Trockenheit im bebauten Bereich, geringe Belichtungsintensität, Schadstoffe in der Luft.

Abschnitte 6–9

1. Rechtswidrige Lagerung von Abfällen bzw. nach den rechtlichen Bestimmungen geordnete Lagerung von Abfällen. – Belästigung durch Ungeziefer, Staub, Rauch, Gestank, Verschmutzung des Grundwassers.
2. Anlage einer geordneten Mülldeponie. Müllkompostierung. Müllverbrennung.
3. Kompostierbares Material wie Blumen, Küchenabfall, Pappe auf Komposthaufen. Körbe, Netze statt Plastikbeutel; Ablehnung von Einwegflaschen, Sammeln von Papier und Textilien zur Altmaterialverwertung.
4. Wegen des riesigen Papierbedarfs nehmen – weltweit gesehen – die Waldverluste ohnehin zu.
5. Verrottungsverfahren für Kunststoffe, Entwicklung leicht abbaubarer Verpackungsstoffe, Auswirkung des Müllkompostes auf Pflanzen; leichte Trennung des Mülls in seine Bestandteile.
6. a) 1 Rohstoffe, 2 Güter, 3 Abfälle, 4 Rohstoffe aus Altmaterial, 5 Unverwertbare Abfallstoffe.
   b) Keineswegs. Kein Stoff kann restlos zurückgewonnen werden und ein zusätzlicher Bedarf der wachsenden Bevölkerung wird dadurch nicht gedeckt. Die Erschöpfung der Rohstoffe würde nur hinausgeschoben.
7. Elektrizität: Abwärme bei Heizkraftwerk, Rauchgase. Gas u. Fernwärme: Rauchgase. Müllbeseitigung: bei Verbrennung Rauchgase. Kanalisation: Abwasser bei unzureichender Klärung. Autobusverkehr: Abgase.
9. Störend empfundener Schall (Geräusch).
10. Aus der kosmischen Höhenstrahlung und der Bodenstrahlung von natürlichen Radionukliden.
11. Haut, Keimdrüsen, Knochenmark, Schilddrüse, Thymus, Milz, Lymphknoten. – Röntgenkater, Entzündungen, Leukämie, Krebs, Erbgutveränderungen.
12. Nachweis der schädlichen Wirkung von Umwelteinflüssen, Meßmethoden zur Erfassung schädlicher Einflüsse, Erfassung von Übertretungen.
13. Mangelnde Einsicht, fehlende Kontrollorgane, großer Kontrollaufwand, zu geringe Strafe ...

Abschnitt 10

1. Hohe Zahl an Einwohnern oder Beschäftigten in einem Gebiet. (Ein Verdichtungsraum hat insgesamt mehr als 150000 Einwohner und je km^2 mehr als 1000 Einwohner.) Hohe Wirtschaftsleistung. Verstärkte Umweltprobleme. Gehäufte Streßsituationen durch Umweltreize.

Abschnitt 12

1. Aus wissenschaftlichen, geschichtlichen, heimat- oder volkswirtschaftlichen Gründen oder wegen landschaftlicher Schönheit oder Eigenart.
3. Verschmutzte, vergiftete Natur beeinträchtigt die Gesundheit und verschlechtert die Lebensbedingungen des Menschen, gefährdet also sein Weiterleben.
4. Zunahme städtischer Wohn- und Lebensformen verbunden mit hoher Bevölkerungsdichte: Wohnen auf engem Raum, Massenverkehr, reiches Angebot an Waren und Dienstleistungen, Industrie, nichtlandwirtschaftliche Berufe, mannigfaltige Möglichkeiten zur Befriedigung individueller Bedürfnisse.
5. Siedlungen für Wohnen und Arbeiten, Wasser, Ernährung, Rohstoffe, Verkehr, Freizeitbeschäftigung, Erholung.
6. Holznutzung. Ausgleichsfunktion für Klima und Wasserhaushalt. Schutzfunktion gegen Bodenerosion, im Gebirge gegen Lawinen und Wildwasser; gegen Luftverschmutzung, gegen Lärm. Sozialfunktion für Erholung, Wandern, Freizeitbeschäftigung, Bewahrung einer Vielfalt von Biozönosen. Reservat für Pflanzen und Tiere zur Regeneration benachbarter Ökosysteme.
7. Kontrastwirkung zum Klima und zu den Landschaftsverhältnissen in den Ballungsräumen, deren Bewohner besonders erholungsbedürftig sind.
10. Verantwortungsbewußtsein, die Regeln der Straßenverkehrsordnung befolgendes Verhalten, Meiden von Alkohol, Sicherheitseinrichtungen am Auto, gute Straßenverhältnisse, Verkehrserziehung.
11. 1 Individualverkehr, 2 Unfälle, 3 Abgase, 4 Lärm, 5 Zerstörung der Straßen, 2' Sicherheitseinrichtungen, 3' Abgasentgiftung, 4' Geräuschdämpfung, 5' Instandhaltung der Straßen.
12. Verkehr belastet Erholungsuchende, Auspuffgase und Staub auch Pflanzen- und Tierwelt in weitem Umkreis der Straße.

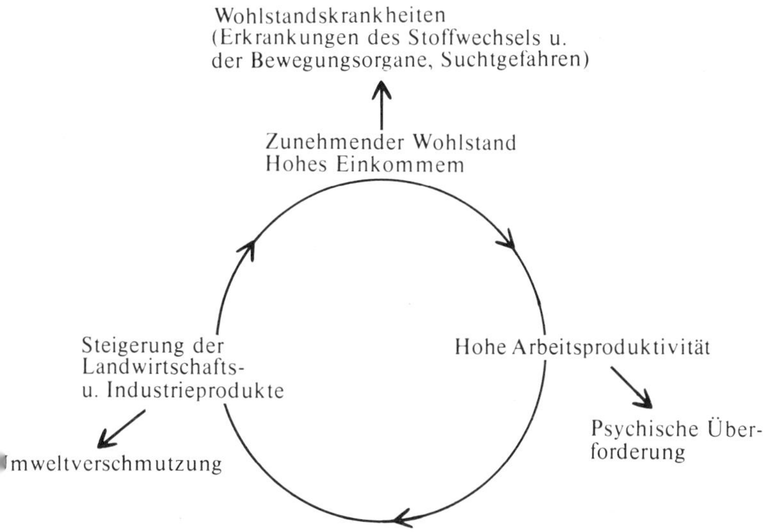

Abschnitt 13

3. Z. B. Zunahme der Nahrungsmittelerzeugung läßt die Bevölkerung wachsen. Dies führt zur Erhöhung der Industrieproduktion, des Rohstoffverbrauchs und der Umweltverschmutzung. Rohstoffverknappung und Umweltverschmutzung verschlechtern die Lebensqualität, die Bevölkerung nimmt ab. Im Grunde wenig; der Zusammenbruch der Ökosphäre würde sich nur verzögern. – Weltkrieg; weltweite Epidemie; Unkenntnis darüber, wann ein beteiligter Einzelfaktor – z. B. Umweltvergiftung – seinen Grenzwert erreicht; unzureichende Kenntnis über die Wechselbeziehungen beteiligter Größen; unzulängliche Kenntnis beteiligter Sozialfaktoren, Unkenntnis der Anpassungsfähigkeit des Menschen.
4. Bis zur Einführung von Ackerbau und Viehzucht etwa Ende der Altsteinzeit. Mit Beginn der »Kultur« trat der Mensch aus dem natürlichen Ökosystem heraus.
5. Ungenügende Bodenbearbeitung, Bewässerung und Schädlingsbekämpfung; Mangel an Dünger, ertragsschwache Pflanzensorten.

Quellen und Auswahl weiterführender Literatur

Allgemeine Ökologie

Altenkirch, W.: Ökologie, Diesterweg, Frankfurt 1977
Bünning, E.: Der tropische Regenwald, Springer, Berlin 1956
Dylla, K. u. G. Krätzner: Das biologische Gleichgewicht, Quelle u. Meyer, Heidelberg 1972
Ellenberg, H.: Ökosystem-Forschung, Springer, Berlin 1973
Farb, P.: Die Ökologie, Time-Life, Amsterdam 1965
Frank, W.: Parasitologie, Ulmer, Stuttgart 1976
Fraser: Treibende Welt, Springer, Berlin 1965
Grzimeks Buch der Ökologie, Ergänzungsband zu Grzimeks Tierleben, Kindler, München 1973
Kalusche, D.: Ökologie, Quelle u. Meyer, Heidelberg 1978
Kloft, W.: Ökologie der Tiere, Stuttgart 1978
Klopfer, P. H.: Ökologie und Verhalten, G. Fischer, Stuttgart 1968
Krebs, Ch. J.: Ecology, Harper and Row, New York-Düsseldorf 1972
Kreeb, K. H.: Ökologie und menschliche Umwelt, UTB, Stuttgart 1979
Kühnelt, W.: Grundriß der Ökologie, VEB G. Fischer, Jena 1970
Larcher, W.: Ökologie der Pflanzen, 3. Aufl., UTB, Stuttgart 1980
Lerch, G.: Pflanzenökologie, WTB, Akademie-Verlag, Berlin
Mac Arthur, R. H. u. J. H. Connell: Biologie der Populationen, BLV, München 1970
Mühlenberg, M.: Freilandökologie, UTB, Heidelberg 1976
Odum, E. P.: Ökologie, BLV, München 1967
Osche, G.: Evolution, Herder, Freiburg 1978
Osche, G.: Ökologie, Herder, Freiburg 1973
Osche, Die Welt der Parasiten, Springer, Heidelberg
Pathorn, H., Tiere bauen Staaten, Südwestverlag Neumann + Co., München 1968
Reichelt, G. u. W. Schwoerbel, Ökologie, CVK, Berlin 1974
Remane, A., Das soziale Leben der Tiere, Rowohlt, Hamburg 1960
Remmert, H.: Ökologie, Springer-Verlag, Berlin 1978
Schaefer, G.: Kybernetik und Biologie, Metzler, Stuttgart 1972
Schwörbel, J.: Methoden der Hydrobiologie, Franckh, Stuttgart 1966
Stugren, B.: Grundlagen der allgemeinen Ökologie, 3. Aufl., G. Fischer, Stuttgart 1978

Tait, R. V.: Meeresökologie, Thieme, Stuttgart 1971
Tischler, W.: Synökologie der Landtiere, G. Fischer, Stuttgart 1955
Tischler, W.: Biologie der Kulturlandschaft, G. Fischer, Stuttgart 1980
Tischler, W.: Einführung in die Ökologie, G. Fischer, Stuttgart 1976
Walter, H.: Allgemeine Geobotanik, UTB, Stuttgart 1973
Walter, H.: Vegetationszonen und Klima, 3. Aufl. UTB, Stuttgart 1977
Walter, H.: Die ökologischen Systeme der Kontinente (Biogeosphäre), G. Fischer, Stuttgart 1976
Weck, J.: Die Wälder der Erde, Springer, Berlin 1957
Wilson, E. O. u. W. H. Bossert: Einführung in die Populationsbiologie, Springer, Berlin 1973
Winkler, S.: Einführung in die Pflanzenökologie, UTB, Stuttgart 1973
Wurmbach, H.: Lehrbuch der Zoologie, 3. Aufl., Band I, G. Fischer, Stuttgart 1980

Zeitschriften

Bild der Wissenschaft, dva Stuttgart
Der Biologieunterricht, Klett Verlag, Stuttgart
Biologie in unserer Zeit, Verlag Chemie, Weinheim
Kosmos, Franckhsche Verlagsbuchhandlung, Stuttgart
Landschaft und Stadt, Ulmer-Verlag, Stuttgart
Mikrokosmos, Franckhsche Verlagsbuchhandlung, Stuttgart,
MNU, Der mathematische und naturwissenschaftliche Unterricht, Ferdinand Dümmler Verlag, Bonn
Natur und Landschaft, Zeitschrift für Umweltschutz und Landespflege, Kohlhammer Verlag, Stuttgart
Naturwissenschaftliche Rundschau, Wiss. Verlagsgesellschaft, Stuttgart
Praxis der Biologie, Aulis Verlag Deubner & Co, Köln
Spektrum der Wissenschaft, Weinheim
Umschau in Wissenschaft und Technik, Frankfurt

Ökologie der Zivilisationslandschaft – Umweltschutz

Beiträge zur Ökologie der menschlichen Umwelt in Der Biologieunterricht H. 4, 1970 und H. 3, 1971, Klett Verlag, Stuttgart
Bericht Nr. 34 der Akademie für Lehrerfortbildung, Dillingen 1979

Borelli, M. Projekt Umweltschmutz und Umweltschutz, Metzler Verlag, Stuttgart 1974, 2. Auflage 1980
Buchwald, K. und Engelhardt, W.: Handbuch für Landschaftspflege und Naturschutz, Bd. 1–4, BLV München 1969
Edwards, R. W.: Pollution, Oxford University Press, London 1972
Fellenberg, G. Umweltforschung, Heidelberger Taschenbuch, Springer 1977
Franz, J. M. und Krieg, A.: Biologische Schädlingsbekämpfung, Berlin 1972
Gärtner, H. und Reploh, H.: Lehrbuch der Hygiene, G. Fischer, Stuttgart 1969
Gewässerbiologie und Gewässerschutz, Leitfaden für Lehrer, Herausg. Eidgen. Department des Innern, Bern 1970
Hagel, J.: Umweltprobleme. Der Erdkundeunterricht 23, Klett Verlag, Stuttgart 1976
Jahresberichte über den limnologischen Zustand des Bodensees, Stuttgart 1976–78
Information zur politischen Bildung: Umweltgefahren und Umweltschutz 146/71
Leyhausen, P.: Was heißt Humanökologie, Vortrag im SDR 1972
Liebmann, 1962 Handbuch der Frischwasser- und Abwasserbiologie, München 1962
Meadows, D.: Die Grenzen des Wachstums, dva Stuttgart 1972
Olschowy, G. Hrg.: Natur- und Umweltschutz, München 1978
Pimentel, D. u. M.: Food, Energy and Society, Arnold Verlag, London 1979
Protokoll der Umwelthearings im Deutschen Bundestag
Umwelt, Informationen vom Bundesministerium des Innern, Bonn

Register

Bildquellenverzeichnis

Bild 1: aus Stugren, Grundlagen der allg. Ökologie – Bild 2: aus Dylla/Krätzner, Das biologische Gleichgewicht – Bild 3: aus Lerch, Pflanzenökologie – Bild 6: aus Winkler, Einführung in die Pflanzenökologie – Bild 7: aus Lerch, Pflanzenökologie – Bild 8: aus Walter–Ellenberg, Phytologie IV – Bild 9: aus Walter–Ellenberg, Phytologie IV – Bild 10: aus Slijper, Riesen und Zwerge – Bild 11: aus Biologie 11, VEB Volk und Wissen, Berlin – Bild 13: aus Osche, Evolution – Bild 14: Rösler – Bild 15: aus Osche, Evolution – Bild 16: aus Remmert, Ökologie – Bild 17: aus Funkkolleg Biologie – Bild 19: Schaefer, Kybernetik und Biologie – Bild 20: Schaefer, Kybernetik und Biologie und Wurmbach, Lehrbuch der Zoologie Bd. 1 – Bild 21: aus Mac Arthur, Biologie der Populationen – Bild 24: aus Handbuch der Biologie – Bild 25: aus Funkkolleg Biologie – Bild 26: Statistisches Jahrbuch der Bundesrepublik Deutschland – Bild 27: aus Ellenberg, Ökosystem–Forschung – Bild 28: aus Biologieunterricht 1978/3 (in Anlehnung an Gigon) – Bild 29: aus Winkler, Einführung in die Pflanzenökologie – Bild 31: aus Clapham, Natural ecosystems – Bild 32: nach Konda 1975 – Bild 34: aus Winkler, Einführung in die Pflanzenökologie – Bild 35: aus Bauer/Weinitschke, Naturschutz und Landschaftspflege – Bild 36: aus Wurmbach, Lehrbuch der Zoologie Bd. 1 – Bild 38: aus Wurmbach, Lehrbuch der Zoologie Bd. 1 – Bild 39: aus Stugren, Grundlagen der allg. Ökologie – Bild 43: E. Graf – Bild 44: aus Odum, Principles of Ecology– Bild 45: aus Bauer/Weinitschke, Naturschutz und Landschaftspflege – Bild 46: aus Clapham, Natural ecosystems – Bild 48: aus Lebendige Natur VII, Allgemeine Biologie – Bild 49: Koch – Bild 50: nach Kirwald – Bild 52: Mauritius, Lieder – Bild 53: aus Umwelt 2000 – Bild 54: Kulzer – Bild 58: Lohrmann – Bild 59: nach H. J. Elster – Bild 61: aus Scientific American 1969 – Bild 64: aus Naturschutz, Ministerium für Ernährung, Landwirtschaft und Umwelt, Baden-Württemberg – Bild 65: Globus Kartendienst – Bild 67: nach Brümmer – Bild 68: aus Franz und Krieg, Biologische Schädlingsbekämpfung – Bild 69 : aus Umweltschutz in Baden-Württemberg – Wasser, Ministerium für Ernährung, Landwirtschaft und Umwelt, Baden-Württemberg – Bild 72: Zwick – Bild 73: aus Gewässerbiologie und Gewässerschutz – Bild 74: aus Gewässerbiologie und Gewässerschutz – Bild 75: aus Klee, Kleines Praktikum der Wasser- und Abwasseruntersuchung – Bild 76: aus Klee, Kleines Praktikum der Wasser- und Abwasseruntersuchung – Bild 77: Rudi Otto/Bavaria – Bild 78: Globus Kartendienst – Bild 79 und 80: Landesdenkmalamt Westfalen/Lippe – Bild 82: aus Fischer, Mensch und Gesellschaft – Bild 83: Umweltbundesamt – Bild 84: nach Woodwell – Bild 85: Globus Kartendienst – Bild 86: Globus Kartendienst – Bild 89: aus Lärm, Ministerium für Ernährung, Landwirtschaft und Umwelt, Baden-Württemberg – Bild 90: aus Odum, Ökologie – Bild 92: Günther Reiz/Bavaria – Bild 93: Naturparkarchiv der Bundesforschungsanstalt für Naturschutz und Landschaftsökologie – Bild 94: Sherman/Sherman, Biology – Bild 95: aus Fels et al., Der Organismus

Studienreihe Biologie

Band 1 Genetik und Molekularbiologie
Ulrich Kull und Hans Knodel

Band 2 Sinnesorgane und Nervensystem
Ulrich Bäßler

Band 3 Evolution
Ulrich Kull

Band 4 Ökologie und Umweltschutz
Hans Knodel und Ulrich Kull

Band 5 Verhalten
Albert Danzer

Band 6 Evolution des Menschen
Ulrich Kull

Band 7 Erkenntnisgewinnung in der Biologie, dargestellt an der Entwicklung ihrer Grundprobleme
Erich Götz und Hans Knodel

Band 8 Nutztiere
Franz-Peter Leibig

Band 9 Nutzpflanzen
Alfred Schwarzenbach und Hans Knodel

Band 10 Biologie und Philosophie
Heinz Fäh